事例でわかる

戦前・戦後の
新旧民法が交差する
相続に関する
法律と実務

家督相続人不選定・家附の継子の
相続登記、家督相続、遺産相続、絶家、隠居

末光 祐一 著

日本加除出版株式会社

推薦のことば

　この本が要らなくなる日を思う。

　と述べたならば，読者の皆さんに叱られるかもしれませんね。

　せっかく新著を入手し，さあ，これから読もう，と扉を開いたら，こんなことが記されている。読者に対し，また何より著者に対し非礼ではないか。ということでしょう。

　しかし，ご心配には及びません。

　たぶん半永久的に，この本が要らなくなる日が到来することはありません。

　なぜであるか。

　理由は二つありますが，それらは性質が異なります。分けてお話しすることがよいでしょう。

　まず，すぐに思いつくことですが，"なお従"ということがあります。「なお従前の例による」と経過措置を定めることを法制執務の現場において呼ぶ，やや遊び心のある言い方です。明治に近代法制が始まってから，いくどか相続の制度に変更が加えられていますが，その実施より前に開始した相続は，原則として，なお従前の例によると定められますから，改正前の規定は，今でも現行法の一角を構成します。これを知らなければ実務をすることができません。明治や大正の登記が残っている限り，この状況が続きます。おそらくは半永久的に。

　そのうえ，話が厄介であることには，この，従前の例による，ということ自体について，さまざまな例外や留保が添えられます。それらも知らなければ，終戦前後とそれ以前の時代の問題が関わる登記はできないということになります。

　もっとも，想い起していただきたいこととして，この本の読者のほとんどは，何らかの意味で専門家です。相続の制度の基本概念を知り，そして，ここが肝心なところですが，それを前提として，法文を読みこなすことができる術をもっておられます。たしかに，明治に作られた規定は，漢字と

i

推薦のことば

片仮名が混じる漢文調で読みにくいですが，法学部に入ったばかりの学生であるならばいざ知らず，読者の皆さんは，時間をかけて法文を読めば，仕組みを理解することが容易であるにちがいありません。極端に言えば，専門家に解説書は要らない，とすら感じられます。

それにもかかわらず，本書が求められるとするならば，そこには別な理由があります。じつは，法文を眺めるのみではわからないことが，かなりある，というのが，この世界です。継子であるとされ，厳密には家附の継子であるとされると，その効果は，家督相続人となる可能性があるなど，重いものになりますが，その継子の概念は，法文のうえで完全に定義されきっていません。理解や運用の変遷という問題もありますが，このような問題状況を理論的に受け止めて述べるならば，法は，継子の概念の細部に至る理解を部分的には，当時の社会通念を参照することに委ねた，ということになります。

考えてみますと，これは，なにも過去の法制の特徴ではなく，親族の概念においては，十分にありうることです。ここに男がおり，その妻に兄がいる。男は，その兄の妻を「おねえさん」と呼ぶ。いけないことでしょうか。法制上の概念理解は，血族でないことはもちろん，姻族でもありません（よく，法科大学院で短答の問題に出すと，姻族とする誤答があります）。しかし，社会の意識では姉なのであり，その呼び方を咎める必要はありません。そして，場面によっては法もまた，ある概念の理解の一部を社会通念に委ねるということをしたとしても，それは，おおいにありうることです。

こうなると，かつての相続の制度は，もっぱら法文から知ることができるということにはなりません。その時代のことを理解している人の導きが求められます。本書は，その要請にこそ応えるものであり，この要請は，ずっとなくなることはないでしょう。

この本の著者のことも述べておきたいと考えます。著者は，不動産登記の手続をはじめとする実務を手がける経験豊かな司法書士であるとともに法制史学会の会員でもあります。単に昔の法制を解説するということであればともかく，当時の理解まで含めて講述するというこの本は，実務家と

歴史家を兼ねる著者に恵まれることにより成立しました。

　どうですか，皆さん，著者と共に，旧法相続の世界を堪能してみませんか。

　平成29年7月

山野目　章夫

は じ め に

　司法書士は，代書人，司法代書人の時代から，相続による所有権の移転の登記や相続に関係する裁判書類の作成をはじめとする諸手続を通して，「相続」に深く関わってきた。「相続」に関して必要とされる事項の，まず第一は，相続人を特定することであり，その正確な特定がなければ，相続に関する諸手続が所期の目的を達することはない。

　相続に関する法令は，時代時代に応じて種々の変遷を遂げてきたが，とくに，戸主と家族（現代における家族という意ではなく，旧民法時代におけるもので，家族とは，その家にいる（戸籍に在籍する）戸主以外の者をいう。）を中心に，家制度を基調としている旧民法や，それ以前の法令と，個人の尊厳と両性の本質的平等を基調とした新民法以降の法令とでは，その適用される内容が大きく異なっている。

　そこで，時間的に前後し，大きく内容の異なるそれらの法令に関し，言わば，接点的な事例に対応するための法令が設けられている。それが，本書でとりあげる新民法附則である。

　新民法附則が設けられていることによって，旧民法相続と新民法相続が交差する隙間が埋められるが，本書では，その新民法附則が適用される2通りの相続を中心に，事例を挙げて解説する。

　本書でとりあげる事例は，日常業務の中で，必ずしも多く遭遇するものではないかもしれない。しかも，本書で取り扱う新民法附則に基づく相続のうち，特に，同附則第26条第1項（新民法施行後の家附の継子の相続権）については，その適用がなされる射程範囲が明確でないと感じるところもあるのは事実である（同附則は，むしろ，新民法附則第27条第1項中のように，「旧法中に家督相続が開始したとして，旧法によれば家督相続人となるばずであつた者」というような文言であっても差し支えなかったのではないかとも個人的には考えている。）。

　しかしながら，本書でとりあげるような事例があったとき，新民法附則の知識と理解がなければ，正確に相続人を特定することができないばかりか，場合によっては，誤った特定をしてしまうおそれもある。

　本書においては，新民法附則に絡む事例を中心に扱っているが，その前

はじめに

提として，旧民法に基づく親族関係，相続関係についても，実務に必要とされる知識を盛り込んでいる（巻末資料には，当時の戸籍の記載例も掲載している。）。さらに，各時代時代における民法その他の相続に関する規定も掲載し，相続開始時を基準として，「誰が，どのように相続するか。」を一覧することができるようにもした。

また，判例，先例，実例等も数多く掲載し，特に，本書の中心テーマである新民法附則に関わるものについては，現時点においては，ほぼ網羅していると考えている。個別の事例に対しては，新たな判例，先例，実例等の発出が求められることもあろうが，本書でとりあげた判例，先例，実例等も参考にしながら（是非原典に当たってほしい。），答えを見出していただきたい。なお，現代ではなじみが薄く，複雑なものも多く，事例に矛盾のあるものもあるかもしれないが，そのような場合は，是非，ご指摘をいただきたい。

また資料として本書の主題である新旧民法が交差する時代（応急措置法施行の前後）に発出された戸籍，登記に関する主な先例を掲載しているが，これらの参考にしながら，その背景も踏まえ，相続法，親族法が大きく変わった当時の実務について理解していただければと思っている。

今，空き家や，所有者不明土地（所有者の所在の把握が難しい土地：国土交通省ガイドライン第2版（平成29年3月公表））等の問題が，日本全国で社会に深刻な影響を及ぼしている。その大きな原因の一つが，相続登記がなされないまま長期にわたり放置されている不動産が増加していることがある。山林などは，最後の所有権の登記が明治時代で，その登記名義人が明治時代に死亡したまま，現代にいたるも相続登記がなされていないものも少なくない。

本年5月29日から，法定相続情報証明制度が始まった。表題部所有者，登記名義人又はその他の者について相続が開始した場合において，当該相続に起因する登記その他の手続のために必要があるときは，その相続人又は当該相続人の地位を相続により承継した者は，被相続人の本籍地若しくは最後の住所地，申出人の住所地又は被相続人を表題部所有者若しくは所有権の登記名義人とする不動産の所在地を管轄する登記所の登記官に対し，法定相続情報を記載した書面（法定相続情報一覧図）の保管及び法定相続情報一覧図の写しの交付を申し出ることができることとなった（不動産登記規

vi

則247条)。法定相続情報制度は、相続人自身が申し出るほか、相続人の親族が代理して、あるいは司法書士などの資格者代理人が代理して申し出ることによって利用することができるが、法定相続情報一覧図の写しは、相続登記のほか、被相続人の預金や、その他の物の相続に関する手続においても活用することができ、それらの手続の省力化が期待されている。本年6月9日に発表された「経済財政運営と改革の基本方針2017～人材への投資を通じた生産性向上～」(骨太方針)では、第3章「経済・財政一体改革の進捗・推進」の3.「主要分野ごとの改革の取組」の(2)社会資本整備等の④「所有者を特定することが困難な土地や十分に活用されていない土地・空き家等の有効活用」の中で、「長期間相続登記が未了の土地の解消を図るための方策等について、関係省庁が一体となって検討を行」うことや、「法定相続情報証明制度の利用範囲を拡大する」ことが謳われているが、法定相続情報証明制度は、まさに相続未登記の解消や相続登記の促進の実効を上げるために創設された制度であり、相続登記と並んで、司法書士が積極的に関わり、より良い制度にしていく必要がある(相続登記の促進に資する最近の先例も巻末資料に掲載している。)。

　本書が、司法書士のみならず、相続に携わる専門家等に活用され、相続登記の促進、その他の相続に関する手続の円滑に多少でも資することがあれば、筆者として望外の喜びである。

　最後に、本書を公刊することとなるきっかけを与えていただき、執筆途中も、終始、ご指導を賜り、背中を押して下さった、早稲田大学大学院法務研究科の山野目章夫教授には、心から感謝を申し上げ、また、校正については、ご多忙の中、一方ならぬご協力を頂いた、鹿児島県司法書士会会員の中久保正晃氏、福井県司法書士会会員の青垣幸仁氏、愛媛県司法書士会員の山﨑元昭氏に、そして、限られた時間の中、出版に向けてご尽力いただいた日本加除出版株式会社の佐伯寧紀氏の各氏に、お礼を申し上げる。

　　平成29年8月

　　　　　　　　　　　　　　　　　　　　末光　祐一

凡　例

凡　例

1　本文中，法令，図表等の表記については，以下の略号を用いた。

■　法令

◎　新民法　昭和22年12月22日法律第222号「民法の一部を改正する法律」により改正された明治29年4月27日法律第89号「民法」の「第4編第5編」（昭和23年1月1日施行）

◎　応急措置法　昭和22年4月19日法律第74号「日本国憲法の施行に伴う民法の応急的措置に関する法律」（昭和22年5月3日施行）

◎　旧民法　明治31年6月21日法律第9号「民法中修正ノ件」により追加制定された明治29年4月27日法律第89号「民法」の「第4編第5編」（明治31年7月16日施行）

◎　旧々民法　明治23年10月7日法律第98号「民法財産取得編・人事編」

　※　学問上，旧民法を明治民法，旧々民法を旧民法と呼ぶ場合があるが，本書においては，実務上の慣行によった。

　※　太政官布告・達等は，すべて，国立国会図書館：日本法令索引〔明治前期編〕・法令全書によった。

　※　沖縄新民法附則は，行政主席官房文書課発行1955年12月31日（土曜日）公報（号外）オ45号（沖縄県公文書館所蔵）によった。

◎　施行通達　平成29年4月17日民二第292号民事局長通達（「資料1」）

◎　意見募集結果　平成29年4月17日法務省民事局民事第二課・不動産登記規則の一部改正（案）に関する意見募集の結果について

■　判例

・　大判大11・6・27大民集1巻353頁

　→　大審院判決大正11年6月27日大審院民事判例集1巻353頁

・　東京控判明43・7・7新聞661号11頁

　→　東京控訴院判決明治43年7月7日法律新聞661号11頁

ix

凡　　例

- 最二小判平 3・4・19民集45巻 4 号477頁
  → 最高裁判所第二小法廷判決平成 3 年 4 月19日最高裁判所民事判例集
    45巻 4 号477頁
- 最大決平25・9・4 民集67巻 6 号1320頁
  → 最高裁判所大法廷決定平成25年 9 月 4 日最高裁判所民事判例集67巻
    6 号1320頁
- 福島地平支判昭31・3・30下民 7 巻 3 号792頁
  → 福島地方裁判所平支部判決昭和31年 3 月30日下級裁判所民事裁判例
    集 7 巻 3 号792頁
- 昭44・8・29民甲1760号民事局長通達・登先 9 巻10号 1 頁
  → 昭和44年 8 月29日民事甲第1760号民事局長通達・登記先例解説集 9
    巻10号 1 頁

■　事例等
- 被相続人とは，本書においては，相続登記における登記名義人である
  被相続人をいい，数次相続の場合は，登記名義人である初代の被相続人
  をいう。
- 事例の各図は，登記所に提出する相続関係説明図，法定相続情報一覧
  図，裁判所に提出する親族関係説明図と一致するものではない。
- 事例において現れた親族関係以外は，考慮しないものとする。
- 図

  ```
  ┌------甲家------┐
  ¦               ¦
  ¦               ¦
  └---------------┘
  ```
  甲家の戸籍を意味する。

  甲家　　　甲家
  分家　　　新家

  各々，甲家の分家の戸籍，甲家の者（又は，一家創立
  がないとしたら甲家に入るべき者）が一家創立した家の戸
  籍を意味する。

  ~~甲家~~　　　甲家が廃家され，又は絶家となったことを意味する。

x

凡　例

A男　　　　B男	A男は戸主で，B男は家族であることを意味する。

A男═══B女　　　A男とB女は婚姻関係にあることを意味する。

A男═══B女　　　C女はA男・B女の実子であることを意味する。
　　│
　　C女

A男═══B女　　　C女・D男・E女はA男・B女の実子であることを
　│　│　│　　　意味する。
E女 D男 C女

A男═══B女　　　C女はA男・B女の養子であることを意味する。
　　‖
　　C女

　　A男　　　　　C女はA男の養子であることを意味する。
　　‖
　　C女

　　B女　　　　　B女の死亡を意味する。

─B女──┼─→　　B女が除籍したことを意味する。

B女←─┼──　　　B女が入籍したことを意味する。

　B女──────→　　B女が再入籍したことを意味する。
　　↑

xi

凡　例

B女←─┼─→　　　　　　B女が復籍したことを意味する。

A男══╳══B女　　A男══╳══B女　　A男とB女が離婚したことを意味する。
　　　　　　　　　　　│
　　　　　　　　　　　C女

A男══┬══B女　　A男・B女とC女が離縁したことを意味する。
　　　╳
　　　│
　　　C女

A男　　　　　　A男とC女が離縁したことを意味する。
╳
│
C女

B女───(A男)　　B女══╳══(A男)　　A男はC男の親であるが，C
　│　　　　　　　　│　　　　　　男のいる家（戸籍）には一度も
　│　　　　　　　　│　　　　　　在籍していないことを意味する。
　C男　　　　　　　C男

A男───┬───B女　　A男とB女は婚姻関係になく，C男はA男，B女の
　　　│　　　　　非嫡出子で，A男の認知があることを意味する。
　　　C男

A女──┬　　　　　C男はA女の非嫡出子で，父の認知がないことを意
　　　│　　　　　味する。
　　　C男

　1　　　2
│A男│　│B男│　　A男が1番目の戸主で，B男が2番目の戸主であることを意味する。

凡　例

A男	A男が被相続人であることを意味する。

A男（取り消し線）　　　A男が被相続人で，その死亡によって相続が開始したことを意味する。

B女（取り消し線）　　　B女が被相続人より後に死亡したことを意味する。

2　出典の表記につき，以下の略号を用いた。

■　判例集等

集民	最高裁判所裁判集民事
下民	下級裁判所民事裁判例集
民集	最高裁判所民事判例集
大刑録	大審院刑事判決録
大民録	大審院民事判決録
大民集	大審院民事判例集
判決全集	大審院判決全集（法律新報付録）

登研	登記研究	法曹	法曹会雑誌
戸籍	戸籍	曹時	法曹時報
戸時	戸籍時報	家月	家庭裁判月報
登情	登記情報		
評論全集	法律［学説判例］評論全集		

■　参考文献

『親族』	穂積重遠『親族法』（1933，岩波書店）
『要録上』	『法曹會決議要録　上巻』（1931，清水書店）
	＊国立国会図書館所蔵
『要録追』	『法曹會決議要録　追巻』（1936，清水書店）
	＊国立国会図書館所蔵

xiii

凡　例

『要録』　　　『法曹会決議要録』（1968，法曹会）＊国立国会図書館所蔵

『事典』　　　南敏文監修，髙妻新著，青木惺補訂『最新　体系・戸籍用
　　　　　　　語事典』（2014，日本加除出版）

『知識』　　　大里知彦『旧法　親族　相続　戸籍の基礎知識』（1995，テイ
　　　　　　　ハン）

『磯部研究』　平井一雄＝村上一博編『日本近代法学の巨擘　磯部四郎研
　　　　　　　究』（2007，信山社出版）

『大意』　　　穂積重遠『相續法大意』（1926，岩波書店）

『全訂書式』　香川保一編『全訂不動産登記書式精義　上』（1977，テイハ
　　　　　　　ン）

『新訂書式』　香川保一編『新訂不動産登記書式精義　上』（1994，テイハ
　　　　　　　ン）

『総覧』　　　髙妻新編『判例・先例・学説・実例　相続における実務総
　　　　　　　覧　―旧法以前より現行法まで』（1998，日本加除出版）

『手引』　　　髙妻新『新版　旧法・韓国・中国関係　Ｑ＆Ａ　相続登記
　　　　　　　の手引き』（2007，日本加除出版）

『注釈』　　　中川善之助＝加藤永一編『新版注釈民法（28）〔補訂版〕』
　　　　　　　（2002，有斐閣）

『見方』　　　髙妻新＝荒木文明『全訂第二版　相続における戸籍の見方
　　　　　　　と登記手続』（2011，日本加除出版）

『大系』　　　辻朔郎ほか編『司法省　親族・相續　戸籍・寄留　先例大
　　　　　　　系』（1940，清水書店）＊国立国会図書館所蔵

『註釋』　　　柳川勝二『日本　相續法註釋　下巻』（1920，巌松堂書店）

『訓令』　　　日本加除出版編集部編『親族，相続，戸籍に関する訓令通
　　　　　　　牒録』（1932，日本加除出版）

※　本書では，現在では呼称することが不適当な用語であっても当時のまま使用して
　　いることがあるが，歴史的に正確を期す意味から使用していることをご理解賜りた
　　い。

xiv

目　次

目　次

第1編　相続に関する法令の適用

第1章　適用される相続法の時間的原則 —————————— *1*

第2章　我が国の相続法制の変遷の概要 ———————————— *3*
第1節　相続法制の制定・改正の経緯 ———————————— *3*
第2節　戦後の相続法 ————————————————————— *8*
　第1　平成25年9月5日から現在までに開始した相続　　*8*
　第2　平成13年7月1日から平成25年9月4日までの間に開始した相続　　*9*
　第3　昭和56年1月1日から平成13年6月30日までの間に開始した相続　　*10*
　第4　昭和37年7月1日から昭和55年12月31日までの間に開始した相続　　*11*
　第5　昭和23年1月1日から昭和37年6月30日までの間に開始した相続　　*12*
　第6　昭和22年5月3日から昭和22年12月31日までの間に開始した相続　　*13*
第3節　戦前の相続法 ————————————————————— *14*
　第1　明治31年7月16日から昭和22年5月2日までの間に開始した相続　　*14*
　第2　明治23年10月7日から明治31年7月15日までの間に開始した相続　　*25*
　第3　明治6年7月22日から明治23年10月6日までの間に開始した相続　　*26*
　第4　明治6年1月22日から明治6年7月21日までの間に開始した相続　　*27*
　第5　明治維新から明治31年7月15日までの間に開始した相続　　*27*

第3章　法定相続情報証明制度 ————————————————— *29*

第2編　旧民法施行中に開始した相続について，新民法が適用される事例

第1章　家督相続人の不選定に関する基本事例 ———————— *37*
　基本事例1　　*37*

第2章　家督相続 ———————————————————————— *38*
第1節　家督相続の開始 ———————————————————— *38*
第2節　家督相続の効力 ———————————————————— *38*

xv

目　次

第3節　家督相続人 ………………………………………………………………… 38

第1　家督相続人となる者　38

第2　第1順位―第1種法定家督相続人　40

第3　第2順位―指定家督相続人　48

第4　第3順位―第1種選定家督相続人　49

第5　第4順位―第2種法定家督相続人　52

第6　第5順位―第2種選定家督相続人　53

第3章　基本事例の検討 ————————————————————— 55

基本事例1　55

第4章　新民法附則第25条第2項本文 ————————————— 57

第1節　附則の内容 ………………………………………………………………… 57

第2節　適用の要件 ………………………………………………………………… 57

第3節　基本事例の結論 …………………………………………………………… 58

第4節　要件ⅰ：応急措置法施行前に開始した家督相続であること ……… 58

第5節　要件ⅱ：新民法施行後に，旧民法によれば，家督相続人を選
定しなければならない場合であること …………………………… 59

第6節　要件ⅲ：家督相続開始の原因が，入夫婚姻の取消し，入夫の
離婚又は養子縁組の取消しではないこと ………………………… 62

第7節　附則の効果 ………………………………………………………………… 62

第5章　新民法附則第25条第2項本文の適用に関する諸事例 ——— 66

第1節　典型的な事例 ……………………………………………………………… 66

相続事例1　妻と母がいる戸主の死亡　66

相続事例2　妻と弟がいる戸主の死亡　67

相続事例3　他家にある子がいる戸主の死亡　68

相続事例4　配偶者のみがいる分家戸主の死亡　69

相続事例5　他家に兄姉がいる単身の分家戸主の死亡　70

相続事例6　子のない女戸主の法定隠居　71

相続事例7　指定により家督相続人となった単身の女戸主の死亡　73

第2節　新民法によれば相続人とはなり得ない者がいる事例 ……………… 74

相続事例8　継子がいる女戸主の死亡　74

相続事例9　妻と継母がいる戸主の死亡　77

第3節　新民法の適用による相続人が新民法施行前に死亡した事例 ……… 78

相続事例10　新民法の適用により相続人となった者の旧民法施行中の死
亡　78

xvi

目　次

| 相続事例11 | 新民法の適用により相続人となった分家戸主の旧民法施行中の死亡　80 |
| 相続事例12 | 新民法の適用により相続人となった者の応急措置法施行中の死亡　81 |

第4節　代襲相続に関する事例 ………………………………………………… 82
| 相続事例13 | 新民法の適用により相続人となるべき者が子を遺して死亡している場合の戸主の死亡　82 |
| 相続事例14 | 新民法の適用により相続人となるべき者が他家に子を遺して死亡している場合の戸主の死亡　83 |

第5節　共有者について家督相続人不選定による相続人と他の共有者との関係に関する事例 …………………………………………… 84
| 相続事例15 | 新民法附則第25条第2項本文と新民法第255条が関係する相続　84 |

第6章　絶家と家督相続人不存在 ————————————————— 86

第1節　絶家 ………………………………………………………………………… 86

第2節　絶家の効果 ………………………………………………………………… 86

第3節　絶家となる時期 …………………………………………………………… 86

第4節　財産を有しない戸主の死亡の場合 …………………………………… 88

第5節　絶家後において財産が発見された場合 ……………………………… 89
| 相続事例16 | 死亡した絶家戸主名義の財産が新民法施行後に発見された場合　90 |

第6節　旧民法施行前の絶家，家督相続人の不存在 ……………………… 93

第7節　その他の絶家無効の場合 ……………………………………………… 99

第3編　新民法施行後に開始した相続について，旧民法も適用される事例

第1章　家附の継子の相続権に関する基本事例 ————————— 101
| 基本事例2 | 101 |

第2章　継親子関係 —————————————————————— 103

第1節　継親子関係の発生 ……………………………………………………… 103
| 親族事例1 | 死亡した前妻の子のいる夫の家に婚姻により入った後妻と当該子との関係　103 |
| 親族事例2 | 離婚した前妻の子のいる夫の家に婚姻により入った後妻と当該子との関係　104 |

xvii

目　次

親族事例 3 妻が後夫の家に前夫との子を引取入籍したときの後夫と当該子との関係　105

親族事例 4 実母が後夫の家に前夫との子とともに入籍したときの後夫と当該子との関係　106

親族事例 5 実母と後夫が前夫との子のいる家に親族入籍したときの後夫と当該子との関係　107

親族事例 6 実父と後妻が前妻との子のいる家に入籍したときの後妻と当該子との関係　108

親族事例 7 入夫婚姻による後入夫と女戸主の前入夫との子との関係　109

親族事例 8 婿養子である後夫と婿養子である前夫との子との関係　110

親族事例 9 亡夫の弟と戸内婚をしたときの後夫と前夫との子との関係　111

親族事例10 養家において養子と戸内婚をしたときの後妻と前妻との子との関係　112

親族事例11 他家で再婚した実母が夫婦で子のいる家に入籍したときの後夫と当該子との関係　113

親族事例12 後入夫と女戸主と前入夫との養子との関係　114

親族事例13 後妻と前妻との養子との関係　114

親族事例14 後入夫と女戸主の養子と関係　115

親族事例15 入夫と女戸主の養子との関係　116

親族事例16 実母が実子の養家に入籍したときの後夫と当該子との関係　117

親族事例17 実母及び後夫が実母の実子の養家に入籍したときの後夫と当該子との関係　117

親族事例18 後妻と夫の継子との関係　118

親族事例19 後妻と再婚時に婚姻により他家にある夫の子との関係　120

親族事例20 後妻と再婚時に分家により他家にある夫の子との関係　121

親族事例21 後妻と婚姻時に他家にあって復籍した夫の子との関係　122

親族事例22 後妻と再婚後に他家に入籍した夫の子との関係　123

第 2 節　継親子関係の効果 ………………………………………………… 124

親族事例23 継親の父と引取入籍による継子との関係　125

親族事例24 継父と継親子関係発生前に生まれた継子の子との関係　127

親族事例25 同じ家の継母と継親子関係発生前に生まれた継子の子との関係　128

第 3 節　継親子関係の消滅 ………………………………………………… 129

親族事例26 継子のいる夫婦の離婚　129

親族事例27 実父死亡後の継母の去家　130

親族事例28 実父死亡後の継母の再嫁による去家　132

親族事例29 実父死亡後の継母の分家　133

xviii

目　次

親族事例30	実父継母夫婦の去家　*134*
親族事例31	実父継母夫婦の分家　*134*
親族事例32	実父死亡後の継母の継子の養家への入籍　*136*
親族事例33	継親と継子の同じ家への入籍　*137*
親族事例34	生存配偶者である継母の再嫁後の離婚復籍　*138*
親族事例35	実父と継母の再婚　*139*

第4節　嫡母庶子関係 ··· *142*

親族事例36	庶子のある夫と婚姻した妻と当該庶子との関係　*142*
親族事例37	婚姻後に夫が認知した庶子が入籍したときの妻と当該庶子との関係　*143*
親族事例38	女戸主と入夫の他家にある子との関係　*144*
親族事例39	夫と妻の私生子との関係　*144*
親族事例40	嫡母の後夫と嫡母の庶子との関係　*145*

第5節　継親子制度の廃止 ·· *147*
第6節　旧民法施行前の継親子関係 ·· *147*

第3章　継子の相続権 ——————————————— *149*

第1節　家督相続 ··· *149*

第1　継子の家督相続人資格　*149*

第2　継子の家督相続の順序　*149*

第3　家　附　*149*

第4　継子の家督相続に関する事例　*150*

相続事例17	実子の女子と家附でない男子の継子がいる戸主の死亡　*150*
相続事例18	年少の男子の実子と家附でない男子の継子がいる戸主の死亡　*152*
相続事例19	実子の女子と家附でない男子の庶子がいる戸主の死亡　*153*
相続事例20	家附の継子と入籍した実子がいる戸主の死亡　*154*
相続事例21	男子の実子と家附でない男子の継子がいる養子戸主の死亡　*156*
相続事例22	家附の男子の継子と男子の実子がいる入夫戸主の死亡　*157*
相続事例23	家附の女子の継子と男子の実子がいる入夫戸主の死亡　*158*
相続事例24	家附の継子である女戸主の養子と実子がいる入夫戸主の死亡　*160*
相続事例25	復籍した家附の継子と実子がいる入夫戸主の死亡　*161*
相続事例26	家附でない継子と分家後に入籍した実子がいる戸主の死亡　*162*
相続事例27	戸内婚による継子と実子がいる戸主の死亡　*164*
相続事例28	実子と戸内婚による継子がいる戸主の死亡　*166*
相続事例29	母の私生子の子である継子と実子がいる戸主の死亡　*167*

xix

目　　次

　　　　相続事例30　戸内婚による亡実子の実子と継子がいる戸主の死亡　*169*
　　　　相続事例31　携帯入籍した家附の継子と実子がいる分家戸主の死亡　*170*
　第2節　遺産相続 ·· *172*
　　第1　概　要　*172*
　　第2　第1順位─直系卑属　*172*
　　　　相続事例32　継子がいる者の死亡　*173*
　　　　相続事例33　実子，養子及び他家にある継子がいる者の死亡　*174*
　　　　相続事例34　実子と亡継子の子がいる者の死亡　*176*
　　　　相続事例35　庶子がいる嫡母の死亡　*177*
　　　　相続事例36　実父と離婚再婚した継母の死亡　*179*
　　第3　第2順位─配偶者　*181*
　　第4　第3順位─直系尊属　*181*
　　　　相続事例37　実親及び継親がいる者の死亡　*181*
　　第5　第4順位─戸主　*182*

第4章　基本事例の検討 ──────────────────────── *184*
　　　　基本事例2　*184*

第5章　新民法附則第26条第1項 ───────────────────── *187*
　第1節　附則の内容 ·· *187*
　第2節　適用の要件 ·· *187*
　第3節　基本事例の結論 ·· *188*
　第4節　要件ⅰ：被相続人の死亡が新民法施行後であること ···························· *188*
　第5節　要件ⅱ：被相続人が，応急措置法施行の際における戸主で
　　　　　あった者であること ··· *189*
　第6節　要件ⅲ：当該戸主であった者が，他家から入った者であった
　　　　　こと ·· *189*
　第7節　要件ⅳ：当該戸主であった者が他家から入った事由が，婚姻
　　　　　又は養子縁組であったこと ·· *190*
　第8節　要件ⅴ：相続権を有すべき者は，応急措置法施行時において，
　　　　　当該戸主であった者の継子であったこと ·· *190*
　第9節　要件ⅵ：当該継子は，戸主であった者の家の家附であったこ
　　　　　と ·· *190*
　第10節　要件ⅶ：当該戸主であった者が，応急措置法施行後に，婚姻
　　　　　の取消し若しくは離婚又は縁組の取消し若しくは離縁によって
　　　　　氏を改めていないこと ··· *191*
　第11節　附則の効果 ·· *191*

xx

目　次

■ 第6章　新民法附則第26条第1項の適用に関する諸事例 ───── *192*

　　第1節　典型的な事例 ─────────────────── *192*

　　　相続事例38　実子と継子と家附の継子がいる戸主であった者の死亡　*192*

　　　相続事例39　妻と家附の継子がいる戸主であった者の死亡　*194*

　　　相続事例40　妻と実子と継子がいる戸主であった者の死亡　*195*

　　　相続事例41　妻と妻の養子たる継子がいる戸主であった者の死亡　*196*

　　　相続事例42　家附の継子のいる家の家族であった者の死亡　*197*

　　　相続事例43　他家の実子と家附の継子のいる家の家族であった者の死亡
　　　　　　　　　198

　　　相続事例44　庶子と家附の継子がいる戸主であった者の死亡　*199*

　　　相続事例45　復籍した家附の継子がいる戸主であった者の死亡　*200*

　　第2節　分家戸主であった者の家附の継子の相続権に関する事例 ┄┄┄┄ *201*

　　　相続事例46　家附の継子がいる分家戸主であった者の死亡　*201*

　　第3節　戸内婚における家附の継子の相続権に関する事例 ┄┄┄┄┄┄ *203*

　　　相続事例47　戸内婚による家附の継子と実子がいる戸主であった者の死
　　　　　　　　　亡　*203*

　　第4節　他家にある家附の継子の相続権に関する事例 ───────── *205*

　　　相続事例48　他家にある家附の継子がいる戸主であった者の死亡　*205*

　　　相続事例49　家附の継子と他家にある妻の家附の子がいる戸主であった
　　　　　　　　　者の死亡　*207*

　　第5節　婚姻又は養子縁組以外の事由で他家から入って戸主となった
　　　　　者の家附の継子の相続権に関する事例 ────────── *208*

　　　相続事例50　親族入籍によって他家から入って戸主となった者に家附の
　　　　　　　　　継子がいる場合の当該戸主であった者の死亡　*208*

　　　相続事例51　親族入籍によって分家から入って戸主となった者に家附の
　　　　　　　　　継子がいる場合の当該戸主であった者の死亡　*210*

　　第6節　家附の継子が複数いる場合の相続に関する事例 ┄┄┄┄┄┄┄ *211*

　　　相続事例52　家附の継子となるべき者が複数いる戸主であった者の死亡
　　　　　　　　　211

　　第7節　家附の継子の代襲相続に関する事例 ────────────── *213*

　　　相続事例53　家附の亡継子の子がいる戸主であった者の死亡　*213*

第4編　相続に関連するその他の新民法附則の規定

■ 第1章　日本国憲法公布後，応急措置法施行前に生じた事由に関す
　　　　る規定─相続財産の一部分配請求権：新民法附則第27条第1
　　　　項 ─────────────────────────── *215*

xxi

目　次

相続事例54 日本国憲法公布後の戸主の死亡　*216*

第2章　応急措置法施行後に生じた事由に関する規定―改氏による財産の一部分配請求権―――*218*

第1節　新民法附則第28条―――*218*

第2節　新民法附則第26条第3項―――*220*

第3章　応急措置法施行後，新民法施行前に生じた事由に関する規定―家附の継子の相続財産の一部分配請求権：新民法附則第26条第2項―――*221*

第4章　応急措置法施行前に生じた事由に関する規定―家督相続の不開始：新民法附則第25条第2項ただし書―――*223*

第5章　その他の規定―――*225*

第1節　旧民法施行中に廃除された推定相続人：新民法附則第29条―――*225*

第2節　旧民法施行中に廃除に関連してなされた遺産の管理についての裁判所の処分：新民法附則第30条―――*228*

第3節　旧民法施行中になされた分家・廃絶家再興のための贈与の特別受益：新民法附則第31条―――*228*

第4節　旧民法施行中に開始した遺産相続についての新民法施行後の遺産分割：新民法附則第32条―――*229*

第5節　旧民法施行中にした遺言の新民法施行後の確認：新民法附則第33条―――*231*

第5編　南西諸島と新民法附則―――*233*

付　録

索　引―――*243*

事項索引　*243*

条文索引　*245*

判例索引　*247*

先例索引　*248*

xxii

目　次

■ 資　料 ————————————————————————————— *253*

資料1⑴　不動産登記規則の一部を改正する省令の施行に伴う不動産登記事務等の取扱いについて（通達）（平成29年4月17日民二第292号民事局長通達）　*252*

資料1⑵　法定相続情報一覧図記載例　*265*

資料1⑶　法定相続情報一覧図見本　*266*

資料2　数次相続が生じている場合において最終的な遺産分割協議の結果のみが記載された遺産分割協議書を添付してされた相続による所有権の移転の登記の可否について（通知）（平成29年3月30日民二第237号民事局民事第二課長通知）　*267*

資料3　被相続人の同一性を証する情報として住民票の写し等が提供された場合における相続による所有権の移転の登記の可否について（通知）（平成29年3月23日民二第175号民事局民事第二課長通知）　*269*

資料4　除籍等が滅失等している場合の相続登記について（通達）（平成28年3月11日民二第219号民事局長通達）　*270*

資料5　遺産分割の協議後に他の相続人が死亡して当該協議の証明者が一人となった場合の相続による所有権の移転の登記の可否について（通知）（平成28年3月2日民二第154号民事局民事第二課長通知）　*271*

資料6　相続人の資格を併有する者が相続の放棄をした場合の相続による所有権の移転の登記について（通知）（平成27年9月2日民二第363号民事局民事第二課長通知）　*273*

資料7　民法の応急的措置に伴う戸籍事務の取扱に関する件（昭和22年5月29日民甲第445号民事局長通達）　*275*

資料8　民法の応急的措置に伴う夫の許可書等，相続登記の取扱に関する件（昭和22年6月23日付民事甲第560号各司法事務局長宛民事局長通達）　*278*

資料9　戸籍事務の取扱に関する件（昭和22年7月28日付民事甲第664号各司法事務局長宛民事局長通達）　*280*

資料10　民法の応急的措置に伴う旧民法第729条第2項（生存配偶者の去家による姻族関係の終了）の適用に関する件（昭和22年8月27日日記戸第1314号福岡県三潴郡大川町長問合・昭和22年9月27日付民事甲第1023号民事局長回答）　*283*

資料11　戸籍の記載方に関する件（昭和22年10月14日付民事甲第1263号司法事務局長宛民事局長通達）　*284*

資料12　民法の応急的措置に伴う嫡出子の父母との続柄の取扱に関する件（昭和22年11月6日日記第1356号静岡県賀茂郡下田町長問合・昭和22年11月26日付民事甲第1506号民事局長回答）　*285*

xxiii

目　次

資料13　新民法附則第25条第2項の規定について（昭和23年3月12日付民事甲第182号和歌山司法事務局長宛民事局長回答）　*286*

資料14　新民法施行に伴う戸籍の取扱に関する件（昭和23年2月12日付発第544号岡山司法事務局長照会・昭和23年4月21日付民事甲第54号民事局長回答）　*287*

資料15　新民法施行に伴う離縁，復籍の取扱に関する件（昭和23年5月20日付民事甲第1186号松山司法事務局長宛民事局長回答）　*289*

資料16　応急措置法施行前に開始した家督相続について応急措置法施行後に家督相続届があった場合の取扱について（昭和23年5月10日付戸第1290号山形司法事務局長照会・昭和23年5月22日付民事甲第1379号民事局長回答）　*290*

資料17　戸籍事務の取扱方に関する件（昭和23年5月29日高知司法事務局長照会・昭和23年6月9日民事甲第1663号民事局長回答）　*291*

資料18　民法の応急的措置に関する法律施行前に開始した家督相続に関する件（昭和23年7月1日民事甲第2057号民事局長通達）　*292*

資料19　応急措置法施行前に他家から入った養母が養家を去ったため養親子関係が消滅している場合の取扱について（昭和23年11月12日司戸第1202号大分司法事務局長照会・昭和23年12月27日付民事甲第3683号民事局長回答）　*293*

資料20　戸籍記載例
- (1)　婚養子の戸籍の例1　　縦組〈1〉
- (2)　婚養子の戸籍の例2　　縦組〈2〉
- (3)　入夫婚姻によって入夫が戸主となった戸籍の例　　縦組〈3〉
- (4)　隠居の戸籍の例　　縦組〈5〉
- (5)　戸主死亡による家督相続の戸籍の例1（法定家督相続人）　　縦組〈7〉
- (6)　戸主死亡による家督相続の戸籍の例2（選定家督相続人）　　縦組〈9〉
- (7)　家督相続人の指定の戸籍の例　　縦組〈9〉
- (8)　親族入籍の戸籍の例1　　縦組〈9〉
- (9)　親族入籍の戸籍の例2　　縦組〈10〉
- (10)　引取入籍の戸籍の例　　縦組〈10〉
- (11)　廃家の戸籍の例1　　縦組〈11〉
- (12)　廃家の戸籍の例2　　縦組〈12〉
- (13)　絶家の戸籍の例1　　縦組〈13〉
- (14)　絶家の戸籍の例2　　縦組〈15〉
- (15)　再興の戸籍の例　　縦組〈16〉
- (16)　継親子関係の戸籍の例1　　縦組〈17〉
- (17)　継親子関係の戸籍の例2　　縦組〈19〉

第1編 相続に関する法令の適用

第1章 適用される相続法の時間的原則

　今さらいうまでもないことであるが，一般に，法は，適用の基礎となる行為や事実のあった時点において有効に施行されているものが適用される。つまり，その時点より後に施行された法や，その前に施行されていた（その時点においては効力を失っている）法は，適用されることはない。

　特に，刑事法の分野では，この原則は厳格であり，日本国憲法第39条前段では「何人も，実行の時に適法であつた行為又は既に無罪とされた行為については，刑事上の責任を問はれない。」と謳われている。

　民事法などにおいても原則的には同様と考えられるが，立法政策的に，事後の法を遡及して適用する場合もある。特に，新民法附則第4条において，「新法は，別段の規定のある場合を除いては，新法施行前に生じた事項にもこれを適用する。但し，旧法及び応急措置法によつて生じた効力を妨げない。」とあり，新民法施行前に生じた事項であっても，日本国憲法の精神に則り，新民法を適用するとされている。もちろん，新民法施行前において既に法律的効力が生じているものまで新民法を適用する趣旨ではない。

　しかし，相続に関しては，法的安定性が重視されるため，新民法附則第25条第1項に，「応急措置法施行前に開始した相続に関しては，第2項の場合を除いて，なお，旧法を適用する。」と規定され，相続開始時の民法が適用されることが明確にされ，また，明治31年6月21日法律第11号民法施行法の第1条には，「民法施行前ニ生シタル事項ニ付テハ本法ニ別段ノ定アル場合ヲ除ク外民法ノ規定ヲ適用セス」と，法の不遡及の原則が規定

第1章　適用される相続法の時間的原則

されている。新民法施行後の判例においても，明治31年6月21日法律第9号の民法（本書でいう旧民法）の施行中に生じた身分・親族関係は，新民法施行後においても継続することとなる（旧民法施行中に養親の去家によって消滅した養親子関係は新民法施行によっても回復することはないため，新民法施行後に養親であった者の死亡により開始した相続について，その養子であった者が相続権を取得することはない（最二小判平21・12・4判タ1317号128頁）。）。

　以上のことから，相続においては相続開始時の民法の規定が適用され，その後に施行され，その当時には施行されていなかった民法の規定は適用されないし，あるいは，既に失効している民法の規定が適用されることはないこととなる。例えば，旧民法施行中に開始した相続については，たとえ，相続による所有権の移転の登記（以下，「相続登記」という。）の手続の処理が新民法施行後であったとしても，相続人の特定に当たっては旧民法を適用しなければならないのであり，旧民法中に家督相続が開始したときは，新民法施行後であっても，戸籍へ家督相続の届をすることができるのである（昭22・4・16民甲317号民事局長通達・『訓令』）。旧民法施行前に開始した相続に関しても，当時の法令が適用されることとなる（福島地平支判昭31・3・30下民7巻3号792頁）。相続登記の手続においても，応急措置法施行前に相続が開始したとき，その相続を登記原因とする登記が応急措置法施行後になされる場合であっても，従前どおり（家督相続又は遺産相続として），取り扱われる（昭22・6・23民甲560号民事局長通達。「資料8」参照）。

　ところが，相続の場面において，これに例外が生じる場合があり，相続登記の実務において，法の適用について注意を要する場面がある。

　これは，旧民法施行中に開始した相続であっても新民法を適用して相続人を特定する場面や，新民法施行後に開始した相続であっても旧民法を適用して相続人を特定する場面もあるということである。これが，本書でとりあげる，新民法附則が適用される場合の相続である。これにより，時間的に前後する異なる原理に基づく相続法制の連続性が図られている。

第1節　相続法制の制定・改正の経緯

第2章　我が国の相続法制の変遷の概要

第1節　相続法制の制定・改正の経緯

　「明治，安政，文政，天保に跨がる昔の相続に民主々義の改正法を適用すべしというにあつて非常識の法解釈といわねばならぬ」（福島地平支判昭31・3・30下民7巻3号792頁）とあるとおり，相続に関しては，原則として，その開始当時の慣例・法令が適用される。

　明治維新期にあっては，相続に関する成文法はなく，慣例を基に実務がなされていたと思われる。具体的な案件に対しては，その都度，あるいは，一般に発せられた，当時の法令である太政官布告，太政官達，太政官布達，太政官指令，内務省達，司法省達，司法省指令など（以下，「太政官布告・達等」という。）によって処理されたが，この時代，日本国民であっても，華族，士族，平民という族籍毎に適用される太政官布告・達等も異なり，いまだ，体系化された法令はなかった。

　そこで，相続に関して一定程度の体系化された初めての成文法が，明治6年1月22日に発せられた。近代的民法典とは異なるが，それが，後述する華士族家督相続法である。この法令は，当初，華族及び士族に適用され，家督相続にあっては，戸主が任意に家督相続人を定めることができ，必ずしも長男でなくても差し支えないとされたが，早くも，明治6年7月22日には改正され，原則として長男が家督相続人となるとされた。この法令には，その他，相続後見，隠居，再相続，尊属相続，女子相続，入夫婚姻等に関する規定が設けられていた。さらに，華士族家督相続法は，明治8年5月15日太政官指令によって平民にも適用され，実質的に，全国民に原則的に適用されることとなった。この頃の相続に関する太政官布告・達等には，「士民ノ」として，士族，平民の区別なく適用されることが明記されて発せられるものが多くあった。相続も，現代と異なり，法律によって自動的に相続人が定まる法定相続制ではなく，願い出をなし，その出願が管轄官庁によって聞き届けられることによって相続人が決まった。つまり，相続には，聴許（一種の許可）が必要とされ，華士族家督相続法は，その出

第2章　我が国の相続法制の変遷の概要

願の際の基準を定めたものであるともいえる。この時代，「立嫡違法　凡嫡長子孫。亡没疾病等ノ。故無クシテ。庶子ヲ立ル者ハ。杖70。仍ホ嫡子ヲ改立セシム。」（明治3年12月20日新律綱領）や，華士族家督相続法中に「故ナク順序ヲ越テ相續致ス者ハ相當ノ咎可申付事」とあるなど，事実上の相続をなす者もいたと思われるが，法令上は，聴許がなければ違法な相続ということになったであろう。聴許制であった相続は，後述する明治12年2月13日太政官第8号達によって，以後，出願は不要となり，届出で足りることとなった。つまり，華士族家督相続法その他の太政官布告・達等に基づいて家督相続人が定まるという法定相続制に移行していったといえよう。

また，土地の相続については，明治5年正月大蔵省「東京府下地券発行地租収納規則」，明治8年10月9日太政官第153号布告「家督相続或ハ贈遺等ニ依リテ譲受ノ地所地券書換手続」，明治13年11月30日太政官第52号布告「土地売買譲渡規則」などの手続に関する法令があった。

その後も，相続に関しても多くの太政官布告・達等が発せられたが，我が国の近代化に向けて，相続に関する法令を含む，体系化された民事に関する近代的な成文法典としての「民法」の制定，施行が求められていた。

太政官布告・達等にも，「……未タ民法モ御確定不相成候間……」（明治6年3月8日正院達），「……民法御確定相成候迄……」（明治7年2月2日太政官指令），「……但民法御確定ノ上……」（明治9年1月18日太政官指令）などのように民法について言及したものが見え，民法典の制定が待たれていたことがうかがえる。

明治3年に着手された民法編纂は，明治4年の「民法決議」，明治5年の「皇国民法仮規則」，「民法仮法則」，明治6年の「左院民法草案」などの民法の案が議論され，明治13年，元老院に民法編纂局が設けられた（『磯部研究』5頁）。

明治19年2月26日勅令第1号の公文式によって，太政官布告・達等という法令形式ではなく，新たに，法律，勅令，閣令・省令などという法令形式がとられることとなったが，その第1号が，明治19年8月13日法律第1号「登記法」である。その第15条では，「家督相續ニ因リ地所建物舩舶ノ

4

登記ヲ請フトキハ雙方出頭シ其證書ヲ示ス可シ　死亡者失踪者若クハ離縁戸主ノ遺留シタル地所建物舩舶ヲ相續スル者登記ヲ請フトキハ親屬又親屬ナキトキハ近隣ノ戸主２名以上連署ノ書面ヲ差出シ且證明書類アルモノハ之ヲ示ス可シ」と相続登記の手続が定められた。

　大日本帝国憲法が明治22年２月11日に発布され，明治23年11月29日に施行されたが，明治20年10月頃までには，フランス人法律顧問ボアソナードの起草による民法の「第一草案」が完成し，さらに修正が加えられて，民法が制定，公布された。これが，明治23年４月21日法律第28号「民法財産編財産取得編債権担保編証拠編」及び明治23年10月７日法律第98号「民法財産取得編・人事編」である（本書でいう「旧々民法」）。なお，この民法の後者は，日本の風俗，慣習に留意する必要のあるとして，磯部四郎ら日本人が起草したもので（『磯部研究』７頁），後の民法の第４編親族，第５編相続に相当する（国籍法に相当する部分も含まれていた。）。

　この民法の後者は，明治26年１月１日から施行予定であったが，いわゆる法典論争が起こり，明治25年11月24日法律第８号及び明治29年12月29日法律第94号によって施行が延期され，施行されないまま，「民法中修正ノ件」明治31年６月21日法律第９号「民法第４編第５編」が公布され，先の民法の後者は廃止された（先の民法の前者も施行が延期され，施行されないまま，「民法中修正ノ件」明治29年４月27日法律第89号「民法第１編第２編第３編」の公布により廃止された。）。

　その民法の第５編が相続法であり，家制度を基礎として，戸主の戸主権及び財産権の相続である家督相続と，家族の財産権の相続である遺産相続を中心に規定され，特に家督相続においては，それ以前の法令と同様，長男が単独で家督相続をすることが原則とされた。

　昭和20年８月，ポツダム宣言の受諾後，社会のあらゆる分野で次々に戦後の改革がなされ，個人の尊厳と両性の本質的平等を基調とした日本国憲法が昭和21年11月３日に公布され，昭和22年５月３日から施行された。

　これに伴い，家制度を基調とした旧民法第４編第５編は全面改正されることとなり，まず，昭和22年４月19日法律第74号日本国憲法の施行に伴う

第2章　我が国の相続法制の変遷の概要

民法の応急的措置に関する法律が日本国憲法の施行の日から施行され，旧民法中，戸主，家族その他家に関する規定，家督相続に関する規定は適用されなくなり，相続については，旧民法中の遺産相続に関する規定が適用されるものの，配偶者が常に相続人となることとなり，また，相続人の順位が改められた。

その応急措置法のあとを受け，昭和22年12月22日法律第222号「民法の一部を改正する法律」によって，民法第4編第5編が全面改正され，昭和23年1月1日から施行された。新民法である。新民法では，相続に関しては，人の死による相続のみとなり，その相続人の順位と範囲は応急措置法時代と同じであったが，昭和37年3月29日法律第40号「民法の一部を改正する法律」によって改正され，第1順位の相続人が直系卑属から子へと改められた。この改正は，昭和37年7月1日から施行された。

昭和55年5月17日法律第51号「民法及び家事審判法の一部を改正する法律」による改正で，配偶者と第1順位以下の相続人との相続分の割合が改められ，兄弟姉妹が相続人である場合の代襲相続人が，兄弟姉妹の子までに制限された。この改正は，昭和56年1月1日から施行された。

平成25年9月4日，最高裁判所大法廷決定によって，「民法の規定で，嫡出子と非嫡出子の法定相続分を区別する合理的な根拠は失われていたというべきであり，その規定は，遅くとも平成13年7月当時において，憲法第14条第1項に違反していたものというべきである。」とされた（民集67巻6号1320頁）。これを受けて，平成25年12月11日法律第94号「民法の一部を改正する法律」が成立，公布され，嫡出子と非嫡出子の法定相続分は同等とされた。この改正は，平成25年9月5日に遡って施行された。

以上，明治維新期から現代に至るまでの相続法制の変遷について駆け足で解説したが，相続開始時の相続法が適用されるとは，次の二つの法令を適用することを意味する。

まず一つは相続法そのものの適用で，つまり，相続に関するルールを適用するということであり，例えば，「被相続人が死亡したときは，その最直近の直系卑属が相続人となる。」というルールがあったとすると，当然，

6

その直系卑属である子が，まず相続人となることはいうまでもないが，その「子」自体が，現行の民法に基づく「子」の概念とは必ずしも一致しない場合もある。その一例が，まさに本書でとりあげる継子であり（第3編第2章），その当時は，子というときは，実子，養子だけでなく，継子も含まれることとなる。要するに，当時の相続法を適用するとは，相続法そのものだけでなく，併せて，当時の身分法（親族法）も適用するということである（祭祀の承継に関する法令については，本書では触れない。）。

　相続法を適用するには，これまで述べたとおり，時間軸の中で，どの時点の法令を適用するのか，これを縦軸とすると，場所的範囲でどの場所の法令を適用するのかということが横軸に当たる。広くは，日本の法令を適用するのか，外国の法令を適用するのか。あるいは，日本国内であっても，過去には内地に適用される法令（日本の民法）と，旧台湾，旧朝鮮等の外地に適用される法令は異なっていた（本書ではとりあげない。詳細は向英洋『詳解旧外地法』（2007，日本加除出版）参照）。さらに，後述する南西諸島のように，戦後の日本国内にあっても，適用される法令が異なるところがあった。さらに，同一の時代，同一の場所であっても，当事者の属性によっても適用される法令が異なる場合もある。我が国においては，先に述べた明治初期の士族や平民などの族籍毎に適用される法令が異なる場合があったし，諸外国では，現代でも，その属する宗教等によっても適用される法令が異なるところもある。これは高さ軸とも考えられよう。

　このように，相続法は，いつ（時間），どこの（場所），誰の（属性）を特定することにより，適用される法令が正確に定まるものであり，まさに3次元の中で，各軸の交差するところとして理解することができるのである。

　なお，資料20には旧民法当時の戸籍の記載例を収録した。場合別記載例として戸籍の確認にご活用いただきたい。

第2章　我が国の相続法制の変遷の概要

第2節　戦後の相続法

第1　平成25年9月5日から現在までに開始した相続

根拠：民法第5編（平成25年法律第94号による改正）

常に相続人	第1順位	第2順位	第3順位
配偶者	子	直系尊属 ※　親等の近い者が先順位の相続人となる。	兄弟姉妹
	・　子が数人の場合は各相続分は同等 ※　非嫡出子の相続分は，嫡出子の相続分と同等となった。 ・　子の相続分及び配偶者の相続分は，各々2分の1，2分の1	・　直系尊属が数人の場合は各相続分は同等 ・　直系尊属の相続分及び配偶者の相続分は，各々3分の1，3分の2	・　兄弟姉妹が数人の場合は各相続分は同等 ・　半血の兄弟姉妹の相続分は，全血の兄弟姉妹の相続分の2分の1 ・　兄弟姉妹の相続分及び配偶者の相続分は，各々4分の1，4分の3
代襲相続は不適用	代襲相続は無制限	代襲相続は不適用	代襲相続は被代襲者の子まで
890条	887条，900条1号・4号	889条1項1号，900条2号・4号	889条1項2号・2項，900条3号・4号

　現行の民法であり，非嫡出子の相続分が嫡出子の相続分と同等となると改正された。

第2節　戦後の相続法

第2　平成13年7月1日から平成25年9月4日までの間に開始した相続

根拠：民法第5編（昭和55年法律第51号による改正），平成25年9月4日最高裁判所大法廷決定

常に相続人	第1順位	第2順位	第3順位
配偶者	子	直系尊属 ※　親等の近い者が先順位の相続人となる。	兄弟姉妹
	・　子が数人の場合は各相続分は同等 ・　非嫡出子の相続分は，嫡出子の相続分と同等 ※　条文上は，非嫡出子の相続分は，嫡出子の相続分の2分の1となっている。 ・　子の相続分及び配偶者の相続分は，各々2分の1，2分の1	・　直系尊属が数人の場合は各相続分は同等 ・　直系尊属の相続分及び配偶者の相続分は，各々3分の1，3分の2	・　兄弟姉妹が数人の場合は各相続分は同等 ・　半血の兄弟姉妹の相続分は，全血の兄弟姉妹の相続分の2分の1 ・　兄弟姉妹の相続分及び配偶者の相続分は，各々4分の1，4分の3
代襲相続は不適用	代襲相続は無制限	代襲相続は不適用	代襲相続は被代襲者の子まで
890条	887条，900条1号・4号	889条1項1号，900条2号・4号	889条1項2号・2項，900条3号・4号

　条文上は，非嫡出子の相続分は，嫡出子の相続分の2分の1となっているが，平成25年9月4日最高裁判所大法廷決定により，平成13年7月1日から平成25年9月4日までの間に開始した相続についても，嫡出子と嫡出でない子の相続分は同等のものとして扱われることになる。ただ，同期間

第2章　我が国の相続法制の変遷の概要

中に開始した相続（相続人の中に嫡出子と非嫡出子の双方がいる事案）であっても，非嫡出子の相続分を嫡出子の相続分の2分の1とすることを前提として，既に遺産分割の協議や裁判が終了している場合など確定的なものとなった法律関係については，その効力が否定されることはない（最大決平25・9・4民集67巻6号1320頁，平25・12・11民二781号民事局長通達）。

第3　昭和56年1月1日から平成13年6月30日までの間に開始した相続
根拠：民法第5編（昭和55年法律第51号による改正）

常に相続人	第1順位	第2順位	第3順位
配偶者	子	直系尊属 ※　親等の近い者が先順位の相続人となる。	兄弟姉妹
	・　子が数人の場合は各相続分は同等 ・　非嫡出子の相続分は，嫡出子の相続分の2分の1 ・　子の相続分及び配偶者の相続分は，各々2分の1，2分の1	・　直系尊属が数人の場合は各相続分は同等 ・　直系尊属の相続分及び配偶者の相続分は，各々3分の1，3分の2	・　兄弟姉妹が数人の場合は各相続分は同等 ・　半血の兄弟姉妹の相続分は，全血の兄弟姉妹の相続分の2分の1 ・　兄弟姉妹の相続分及び配偶者の相続分は，各々4分の1，4分の3
代襲相続は不適用	代襲相続は無制限	代襲相続は不適用	代襲相続は被代襲者の子まで
890条	887条，900条1号・4号	889条1項1号，900条2号・4号	889条1項2号・2項，900条3号・4号

子の相続分及び配偶者の相続分が各2分の1，直系尊属の相続分及び配偶者の相続分が各々3分の1，3分の2，兄弟姉妹の相続分及び配偶者の相続分が各々4分の1，4分の3と改正され，兄弟姉妹の代襲相続が子（被相続人の甥，姪）までと制限された。

第4　昭和37年7月1日から昭和55年12月31日までの間に開始した相続
根拠：民法第5編（昭和37年法律第40号による改正）

常に相続人	第1順位	第2順位	第3順位
配偶者	子	直系尊属 ※　親等の近い者が先順位の相続人となる。	兄弟姉妹
	・　子が数人の場合は各相続分は同等 ・　非嫡出子の相続分は，嫡出子の相続分の2分の1 ・　子の相続分及び配偶者の相続分は，各々3分の2，3分の1	・　直系尊属が数人の場合は各相続分は同等 ・　直系尊属の相続分及び配偶者の相続分は，各々2分の1，2分の1	・　兄弟姉妹が数人の場合は各相続分は同等 ・　半血の兄弟姉妹の相続分は，全血の兄弟姉妹の相続分の2分の1 ・　兄弟姉妹の相続分及び配偶者の相続分は，各々3分の1，3分の2
代襲相続は不適用	代襲相続は無制限	代襲相続は不適用	代襲相続は無制限
890条	887条，900条1号・4号	889条1項1号，900条2号・4号	889条1項2号・2項，900条3号・4号

第1順位の相続人が，直系卑属から子と改正されたが，相続人の特定に

第2章　我が国の相続法制の変遷の概要

あっては，改正前と結果は同じとなる。

第5　昭和23年1月1日から昭和37年6月30日までの間に開始した相続
根拠：民法第5編（昭和22年法律第222号による改正）

常に相続人	第1順位	第2順位	第3順位
配偶者	直系卑属 ※　親等の近い者が先順位の相続人となる。	直系尊属 ※　親等の近い者が先順位の相続人となる。	兄弟姉妹
	・　直系卑属が数人の場合は各相続分は同等 ・　非嫡出子の相続分は，嫡出子の相続分の2分の1 ・　子の相続分及び配偶者の相続分は，各々3分の2，3分の1	・　直系尊属が数人の場合は各相続分は同等 ・　直系尊属の相続分及び配偶者の相続分は，各々2分の1，2分の1	・　兄弟姉妹が数人の場合は各相続分は同等 ・　半血の兄弟姉妹の相続分は，全血の兄弟姉妹の相続分の2分の1 ・　兄弟姉妹の相続分及び配偶者の相続分は，各々3分の1，3分の2
代襲相続は不適用	代襲相続は無制限	代襲相続は不適用	代襲相続は無制限
890条	887条，888条，900条1号・4号	889条1項1号，900条2号・4号	889条1項2号・2項，900条3号・4号

　応急措置法に基づくものと同じであるが，兄弟姉妹の代襲相続が認められ，半血の兄弟姉妹の相続分が全血の兄弟姉妹の相続分の2分の1とする規定が設けられた。

第6　昭和22年5月3日から昭和22年12月31日までの間に開始した相続

根拠：日本国憲法の施行に伴う民法の応急的措置に関する法律（昭和22年法律第73号）

常に相続人	第1順位	第2順位	第3順位
配偶者	直系卑属 ※　親等の近い者が先順位の相続人となる。	直系尊属 ※　親等の近い者が先順位の相続人となる。	兄弟姉妹
	・　子が数人の場合は各相続分は同等 ・　非嫡出子の相続分は，嫡出子の相続分の2分の1 ・　子の相続分及び配偶者の相続分は，各々3分の2，3分の1	・　直系尊属が数人の場合は各相続分は同等 ・　直系尊属の相続分及び配偶者の相続分は，各々2分の1，2分の1	・　兄弟姉妹が数人の場合は各相続分は同等 ・　兄弟姉妹の相続分及び配偶者の相続分は，各々3分の1，3分の2
代襲相続は不適用	代襲相続は無制限	代襲相続は不適用	代襲相続は不適用
8条2項	8条1項・2項1号	8条1項・2項2号	8条1項・2項3号

　家督相続が不適用となり（応急措置法7条1項），相続については，本表（応急措置法8条）によるほか，旧民法の遺産相続に関する規定に従う（応急措置法7条2項）。これにより，配偶者は常に相続人となり，第1順位が直系卑属，第2順位が直系尊属，第3順位が兄弟姉妹となった。応急措置法においては，兄弟姉妹について代襲相続に関する規定，半血の兄弟姉妹の相続分は全血の兄弟姉妹の相続分の半分とする規定は設けられていない。

第2章　我が国の相続法制の変遷の概要

第3節　戦前の相続法
第1　明治31年7月16日から昭和22年5月2日までの間に開始した相続
根拠：民法第5編（明治31年6月21日法律第9号）

被相続人が戸主　→　家督相続		
死亡，隠居，入夫離婚，婚姻又は養子縁組取消による去家	入夫婚姻	国籍喪失
以下の順位で最優先の者が単独で家督相続人 第1順位　第1種法定家督相続人：家族である直系卑属 　第1順序　親等の近い者が優先 　第2順序　同親等間では男子を優先 　第3順序　同親等の男子間又は女子間では嫡出子が優先 　第4順序　同親等間では女子でも嫡出子，庶子が優先 　第5順序　同順序間では年長者が優先 第2順位　指定家督相続人 第3順位　第1種選定家督相続人 　家族である，　第1　：家女である配偶者，　第2　：兄弟，　第3　：姉妹，　第4　：家女でない配偶者，　第5　：兄弟姉妹の直系卑属の中から選定 第4順位　第2種法定家督相続人：家族である最も親等の近い直系尊属 　男子と女子では男子が優先 第5順位　第2種選定家督相続人 　親族，家族，分家の戸主又は本家若しくは分家の家族の中から選定（場合によっては，他人の中から選定）	入夫が家督相続人 ※　当事者が婚姻の際に反対の意思表示をしたときは，家督相続は開始しない。	※　財産の相続はない。

14

第3節 戦前の相続法

第1順位のみ代襲相続は無制限に適用	代襲相続は不適用	
964条，970条，972条，979条，982条，984条，985条	736条，964条3号，971条	964条1号，990条

被相続人が家族 → 遺産相続			
死亡			
第1順位	第2順位	第3順位	第4順位
直系卑属 ※ 親等の近い者が先順位の遺産相続人となる。	配偶者	直系尊属 ※ 親等の近い者が先順位の相続人となる。	戸主
・ 直系卑属が数人の場合は各相続分は同等 ・ 非嫡出子の相続分は，嫡出子の相続分の2分の1		・ 直系尊属が数人の場合は各相続分は同等	
代襲相続は無制限	代襲相続は不適用	代襲相続は不適用	代襲相続は不適用
992条，994条，995条，1004条	992条，996条第1	992条，996条第2・2項	992条，996条第3

　旧民法であり，ここでは，家督相続及び遺産相続について，並びに，それらの前提となる親族関係について，旧民法特有の事項を中心に概説する。

ア　家，戸主，家族

　旧民法は，「家」を中心に規定されている。家とは，その団体員の一人を中心人物とし，その中心人物である「戸主」と，他の「家族」との権利

15

第2章　我が国の相続法制の変遷の概要

義務によって法律上連結された親族団体である。つまり，戸主とは，その家（一家）の家長，当主である。「家」は，本籍と戸主の氏名によって特定され，戸主と家族は，その家の氏を称する（旧民法746条）。

相続登記の実務においては，「家」と「戸籍」とは同じであり，同一の家にある者は，同一の戸籍に記録される。そのため，原則として，「同じ家にいる」とは「同じ戸籍に記録されている」と，「その家に入る」とは「その戸籍に入籍する」と，「その家を去る」とは「その戸籍から除籍される」と同じ意味となる。同一の家の連続であっても，戸主に交代があると（家督相続が開始すると），新たな戸籍が編製される。

家には，必ず1名の戸主が存在し（戸主を失い，絶家が確定するまでは戸主が存在しない。），戸主以外の者がある場合は，それは，家族とされる。そこで，戸主と同一の家にある戸主の親族とその配偶者（旧民法732条1項），戸主に変更があった場合の旧戸主の家族（旧民法732条2項），家族の子（旧民法733条・735条），引取入籍による入籍者（旧民法738条），廃家者の家族（旧民法763条），旧民法施行の際の家族（明治31年6月21日法律第11号 民法施行法62条）が，家族となる。

ある家の戸主や家族となったり，戸主や家族でなくなることを家籍が変動するともいうが，出生（取得），認知（喪失と取得），婚姻（喪失と取得），養子縁組（喪失と取得），復籍（喪失と取得），親族入籍（喪失と取得），引取入籍（喪失と取得），携帯入籍（喪失と取得），随従入籍（喪失と取得），隠居（取得），死亡（喪失），受爵（喪失），分家（喪失），廃家（喪失），廃絶家再興（喪失），離籍（喪失），一家創立（喪失），国籍喪失（喪失），家督相続（喪失）などが，その変動の原因とされる。

戸主の権利には，戸主権と戸主権以外の権利があり，前者は，家族の婚姻，養子縁組に関する同意（旧民法750条），家族の入籍，去家に関する同意（旧民法735条・737条・738条），家族の居所指定（旧民法749条），家族の入籍拒否（旧民法735条・737条・738条），家族の復籍拒絶（旧民法741条2項，735条），家族の強制離籍（旧民法749条3項・750条2項）など，後者は，廃家をする権利（旧民法762条），隠居をする権利（旧民法752条〜755条），家督相続人の廃除

16

第3節　戦前の相続法

を請求する権利（旧民法975条），家督相続人を指定する権利（旧民法979条），最終順位の遺産相続権（旧民法996条1項第3）などである。

　戸主には，家族を扶養する義務（ただし，扶養義務の順位は，配偶者，直系卑属，直系尊属，戸主，夫又は妻の直系尊属，兄弟姉妹である。）がある（旧民法747条・955条）。

　ほとんどの戸主は男子であったが，女子が戸主であることもあり，女子である戸主のことを，特に，女戸主という。

イ　分　家

　家族は，戸主の同意があるときは，分家をすることができ，その場合，戸主の同意を得て，自己の直系卑属を分家の家族とすることができるが，その直系卑属が満15歳以上であるときは，その同意を要した（旧民法743条）。

　分家したことによって新たに生じた「家」のことも，本家に対して，分家といい，分家した者（本家の元の家族）が，分家の戸主となる。同一の本家から分家した複数の分家は，互いに同家と呼ばれる。

　分家は，戸籍の届出によって効力を生じる。

　分家に伴う携帯入籍については，46頁を参照のこと。

ウ　一家創立

　一家創立とは，創立する者の意思によらず，法律上の原因によって新たな家が生じることをいう。

　子が父母ともに知れないとき（旧民法733条3項），非嫡出子が父の家にも母の家にも入ることができないとき（旧民法735条3項），離婚，離縁によって実家に復籍するべき者が実家が廃絶されているため復籍することができないとき（旧民法740条），家族が離籍させられたとき（旧民法742条），絶家となった家の家族（旧民法764条1項）などの場合に，一家が創立される。

エ　廃　家

　廃家とは，戸主が，その意思によって家を消滅させることをいい，また，

第2章　我が国の相続法制の変遷の概要

その消滅した家のことも廃家という。

　新たに家を立てた者は，その家を廃して他家に入ることができるが，家督相続によって戸主となった者は，本家相続又は再興等正当事由により裁判所の許可を得た場合を除いて，廃家することができない（旧民法762）。

　廃家は，戸籍の届出によって効力を生じるが，必ず，廃家した者が他の家に入籍することと同時でなければならない。

　家制度を根幹とする旧民法において，最も重要な基本原理の一つが家の存続であることから，家を消滅させることとなる廃家には，一定の制限が設けられている。つまり，分家や一家創立などによって戸主となった者は廃家をすることができるが，家督相続によって戸主となった者は，本家の相続又は再興その他正当事由によって裁判所の許可を得たときでなければ，廃家をすることはできなかった。

　適法な廃家があったときは，廃家の家族は，廃家の戸主が入った家に入る（旧民法763条）。

オ　絶　家

　戸主を失った家に家督相続人がないときは，絶家したものとされる（旧民法764条）。

　廃家と異なり，戸主の意思によらず，家が消滅する。

　絶家については，第2編第6章で詳述している。

カ　再　興

　廃家又は絶家によって消滅した家を復活させることを，再興（廃絶家再興）という。

　再興は戸籍の届出によって効力を生じるが，廃家又は絶家の戸籍（除籍）を回復するものではなく，再興した者を戸主とする戸籍を新たに編製することとなる。再興した者は，その廃家又は絶家の氏を称するに過ぎず，廃家又は絶家した戸主に財産があったとしても，再興した者が家督相続することはない。

18

第3節　戦前の相続法

再興には，離婚，離縁によって実家に復籍するべき者が実家が廃絶されているため復籍することができないときにする実家の再興（旧民法740条），家族が戸主の同意を得てする廃絶した本家，分家，同家その他親族の家の再興（旧民法743条1項），家督相続によって戸主となった者が裁判所の許可を得てする本家の再興（旧民法762条2項）がある。

再興については，96頁を参照のこと。

キ　婚姻，婿養子縁組，入夫婚姻

家族が婚姻するには，戸主の同意を得なければならず（旧民法750条1項），男は満17歳未満，女は満15歳未満では婚姻することができない（旧民法765）。さらに，子は，男は満30歳未満，女は25歳未満であるときは，その家の父母の同意を得なければ婚姻することができなかった（旧民法772条・773条）。

婚姻は，戸籍の届出をなすことによって効力が生じ（旧民法775条），妻は婚姻によって夫の家に入るが（旧民法788条1項），入夫，婿養子は妻の家に入る（旧民法788条2項）。婚姻後，夫が他家に入り，又は一家を創立したときは，妻は夫に従って，その家に入る（旧民法745条）。

婚姻の一形態である婿養子縁組とは，戸主又は家族たる父母が男子を養子とし，同時にその父母の女子である子（娘）と，その養子が婚姻することをいう。婿養子縁組については，46頁を参照のこと。

婚姻の一形態である入夫婚姻とは，女戸主が夫（入夫）を迎える婚姻で，女戸主が入夫婚姻をしたときは，入夫は妻の家に入り（旧民法788条2項），当事者が婚姻の当時，反対の意思を表示したときを除いて，入夫が，その家の戸主となる（旧民法736条）。婿養子縁組と異なり，入夫婚姻だけで，入夫と妻の父母に法定親子関係が生じるわけではない。入夫婚姻については，39・40頁を参照のこと。

ク　実親子関係―嫡出子，庶子，私生子

旧民法下の実子についても，現行民法におけると同様，嫡出子と非嫡出子があり，後者は，父に認知された非嫡出子を庶子といい（旧民法827条2

19

項），父に認知されていない非嫡出子を私生子という。私生子は，父の認知によって庶子となり，庶子はその父母の婚姻によって，嫡出子となる（旧民法836条1項）。

嫡出子，非嫡出子については，その名称の改正を含めて，41頁を参照のこと。

ケ　養親子関係の成立

養子と養親及びその血族との間は，養子縁組の日から血族間と同一の親族関係が生じ（旧民法727条），養親は成年でなければならないこと（旧民法837条），尊属又は年長者を養子とすることができないことは（旧民法838条），現行の民法と同様であるが，さらに旧民法下では，法定推定家督相続人たる男子のある者は，女婿として養子をする以外は，男子の養子をすることができないとする制限があった（旧民法839条）。配偶者のある者は，夫婦の一方が他の一方の子を養子とする場合に他の一方の同意を得たときを除いて，その配偶者と共にするのでなければ縁組をすることができなかったが（旧民法841条），これは，昭和63年1月1日施行の昭和62年9月26日法律第101号民法等の一部を改正する法律によって民法が改正されるまでの共同縁組の原則と同様である。

養子縁組は，戸籍届出をなすことによって効力が生じ（旧民法847条），養子は，縁組の日から養親の嫡出子となり，養親の家に入った（旧民法861条）。

婚養子については，キのとおりである。

旧民法下では遺言養子の制度があり，養子をなそうと欲する者は，遺言をもって，その意思を表示することができ，この場合においては，遺言執行者，養子となるべき者，又は養子となるべき者が15歳未満であるときに縁組を代わって承諾をした同じ家の父母，及び，成年の証人二人以上より，遺言が効力を生じた後，遅滞なく，縁組の届出をしなければならないとされ（旧民法848条1項），この届出は，養親の死亡の時に遡って効力が生じた（旧民法848条2項）。

前述の昭和62年9月26日法律第101号民法等の一部を改正する法律に

よって改正された民法において新たに創設された特別養子制度は，当然，旧民法にはなかった。

コ　養親子関係の消滅

　養親子関係が，離縁によって消滅することは，現行の民法と同様であり，離縁によって養子と養親及びその血族間の親族関係は終了し（旧民法730条1項)，第三者が既に取得した権利を害しない限り，養子は実家における身分を回復する（旧民法875条)。また，養子が戸主となった後は，隠居しない限り，離縁することはできなかった（旧民法874条)。

　現行の民法では，離縁によって養親子関係が消滅したときは，養親と，養子縁組後の直系卑属との親族関係（祖父と孫の関係)や養親の血族との親族関係も消滅するが（現行民法729条)，旧民法では事情が異なっていた。旧民法下で，離縁によって養親子関係が消滅したときであっても，養親と，養子縁組後の直系卑属との親族関係は，そのままでは消滅せず，その直系卑属が養家（養親の家)を去ったときに，養親と養子縁組後の直系卑属との親族関係（祖父と孫の関係)や養親の血族との親族関係が消滅した（旧民法730条3項)。旧民法下において，離縁によって養親子関係が消滅したときに，養親と，養子縁組後の直系卑属との親族関係が存続している状態は，応急措置法の施行によって解消する（祖父と孫の関係が消滅する。)。

　旧民法下において養親子関係は離縁の他，現行民法にはない養親の去家によっても消滅した。これは，養親が，養家を去ったときは，その者及びその実方の血族と，養子との親族関係は消滅する（旧民法730条2項)とされていたことによる。例えば，婚姻によって妻が夫の家に入ってから，その夫婦を養親とする養子縁組がなされた後，夫婦が離婚し，妻（養母)が実家に復籍したとすると，現行の民法であれば，離縁がない限り，養親の離婚や復籍によって養親子関係が消滅することはないが，このような場合，離縁がなくても，旧民法下では，養母と養子の養親子関係が消滅した（養父との養親子関係は消滅しない。)。その他，この事例で，夫（養父)が死亡した後に，生存配偶者である妻（養母)が実家に復籍した場合も同様である。

第2章　我が国の相続法制の変遷の概要

なお，養親の去家が，本家相続，分家，廃絶家再興の場合には，養親子関係は消滅しなかった（旧民法731条）。なお，去家によって養親子関係が消滅するとされる養親には，生来その家にいる者は含まれないため，この事例で，妻（養母）が死亡した後に，夫（養父）が養子縁組によって，他家の者の養子として，当該他家に入って（養家を去って）も，先の養父と養子の養親子関係は消滅しない。旧民法施行中に養親の去家によって消滅した養親子関係は，応急措置法施行によっても回復することはない（最二小判平21・12・4集民232号517頁）。

サ　継親子関係

旧民法下では，現行民法にない親子関係として，継親子関係があった。継親子関係については，第3編第2章で詳述している。

シ　去家の制限

法定の推定家督相続人，つまり，家督相続が開始する前の第1種法定家督相続人（32頁）たるべき身分にある者は，本家相続の必要があるときを除いて，他家に入り，又は一家を創立することができないとされていた（旧民法744条1項）。

つまり，家の存続のため，跡継ぎは，その家を去ることができなかったわけである。

ス　親族会

旧民法その他の法令の規定によって親族会を開くべき場合においては，会議を要する事件の本人，戸主，親族，後見人，後見監督人，保佐人，検事又は利害関係人の請求によって，裁判所が招集する（旧民法944条）。

親族会については，50頁を参照のこと。

セ　隠居

隠居とは，戸主が，生前に戸主の地位を退いて，その家の戸主の地位を，

次代の戸主に引き継がせる法律行為（身分行為）をいう。

隠居は，隠居しようとする戸主が，満60歳以上であり，かつ，完全の能力を有する家督相続人が相続の単純承認をしなければ，することができないが（旧民法752条），それらの要件を満たさない場合であっても，戸主が，疾病，本家の相続又は再興その他やむを得ない事由によって事後，家政を執ることができなくなったときは，裁判所の許可を得て，隠居することができ，法定の推定家督相続人がないときは，予め家督相続人となるべき者を定めて，その承認を得ることが必要とされた（旧民法753条）。なお，女戸主は，年齢に関わらず，隠居することができ，有夫の女戸主が隠居するには，その夫の同意を得ることを要し，その夫は，正当の理由がなければ，その同意を拒むことはできないとされていた（旧民法755条）。

また，戸主が，婚姻によって他家に入ろうとするときは，裁判所の許可を得て，完全の能力を有する家督相続人が相続の単純承認するか，法定の推定家督相続人がないときは，予め家督相続人となるべき者を定めて，その承認を得ることによって，隠居することができたが，戸主が，隠居せずに，婚姻によって他家に入ろうとする場合において，婚姻の届出が受理されたときは，その戸主は，婚姻の日において隠居したものと看做された（旧民法754条）。

隠居は，隠居者及び，その家督相続人より，戸籍法上の届出があることで効力が生じ（旧民法757条）隠居者は新たな戸主の家族となる。

なお，隠居した者を被相続人とする相続登記にあっては，次のソの財産留保の場合を除いて，隠居によって開始した家督相続による相続登記を申請することになるが，その後，隠居した者が死亡した場合には，被相続人は，既に戸主ではなく，家族であるため，後記タのとおり，遺産相続が開始する。したがって，隠居した戸主であった者の名義の不動産については，原則として，隠居までに所有していた不動産については家督相続による相続登記を申請し，隠居後に取得した不動産については遺産相続による相続登記を申請することになるため，このような相続登記手続にあっては，不動産の取得年月日にも注意を払う必要がある。

第2章　我が国の相続法制の変遷の概要

ソ　家督相続

　家督相続は，戸主の死亡，隠居，国籍喪失，入夫婚姻，入夫離婚，婚姻又は養子縁組取消しによる去家によって開始する（旧民法964条）。

　家督相続については，第2編第2章で解説している。

　なお，家督相続に当たって，隠居者，入夫婚姻をする女戸主は，確定日附のある証書によって，その財産を留保することができるが，家督相続人の遺留分に関する規定に違反することはできない（旧民法988条）。

　相続登記に際しては，財産の留保については，戸籍や登記簿には記載されず，その有無は登記官の審査権限の範囲には属さないとされているが（大2・6・30民132号法務局長回答），現行の不動産登記法（平成16年6月18日法律第123号以後の不動産登記法）においては，その第61条によって登記原因証明情報を提供しなければならないことから，隠居者名義の不動産について当該不動産が留保財産であるとして申請する相続登記（遺産相続）にあっては，戸籍謄本等の他，当該不動産が留保財産であることを証する情報として，旧民法第688条に規定する確定日付のある証書や，留保財産であることについての判決書の正本，遺産相続人全員の合意書等を提供する必要がある（登研789号121頁）。ということは，隠居者名義の不動産（隠居前に所有）について当該不動産が留保財産でないとして申請する相続登記（家督相続）にあっては，当該不動産が留保財産でないことを証する情報の提供は必要ないということになる。要するに，隠居者名義の不動産（隠居前に所有）については，当該不動産が留保財産であることを証する情報がない限り，通常どおり，家督相続による相続登記を申請することとなる。

タ　遺産相続

　遺産相続は，家族の死亡によって開始する（旧民法992条）。

　遺産相続については，第3編第3章第2節で解説している。

第3節　戦前の相続法

第2　明治23年10月7日から明治31年7月15日までの間に開始した相続
根拠：民法財産取得編人事編（明治23年法律第98号）

被相続人が戸主　→　家督相続
死亡，隠居
以下の順位で最優先の者が単独で家督相続人 第1順位　法定家督相続人 　　第1順序　家族である最も親等の近い直系卑属が優先 　　第2順序　その同親等間では男子が優先 　　第3順序　その男子間では年長者が優先（但し，嫡出子と庶子又は私生子間 　　　　　　　では嫡出子が優先） 　　第4順序　その女子間では年長者が優先（但し，嫡出子と庶子又は私生子間 　　　　　　　では嫡出子が優先） 第2順位　指定家督相続人 第3順位　血族選定家督相続人 　　家族である，**第1**：兄弟，**第2**：姉妹，**第3**：兄弟姉妹の直系卑 　属親中親等の最も近い男子，男子がいないときは女子から選定 第4順位　尊属親 　　家族である最も親等の近い直系尊属 第5順位　配偶者 第6順位　他人選定家督相続人 　　他人から選定
第1順位のみ代襲相続は無制限に適用
財産取得編286条〜305条

被相続人が家族　→　遺産相続
死亡
以下の順位で最優先の者が単独で遺産相続人 第1順位　家族である直系卑属 　　第1順序　最も親等の近い直系卑属が優先

25

第2章　我が国の相続法制の変遷の概要

第2順序　その同親等間では男子が優先
第3順序　その男子間では年長者が優先（但し，嫡出子と庶子又は私生子間では嫡出子が優先）
第4順序　その女子間では年長者が優先（但し，嫡出子と庶子又は私生子間では嫡出子が優先）
第2順位　配偶者
第3順位　戸主
第1順位のみ代襲相続は無制限に適用
財産取得編286条，312条〜314条

　旧々民法であり，民法財産取得編人事編（明治23年法律第98号）は明治23年10月7日に公布され，明治26年1月1日から施行予定であったが，施行が延期され，施行されないまま，明治31年6月21日に廃止された。そのため，成文法としての効力はないが，当時の慣例に基づいて制定されていることから，相続実務において参考になると思われる。

第3　明治6年7月22日から明治23年10月6日までの間に開始した相続
根拠：華士族家督法（明治6年7月22日太政官第263号布告による改正）

家督相續ハ必總領ノ男子タル可シ若シ亡没或ハ癈篤疾等不得止ノ事故アレハ其事實ヲ詳ニシ次男三男又ハ女子江養子相續願出ツヘシ次男三男女子無之者ハ血統ノ者ヲ以テ相續願出ツヘシ若シ故ナク順序ヲ越テ相續致ス者ハ相當ノ咎可申付事
略意：家督相続は，必ず，長男でなければならない。もし，やむを得ない事情があるときは，その事情を明らかにして，次男，三男，又は女子の子へ養子を迎えて家督相続させることを願い出なければならない。次男，三男，女子の子がいないときは，血統の者に家督相続させることを願い出なければならない。この順序に反して家督相続をすることは処罰の対象となる。

　華士族家督法は，明治8年5月15日太政官指令によって，以後，平民に

第3節　戦前の相続法

も適用された。

　華士族家督相続法は，明治23年法律第98号民法財産取得編人事編により
消滅し，明治31年6月21日法律第11号民法施行法により明治31年7月16日
旧民法の施行に伴い廃止された。

第4　明治6年1月22日から明治6年7月21日までの間に開始した相続
根拠：華士族家督法（明治6年1月22日太政官第28号布告）

總領ノ男子他へ養子ニ遣シ或ハ父ノ心底ニ不應縁故有之者へ厄介ニ遣シ其家ハ次三男或ハ他人ニテモ當主ノ存寄ヲ以テ相續願出候節ハ聞届不苦事
略意：長男であっても，他家の養子にし，あるいは父の心底に応じないときは他家に出して，次男，三男，又は他人であっても家督相続させることは，戸主の意思によって願い出れば，聞き届けは差し支えない。

　明治6年1月22日太政官第28号布告「華士族家督相續ノ條規ヲ定ム」に
よって，「今般華士族家督相續ノ儀ニ付左ノ通被相定候條此旨相達候事」
と華士族に対して発せられたもので，明治6年7月24日陸軍省布第11号に
より，通称を「華士族家督相続法」という。

第5　明治維新から明治31年7月15日までの間に開始した相続
根拠：各種の太政官布告・達等及び慣例

相続に関連する太政官布告・達等のうちの数例
……実子無之者死去後養子家督申達不苦候旨可相達事（明治5年［3月17日］太政官指令「士族卒実子ナキ者死後養子家督ノ儀大蔵省伺」）
略意：実子がない者が死亡したときは，死後養子を迎えて，家督相続を申し立てることは差し支えない。
……實子並血統ノ者無之時ハ他人ノ子弟ヲ養子致シ他人ノ女子ヲ娶リ候儀不苦事（明治6年8月25日太政官指令「実子並血統ノ者ナキ時養子相続ノ儀滋賀県伺」）

第2章　我が国の相続法制の変遷の概要

略意：実子も血統の者もいない者が死亡したときは，他人を養子に迎えて，家督相続させることは差し支えない。
……男子ヲ閣キ長女へ婿養子致シ家督相譲候ハ法律二於テ固ヨリ不可許儀ニハ候得共不得止事情有之ハ親戚協議2人以上連署ノ願書ヲ以聞届不苦……（明治7年1月20日太政官指令「士族男子ヲ閣キ長女へ養子ヲ迎へ家督譲与ノ儀小倉県伺」）
略意：男子がいるにもかかわらず，長女に婿養子を迎えて家督相続させることは許されないが，やむを得ない事情があるときは，親族協議のうえ，その2名以上の連署による願いがあれば，聞き届けは差し支えない。
……婦女子相續ノ儀ヲ審按スルニ戸主遺留ノ幼女子ハ他ノ家族ニ先チ相續シ他ノ家族ノ相續順序ハ親族ノ協議ニ任セ可然……（明治8年12月12日「〔太政官〕〔指令〕〔戸主死亡後相續スヘキ遺留男子ナク幼女子ノミノトキ相続方〕」）
略意：男子がなく，女子がいる場合の家督相続の順序は，戸主の女子は幼くとも最優先し，他の家族である女子の順序は，親族の協議に任される。
家督相続……ノ儀是迄管轄廳へ出願シ來リ候處自今出願ニ不及直ニ戸長へ届出シムヘシ此旨相達候事……（明治12年2月13日太政官第8号達「士族家督相続養子貫籍替出願ニ及ハス戸長ニ届出」）
略意：家督相続は，これまで出願を要したが，これ以後，出願には及ばず，直ちに届け出ることとなった。

　明治維新から明治31年7月15日までの間，相続に関して，本節第2～第4までに記載したものの他，ここに挙げた太政官布告の他，様々な法令が数多く発せられたが，これらの太政官布告・達等は，原則として，明治31年7月15日旧民法の施行に伴い廃止され，あるいは，それまでに消滅したか，廃止された。

　この間に開始した相続については，これらの太政官布告・達等や，当時の慣例を根拠とすることになるが，具体的には，司法省，法務省等の先例や，大審院，最高裁の判例等が参考となる。

第3章　法定相続情報証明制度

第3章　法定相続情報証明制度

　ここでは，本年5月29日から開始された法定相続情報証明制度の概要について述べるが，法定相続情報証明制度は，その開始日より前に開始した相続に関しても利用することができる（登研831号22頁）。

1　法定相続情報一覧図の保管及び交付の申出（不登規247条1項）

(1)　申　出

i　申出をすることができる場合

　表題部所有者，登記名義人又はその他の者について相続が開始した場合，当該相続に起因する登記その他の手続のために必要があるとき。

ii　申出権者

　iの相続人。その相続人の地位を相続によって承継した者。

　ここで相続人とは，被相続人（代襲相続がある場合には，被代襲者を含む。）の出生時からの戸籍及び除かれた戸籍の謄本又は全部事項証明書の記載によって確認することができる者に限られるため，例えば，被相続人の子が全員相続放棄をした後の被相続人の親は含まれない（登研831号11頁）。

iii　申し出る内容

　法定相続情報一覧図の保管及び法定相続情報一覧図の写しの交付（法定相続情報一覧図の保管等）を申し出ることができる。

　数次相続の場合は，開始した相続毎に，被相続人を基準に複数の法定相続情報一覧図の保管等を申し出る（施行通達第2　3(4)）。

iv　申出先

　被相続人の本籍地若しくは最後の住所地，申出人の住所地又は被相続人を表題部所有者若しくは所有権の登記名義人とする不動産の所在地を管轄する登記所の登記官に対して行う。

第3章　法定相続情報証明制度

(2)　法定相続情報一覧図

i　法定相続情報一覧図

　法定相続情報一覧図とは法定相続情報を記載した書面。

　作成の年月日を記載し，申出人が記名するとともに，その作成をした申出人又はその代理人が署名し，又は記名押印しなければならず，申出人又は代理人の署名等には，住所を併記し，作成者が資格者である代理人である場合には，住所については事務所所在地とし，併せてその資格の名称をも記載しなければならない（施行通達第2　3(3)オ）。

　法定相続情報一覧図は，被相続人と相続人を線で結ぶなどして，被相続人を起点として相続人との関係が一見して明瞭な図による記載とするか，被相続人及び相続人を単に列挙する記載とする（施行通達第2　3(3)ア）。

ii　法定相続情報

　法定相続情報とは，「被相続人の氏名，生年月日，最後の住所及び死亡の年月日」，「相続開始時における同順位の相続人の氏名，生年月日及び被相続人との続柄」。本籍，相続分，相続放棄の有無などは，その情報とはされていない。

　被相続人の氏名には，「被相続人」と併記し（施行通達第2　3(3)イ），続柄は「配偶者」，「子」などとする（施行通達第2　3(3)ウ）。

　申出人が相続人として記載される場合，申出人の記名は，当該相続人の氏名に「申出人」と併記することに代えて差支えなく（施行通達第2　3(3)エ），相続人の住所を記載する場合は，当該相続人の氏名に当該住所を併記する（施行通達第2　3(3)カ）。

　代襲相続がある場合，代襲した相続人に「代襲者」と併記し，被相続人と代襲者の間の被代襲者は，「被代襲者（何年何月何日死亡）」と表記することで足りる（施行通達第2　3(3)ク）。

第3章 法定相続情報証明制度

(3) 申出書の提出（不登規247条2項）

i 申出書の内容

○ 申出人の氏名，住所，連絡先及び被相続人との続柄

○ 代理人によって申出をするときは，当該代理人の氏名又は名称，住所及び連絡先並びに代理人が法人であるときはその代表者の氏名

○ 利用目的

○ 交付を求める通数

○ 被相続人を表題部所有者又は所有権の登記名義人とする不動産があるときは，不動産所在事項又は不動産番号

○ 申出の年月日

○ 送付の方法により法定相続情報一覧図の写し及び戸籍謄本等の返却を求めるときは，その旨

申出書は，施行通達別記第1号様式又はこれに準ずる様式による（施行通達第2 4(1)）。

ii 代理人によって申出をするときは，当該代理人の氏名又は名称，住所及び連絡先並びに代理人が法人であるときはその代表者の氏名（不登規247条2項2号）

申出人の法定代理人又は申出人の委任による代理人にあっては親族若しくは戸籍法第10条の2第3項に掲げる者に限られている。戸籍法第10条の2第3項に掲げる者とは，弁護士（弁護士法人を含む。），司法書士（司法書士法人を含む。），土地家屋調査士（土地家屋調査士法人を含む。），税理士（税理士法人を含む。），社会保険労務士（社会保険労務士法人を含む。），弁理士（特許業務法人を含む。），海事代理士又は行政書士（行政書士法人を含む。）である。

iii 利用目的（不登規247条2項3号）

相続手続に係るものであり，その提出先を推認できることが確認できなければなければならない（施行通達第2 4(4)）。

利用目的は，単に「相続手続に必要なため」という抽象的なものでは足

第3章　法定相続情報証明制度

りず，具体的な相続手続の名称を記載する必要があり，例えば，「相続登記に伴う不動産登記の申請」とすると足りる（登研831号38頁）。また，金融機関における預貯金の払戻し手続等が想定され（施行通達第2　3(1)），他の行政機関における相続手続や家事事件を始めとする裁判所における手続も想定されている（登研831号31頁）。

iv　交付を求める通数（不登規247条2項4号）

　利用目的に鑑みて，交付を求める通数が合理的な範囲内であることが確認される（施行通達第2　4(4)）。

v　不動産所在事項又は不動産番号

　被相続人を表題部所有者又は所有権の登記名義人とする不動産があるときは，不動産所在事項又は不動産番号を記載するが，不動産が複数ある場合には，そのうちの任意の一つで足りるが，相続人を表題部所有者又は所有権の登記名義人とする不動産の所在地を管轄する登記所におけるものを記載する必要がある（施行通達第2　4(5)）。

(4)　添付書類等（不登規247条3項）

i　添付書類

　○　法定相続情報一覧図（法定相続情報及び作成の年月日を記載し，申出人が記名するとともに，その作成をした申出人又はその代理人が署名し，又は記名押印したものに限る。）

　○　被相続人（代襲相続がある場合には，被代襲者を含む。）の出生時からの戸籍及び除かれた戸籍の謄本又は全部事項証明書

　○　被相続人の最後の住所を証する書面

　○　相続開始時における同順位の相続人の戸籍の謄本，抄本又は記載事項証明書

　○　申出人が相続人の地位を相続により承継した者であるときは，これを証する書面

32

第3章　法定相続情報証明制度

　　○　申出書に記載されている申出人の氏名及び住所と同一の氏名及び住所が記載されている市町村長その他の公務員が職務上作成した証明書（当該申出人が原本と相違がない旨を記載した謄本を含む。）

　　○　代理人によって申出をするときは，当該代理人の権限を証する書面

ⅱ　被相続人（代襲相続がある場合には，被代襲者を含む。）の出生時からの戸籍及び除かれた戸籍の謄本又は全部事項証明書（不登規247条3項2号）

　除籍又は改製原戸籍の一部が滅失等しているときは，その謄本に代えて，「除籍等の謄本を交付することができない」旨の市町村長の証明書を添付することとなるが，例えば，被相続人が日本国籍を有しないなど戸除籍謄抄本の全部又は一部を添付することができないときは，法定相続情報一覧図の保管等の申出はすることができない（施行通達第2　5(1)）。

ⅲ　被相続人の最後の住所を証する書面（不登規247条3項3号）

　住民票の除票，戸籍の附票が当たるが，これらの書面が廃棄されているときは，添付を要しないが，この場合は，申出書及び法定相続情報一覧図には，被相続人の最後の住所の記載に代えて，被相続人の最後の本籍を記載する（施行通達第2　5(2)）。

ⅳ　相続開始時における同順位の相続人の戸籍の謄本，抄本又は記載事項証明書（不登規247条3項4号）

　相続人の戸籍の謄本，抄本又は記載事項証明書は，相続開始時以降に発行されたものでなければならないが，その時点以降に発行されたものあれば有効期間は設けられておらず，また，出生時からのものであることは要しない（意見募集結果）。

33

第3章　法定相続情報証明制度

ⅴ　申出人が相続人の地位を相続により承継した者であることを証する書
　面（不登規247条3項5号）

　申出人が相続人の地位を相続により承継した者であるときは，これを証
する書面の添付を要するが，前記の書面によって，その承継を確認するこ
とができる場合には，別途の添付は要しない（施行通達第2　5⑶）。

ⅵ　申出書に記載されている申出人の氏名及び住所と同一の氏名及び住所
　が記載されている市町村長その他の公務員が職務上作成した証明書（当
　該申出人が原本と相違がない旨を記載した謄本を含む。不登規247条3項6号）

　住民票記載事項証明書等が該当し，さらに，運転免許証等のコピーに当
該申出人が原本と相違がない旨を記載し，署名又は記名押印したものも該
当する。代理人による申出の場合にあっても，この書面は添付しなければ
ならない（登研831号43頁）。

ⅶ　代理人の権限を証する書面（不登規247条3項7号）

　法定代理人の権限を証する戸籍謄抄本，後見等登記事項証明書などや，
親族が委任による代理人であるときは委任状及び親族関係がわかる戸籍謄
抄本等，司法書士等の資格者が委任による代理人であるときは委任状及び
資格者代理人団体所定の身分証明書の写し等（資格者法人の場合は，当該法人
の登記事項証明書）が該当し，代理人の権限を証する書面は，代理人による
原本と相違ない旨の記載と署名又は記名押印のある謄本を提出し，原本還
付を受けることができる（施行通達第2　5⑸）。

ⅷ　相続人の住所（不登規247条4項）

　相続人の住所は法定相続情報一覧図に記載しなければならない事項では
ないが，任意的記載事項として，記載をすることもできる。ただ，この場
合には，その相続人の住所を証する書面を添付しなければならない。この
場合，相続人の住所は，相続発生時点以降のものを確認することができな
ければならない（意見募集結果）。

第3章　法定相続情報証明制度

(5)　**法定相続情報一覧図の写しの交付，書面の返却**（不登規247条5項・6項，248条）

　登記官は，法定相続情報の内容を確認し，かつ，その内容と法定相続情報一覧図に記載された法定相続情報の内容が合致していることを確認したときは，認証文を付し，作成年月日及び職氏名を記載し，職印を押した法定相続情報一覧図の写しを交付する。

　送付の方法による場合は，送付に要する費用を郵便切手等で納付する必要があるが，法定相続情報証明制度においては，これ以外の費用負担はない。

(6)　**法定相続情報一覧図つづり込み帳の保存期間**（不登規28条の2第6号）

　作成の翌年から5年間。

2　**法定相続情報一覧図の写しの再交付**（不登規247条7号）

　再交付をする場合は，前述の不動産登記規則第247条各項の規定（同条第3項第1号から第5号まで及び第4項を除く。）が準用される。

　当初の申出において提供された申出書に記載されている申出人の氏名又は住所と，再交付申出書に記載された再交付申出人の氏名又は住所が異なる場合は，その変更経緯が明らかとなる書面の添付を要する（施行通達第28）。

　当初の申出人以外の相続人は，再交付の申出をすることはできないが（意見募集結果），当初の申出をした申出人の地位を相続により承継した者が，自身が当初の申出をした申出人の地位を相続により承継したことを証する書面を添付することで，再交付を受けることができる（登研831号54頁）。

第3章　法定相続情報証明制度

3　相続登記等における法定相続情報一覧図の写しの取扱い（不登規37条の3）

　表題部所有者又は登記名義人の相続人が登記の申請をする場合において，法定相続情報一覧図の写しを提供したときは，その一覧図の提供をもって，相続があったことを証する市町村長その他の公務員が職務上作成した情報の提供に代えることができ，司法書士に関連する不動産登記における具体的な申請・手続としては，主に，一般承継人による権利に関する登記の申請，相続による権利の移転の登記，権利の変更等の登記（債務者の相続），所有権の保存の登記，筆界特定の申請，登記識別情報の失効の申出，登記識別情報に関する証明，不正登記防止申出，事前通知に係る相続人からの申出がある。

　なお，相続人の住所の記載のある法定相続情報一覧図を，相続登記における住所証明情報に代えることはできない（登研831号46頁）。

第2編 旧民法施行中に開始した相続について，新民法が適用される事例

第1章 家督相続人の不選定に関する基本事例

基本事例1

被相続人Ａ男

明治39・8・5	甲家戸主Ａ男が乙家家族Ｂ女と婚姻（Ｂ女が甲家の戸籍に入籍）
明治44・10・4	Ａ男とＢ女に嫡出子Ｃ女が誕生（Ｃ女は甲家の戸籍に入籍）
大正2・6・21	Ａ男とＢ女に嫡出子Ｄ女が誕生（Ｄ女は甲家の戸籍に入籍）
大正5・6・29	Ａ男とＢ女に嫡出子Ｅ男が誕生（Ｅ男は甲家の戸籍に入籍）
昭和7・6・29	丙家家族Ｆ男がＣ女と婚姻（Ｃ女が丙家の戸籍に入籍）
昭和13・7・4	丁家家族Ｇ男とＤ女が婚姻（Ｄ女が丁家の戸籍に入籍）
昭和15・12・30	Ｅ男が死亡
昭和16・11・30	Ｂ女が死亡
昭和17・12・3	Ａ男が死亡

　この事例は，戸主である被相続人が旧民法施行中に死亡したもので，旧民法による家督相続を適用すべきとされる事例であるが，誰一人として家督相続人がいない事例である。

　そこで，まず，現行の民法にはない家督相続について概説する。

第2章 家督相続

第2章 家督相続

第1節 家督相続の開始

家督相続は，次のいずれかの事由によって開始する（旧民法964条1号～3号）。

　　1　戸主の死亡，隠居又は国籍喪失
　　2　戸主が婚姻又は養子縁組の取消しによってその家を去ったとき
　　3　女戸主の入夫婚姻又は入夫の離婚

旧民法では，相続には，家督相続と遺産相続があり，家督相続とは，被相続人が戸主で，その死亡，隠居等の法定の事由によって開始する相続であり，一方，遺産相続とは，家族の死亡によってのみ開始する相続である（旧民法992条）。ここで，家族とは，その家の戸籍にある戸主以外の者（通常は戸主の親族）をいう（旧民法732条）。

第2節 家督相続の効力

家督相続が開始すると，その家の戸主が，前戸主から，家督相続人である新戸主に交代し，家督相続人は，前戸主の一身に専属するものを除いて，相続開始の時より，前戸主の有した一切の権利義務を承継する（旧民法986条）。系譜，祭具及び墳墓の所有権は，家督相続の特権に属する（旧民法987条）。

なお，戸主の国籍喪失によって開始した家督相続による家督相続人は，遺留分及び前戸主が特に指定した相続財産を除き，戸主権及び家督相続の特権に属する権利のみを承継するため（旧民法990条1項），一般に，戸主の国籍喪失によって開始した家督相続の場合は，戸主の交代はあっても，家督相続による相続登記の対象とはならない。

第3節 家督相続人

第1 家督相続人となる者

家督相続が開始した際に家督相続人になる者は，旧民法によって法定さ

38

れているため，それらの規定に従って，家督相続人，すなわち，その家の跡継ぎが決せられる。

家督相続人は，新戸主となるため，当然，一人に限られるが，入夫婚姻以外の事由（死亡，隠居，国籍喪失，婚姻又は養子縁組の取消しによる去家，入夫の離婚）によって開始した家督相続にあっては，次のとおりの種類と順位によって，一人の家督相続人が定められる。

> 第1順位　第1種法定家督相続人
> 第2順位　指定家督相続人
> 第3順位　第1種選定家督相続人
> 第4順位　第2種法定家督相続人
> 第5順位　第2種選定家督相続人

家督相続人になる者は，家督相続開始の時に生存している者でなければならない（同時存在の原則）。したがって，家督相続開始時に，既に死亡している者や（代襲相続については後述する。），いまだ生まれていない者は，家督相続人にはなり得ない。第2種選定家督相続人を選定する際，選定時においては生まれていても，その戸主の死亡等の家督相続開始時において生まれていない者を選定することはできないのである（大判大11・6・27大民集1巻353頁，昭2・9・29民6954号民事局長回答，昭32・5・31民甲1001号民事局長回答，戸籍152号63頁）。

ただし，胎児は，死体で生まれない限り，家督相続に関しては既に生まれたものとみなされるため（旧民法968条），胎児も，前記順位に従って家督相続人となり，また，胎児を，家督相続人に指定，選定することもできた（大5・11・11民1523号法務局長回答）。

入夫婚姻によっても家督相続が開始するが，当事者が婚姻の当時，反対の意思を表示したときを除いて，入夫が，その家の戸主（家督相続人）となる（旧民法736条・971条）。入夫婚姻とは，婚姻の一形態ではあるが，通常の婚姻とは異なり，妻が夫の家に入ることはなく（旧民法788条1項），夫が妻

第2章　家督相続

の家に入った（旧民法788条2項）。女戸主（女子である戸主）が通常の婚姻を
し，妻である女戸主が夫の家に入るとすると，女戸主の家が絶えることに
なるので，婚姻をすることができなかった（世間的に言えば，嫁にいけない。）。
そこで，入夫婚姻によって，夫が妻の家に入ることで，女戸主の家を絶や
すことなく，婚姻することができた。前述のとおり，入夫婚姻があると，
原則として，入夫が女戸主の家の戸主となり，家督相続が開始し，入夫が
新たな戸主として家督相続人となるが，当事者が婚姻の当時，反対の意思
を表示したときは，入夫が戸主となることはなく（女戸主が戸主のまま），し
たがって，家督相続も開始しない。

第2　第1順位 ― 第1種法定家督相続人

1　原則的な順序 ― 直系卑属

　第1種法定家督相続人は，第1順位で家督相続人となり，多くは，戸主
の長男が家督相続人となる。その家の跡を，長男が一人で継ぐということ
を意味する。

　旧民法においては，前戸主である被相続人の家族である直系卑属が，次
の規定に従って家督相続人となる（旧民法970条1項1号～5号）。

> 1　親等の異なっている者の間にあってはその近い者を先にする。
> 2　親等の同じ者の間にあっては男を先にする。
> 3　親等の同じ男又は女の間にあっては嫡出子を先にする。
> 4　親等の同じ嫡出子，庶子及び私生子の間にあっては嫡出子及び
> 　庶子は女であっても私生子より先にする。
> 5　以上の4規定に掲げた事項について同じ者の間にあっては年長
> 　者を先にする。

　直系卑属とは，直系の自然又は法定の血族の卑属をいい，姻族の卑属を
含まず（『大意』22頁），これらの規定によって，子と孫では子が，嫡出の兄
と嫡出の弟では兄が，嫡出の姉と嫡出の妹では姉が，嫡出の姉と嫡出の弟

第３節　家督相続人

では弟が，嫡出の姉と庶子の弟では弟が，庶子の兄と嫡出の弟では弟が，私生子の兄と嫡出の妹では妹が優先して，家督相続人となった。

次に，旧民法下の非嫡出子制度について概説する。

まず，非嫡出子とは，嫡出子ではない子のことであり，婚外子とも呼ばれている。夫婦の間に生まれた子，つまり妻の分娩した子が，その夫によって懐胎した子である場合に，その子は，嫡出子とされ，そうではない子が嫡出でない子，非嫡出子とされる。妻が，婚姻中に懐胎した子は，夫の子と推定され，婚姻成立の日から200日後又は婚姻の解消若しくは取消しの日から300日以内に生まれた子は，婚姻中に懐胎したものと推定されるとする規定が設けられている（旧民法820条）。このため，婚姻から200日以内に生まれた子は，嫡出子であるとの推定は受けないものの，婚姻前に懐胎していたとしても，生まれながらに嫡出子となり（大判昭15・1・23大民集19巻54頁），婚姻後に生まれた子は，婚姻から200日以内に生まれた子であっても，父の認知を待つまでもなく生まれると同時に父母の嫡出子の身分を有するものとして取り扱われる（昭15・4・8民甲432号民事局長通牒）。

そこで，非嫡出子についてであるが，私生子は，その父又は母において認知することができ，父が認知した私生子は庶子となるとされていた（旧民法827条）。これにより，旧民法時代の非嫡出子には，私生子と庶子があり，父に認知されていない非嫡出子は私生子，そのうち，父に認知された子（私生子）が庶子となることになる。ただ，庶子は（後述の嫡母に対する庶子の例外あり），あくまでも父との関係における身分であるため，父に認知された庶子であっても，母との関係においては私生子であることには変わりはない。庶子は，母も認知し得る規定となっているが（旧民法827条。現行の民法779条），母と子の非嫡出子親子関係は，母の認知を要せずに，分娩の事実により当然発生する（大11・3・8民647号民事局長回答・『大系』296頁，最二小判昭37・4・27民集16巻7号1247頁）。

なお，私生子の名称は，昭和初期にあっても差別的な意味合いを持ち，昭和17年法律第7号民法中改正法律によって改正され，昭和17年3月1日以後は，その名称は使用されず，「嫡出ニ非サル子」と改められた。改正

41

後も，庶子の名称に変更はない。

　そこで，32頁の家督相続人の順序４は，実質内容は変わらないものの，昭和17年３月１日以後は，次のようになった。

> **4　親等の同じ者の間にあっては女であっても嫡出子及び庶子を先にする。**

　以下，解説の都合上，前記改正の前後を問わず，「私生子」の名称を使用する。

　子の入る家（戸籍）については，次のようになっていた。

　子は父の家に入り，父の知れない子（私生子）は母の家に入り，父母ともに知れない子（私生子である棄児）は一家を創立する（旧民法733条）。家族の庶子，私生子は，戸主の同意がないときは，その家に入ることはできず，庶子が父の家に入ることができないときは母の家に入り，私生子が母の家に入ることができないときは一家を創立する（旧民法735条）。これにより，嫡出子は自動的（父が戸主であるか否か，父が戸主でないときに戸主の同意がある否かを問わず）に父の家に入り，戸主の庶子，父の戸主の同意のある家族の庶子も父の家に入り，女戸主の私生子，父の家の戸主の同意のない家族の庶子，母の家の戸主の同意のある家族の私生子は母の家に入り，父母ともに知れない子，父の家の戸主の同意がなく母の家の戸主の同意もない家族の庶子，母の家の戸主の同意のない家族の私生子は一家を創立する（当該子を戸主とする単独の新戸籍を編製する。）。

　庶子，私生子は，その同じ家にいる父又は母が戸主であるとすると，その続柄は，男子であれば「庶子男」，「私生子男」，女子であれば「庶子女」，「私生子女」と記載され，いずれも「長男，二男……」，「長女，二女……」とは記載されなかった（明31・10・25民刑1489号民刑局長回答）。

　現代においては，当時の除籍簿，改製原戸籍簿の「庶子男」又は「庶子女」，「私生子男」又は「私生子女」の記載は，「庶子」，「私生子」の部分が塗抹されているため，「男」又は「女」とのみある謄本等が交付される

こととなり，「私生子」，「庶子」の文字が見られないようにされている
（『事典』288頁）。

　旧民法時代には，嫡出子についての出生届は現行のものと概ね変わりは
ないが，非嫡出子についての出生届は現行のものと異なるところがある。
現行の民法・戸籍法では，非嫡出子は，まず，母と戸籍を同じくし（母を
筆頭者とする戸籍に入籍し），その後，父の認知があると，子の戸籍に父が認
知した旨が記載され，父の戸籍に子を認知した旨が記載される。旧戸籍法
（大正3年3月30日法律第26号）では，父からの庶子出生届が認められており
（旧戸籍法83条），その庶子出生届には認知の効力があった。そのため，父が
戸主であるか，家族であっても戸主の同意があるときは，出生によって父
の家の戸籍に入籍し，子の母の氏名も記載されたが，母の戸籍には何らの
（その子についての）記載もされなかった。その戸主の同意を得られなかっ
た場合は，母が戸主であるか，家族であっても母の家の戸主の同意が得ら
れれば出生によって母の家の戸籍に入籍し，子の父の氏名も記載されたが，
父の戸籍には何らの（その子についての）記載もされなかった。さらに，母
の家の戸主の同意が得られないときは，その子を戸主とする一家が創立さ
れ（新戸籍が編製され），子の父及び母の氏名が記載されたが，父，母の
各々の戸籍には何らの（その子についても）記載もされなかった。また，私
生子については，母から出生届をすることになるが，母が戸主であるか，
家族であっても母の家の戸主の同意があれば出生によって母の家の戸籍に
入籍し，その戸主の同意が得られなければ，その子を戸主とする一家が創
立され（新戸籍が編製され）た。私生子として母の家に入った子，又は一家
を創立した子を，父が認知したときは，その父が戸主であるか，家族で
あっても戸主の同意があるときは，その子は庶子として，父の家の戸籍に
入籍し，その戸主の同意を得られなかった場合には，戸籍の異動はないま
ま，子の父の氏名が記載されたが，父の戸籍には何らの（その子について
も）記載もされなかった。このように，子から父及び母を特定し得ること
は新民法以後の戸籍と同様であるものの，旧民法時代の戸籍にあっては，
父又は母からはすべての子を特定し得ない（存在すらわからない。）ことがあ

第2章　家督相続

るのである。

　非嫡出子について，庶子は，その父母の婚姻によって嫡出子の身分を取得し（旧民法836条1項），婚姻中に父母が認知した子は認知の時より嫡出子の身分を取得することは（旧民法836条2項），新民法以後の非嫡出子の準正と同様である。

　家督相続人を定める基準として，生年月日も重要となる。早く生まれるか，遅く生まれるかによって，その順序が定まるからである。年長年少を定める基準は，生来の生まれた時を基準とするものの，準正（旧民法836条）又は養子縁組によって嫡出子の身分を取得した者は（旧民法860条），家督相続については，その嫡出子の身分を取得した時に生まれたものとして判断される（旧民法970条2項）。例えば，戸主が，生来の嫡出子の女子より年長である女子を養子とした場合，生物学的には後者の養子が年長ではあるものの，家督相続の順序に関しては，前者の生来の嫡出子が優先する。

　いずれにしても（次の，順序の例外の場合を含み），家督相続開始の時に，前戸主の家族である直系卑属でなければ家督相続人とはなり得ないため，例えば，既に婚姻や養子縁組によって戸主の家（戸籍）にいない直系卑属や，分家している直系卑属は，そもそも家督相続人となるべき資格は有しない。

　第1種法定家督相続人は，家督相続の抛棄（放棄）をすることは認められていないため（旧民法1020条），家督相続の開始によって，戸籍への家督相続届の有無に関わらず，第1種法定家督相続人は，当然に家督相続人となる。このため，第1種法定家督相続人は，「必然家督相続人」とも呼ばれた（『大意』27頁）。

　第1種法定家督相続人以外の家督相続人は，相続の開始があったことを知った時から3か月内は，相続を放棄することができた（旧民法1017条1項）。

2 入籍者の順序の例外

以上の，第1種法定家督相続人の順序の原則には，親族入籍した者及び引取入籍した者の場合と，婚養子の場合には，例外が設けられている。

前者については，戸主の親族にして他家にある者は，その家族となる（その家の戸籍に入籍する）ことができ（旧民法737条），これによる入籍を親族入籍といった。後者については，婚姻又は養子縁組によって他家に入った者が，自己の親族を婚家（婚姻により入った家）又は養家（養子縁組により入った家）の家族とする（その家の戸籍に入籍させる），あるいは，婚家又は養家を去った者が，その家（婚家又は養家）にある自己の直系卑属を，自家（婚家又は養家を去って入った家）の家族とする（その家の戸籍に入籍させる）ことができ（旧民法738条），これによる入籍を引取入籍といった。前者，後者いずれの場合にも，入籍前後の家の戸主の同意を要し，後者の場合には，さらに，引取りをする者の配偶者又は養親の同意も要した。このように，親族入籍は，入籍しようとする者が自ら入籍することから自動的入籍，引取入籍は，入籍する者が，自己の意思によらず，入籍させる者の意思により入籍となることから他動的入籍とも呼ばれた。

そこで家督相続については，親族入籍又は引取入籍によって，被相続人である戸主の家族となった直系卑属は，嫡出子又は庶子である他の直系卑属がない場合に限って，前記1（40頁参照）に定められた順序に従って家督相続人となる（旧民法972条）。

具体的には，例えば，戸主に，長男，二男，三男がいて，二男が分家後に，長男が死亡し，その後，二男が分家を廃家して，本家に親族入籍した場合，後日，戸主が死亡すると，二男は親族入籍した者であるため，この例外の規定が働き，二男は三男より年長であっても，三男が二男に優先して家督相続人となった。

ちなみに，同様に，戸主に，長男，二男，三男がいて，二男が養子縁組によって他家に入った後に，長男が死亡し，その後，二男が，離縁により実家に復籍した場合，後日，戸主が死亡すると，二男が三男に優先して家督相続人となる。これは，養子縁組の離縁復籍が親族入籍には当たらない

ことによる。すなわち，養子縁組によって他家に入った者が離縁した場合は実家に復籍し（旧民法739条），（元）養子は，実家において有していた身分を回復することになるため（旧民法875条本文），二男は，生来の二男として家督相続人としての順序を考えることになるからである。

　また，親族入籍，引取入籍とは別に，携帯入籍という入籍がある。これは，家族が分家をする場合，戸主の同意を得て，自己の直系卑属を，分家の家族とする（分家と同時に分家に入籍させる。）ことができ（旧民法743条2項，(その直系卑属が15歳以上であるときは，その同意も必要となる。）3項），これによる入籍を「携帯入籍」といい，旧民法施行当初にはなかった制度であるが，明治35年法律第37号改正（明治35年4月25日施行）により新設された。携帯入籍は，親族入籍にも引取入籍にも当たらないため，分家をした者（分家戸主）が，その際，その長男を分家に携帯入籍させた後，分家戸主に二男が生まれても，原則どおり，長男が二男に優先して家督相続人となる。

3　婿養子の順序の例外

　旧民法下における養子縁組には，現行の民法にない制限がある。その一つが，男子養子の制限である。これは，法定の推定家督相続人である男子のいる者は，男子を養子とすることができないというものである（旧民法839条本文）。例えば，長女，二女のみある戸主は男子を養子とすることができるが，長男，二男，長女がある戸主は男子を養子にすることができないということを意味している（前者の場合，二人目の男子の養子は制限される。）。

　この例外が，婿養子であり，女婿とするためにする場合は，この制限を受けないとされている（同条ただし書）。女婿とするための養子縁組とは，婿養子縁組のことである。

　婿養子縁組とは，婚姻と養子縁組を同時に行う身分行為で，妻と夫である婿養子の婚姻と，婿養子と妻の親を養親とする養子縁組を併存させることとなるもので，養子縁組という用語には，婚姻と養子縁組の意が含まれる（戸籍上は，婿養子縁組，婿養子婚姻又は婿養子縁組婚姻と記載されている。）。

　通常の婚姻では，妻は夫の家に入るが（旧民法788条1項），婿養子縁組で

は，夫である婿養子が妻の家に入った（同条2項）。法定推定家督相続人である一人娘や，姉妹のみの姉は，婚姻によって夫の家に入ることができず（旧民法744条1項），このような場合，このままでは（適法に，法定の推定家督相続人であることを廃除されない限り），その女子は婚姻することができないところ（世間的には，通常の婚姻では嫁にいけない。），自らの家に夫である婿養子を迎えることによって婚姻することができたのである。戸主の娘と，戸主の普通養子が婚姻することは，婿養子縁組には当たらない。

　そこで，その婿養子の家督相続の順序が問題となり，旧民法に，法定の推定家督相続人は，その姉妹のためにする養子縁組によって，その家督相続権を害されることはないとの規定が設けられている（旧民法973条）。ここで，その姉妹のためにする養子縁組とは，婿養子縁組のことである。仮に，この規定がなければ，例えば，長女，二女のみある場合，二女に婿養子を迎えると，婿養子は男子の養子でもあるため，家族である直系卑属として前記1（40頁参照）の順序を適用すると，婿養子が最優先して家督相続人となる。しかし，旧民法973条の規定によって，二女の婿養子は，本来の（婿養子がいなかったとしたら）法定推定家督相続人である長女の家督相続権を害し得ないため，この場合，二女の婿養子に優先して，長女が家督相続人となる。また，戸主の長女に婿養子を迎えた後に，戸主に長男が生まれたときは，婿養子に優先して，長男が家督相続人となる（明44・2・18民刑120号民刑局長回答）。同様の事例で，長女が婿養子を迎えた場合は，婿養子が（その妻である長女も），妹である二女の家督相続権を害することがないので（二女は法定家督相続人ではない。），妻である長女と婿養子間では，旧民法第970条第1項第2号が適用され，男子である婿養子が家督相続人となる（大3・12・28民1303号法務局長回答）。

4　代襲相続

　家督相続においても，現行の民法の相続と同様，代襲相続に関する規定が設けられている。

　旧民法では，第970条，第972条の規定によって家督相続人となるべき者

第2章　家督相続

が，家督相続の開始前に死亡し，又は相続権を失った場合において，その者に直系卑属があるときは，その直系卑属は，それらの条文に定められた順序に従って，その者（被代襲者）と同順位にて家督相続人となる（旧民法974条1項）。

例えば，長男，二男がある戸主が死亡する前に，長男が死亡していたとき，長男に子（戸主の孫）がある場合は，二男に優先して，長男の子が，長男の順位で家督相続人となる。

もし，亡長男の子が胎児であった場合，旧民法968条の規定のとおり，家督相続に関しては，胎児は生まれたものとみなされているが，代襲相続に関しては，代襲相続人は代襲原因発生時（当該長男死亡時）に生まれていなければならないと解されていた。つまり，亡長男の子は，家督相続開始時（戸主死亡時）には生まれていても，代襲原因発生時（当該長男死亡時）に胎児であったときは，家督相続人となり得ないとされていたが，その当時，戦死した父親に胎児がある事例も多くあり，このような事例にも対応させるため，昭和17年法律第7号改正により同条に第2項が新設され（昭和17年3月1日施行），死体で生まれた場合を除き，代襲相続の規定についても，胎児は既に生まれたものとみなされることとなった（旧民法968条2項）。

この結果，現行の民法に基づく代襲相続の場合と同様，亡長男の子は，代襲原因発生時（当該長男死亡時）を基準とすることなく，家督相続開始時（戸主死亡時）において胎児であれば，亡長男を代襲して，家督相続人となることとなった。

なお，家督相続において代襲相続の規定が適用されるのは，第1種法定家督相続人の場合だけである。

第3　第2順位 ― 指定家督相続人

法定の推定家督相続人（第1種法定家督相続人となるべき直系卑属）がないときは，戸主である被相続人は，家督相続人を指定することができる（旧民法979条1項前段）。

この規定により指定された者は，指定家督相続人として，家督相続開始

の際に，家督相続人となる。ただし，指定された者が家督相続人となるのは，死亡又は隠居による家督相続の場合に限られる（同条3項）。

家督相続人の指定は取り消すことができるが（同条2項），その指定，指定の取消しは，戸籍の届出によって効力が生じ（旧民法980条），戸主である被相続人は，遺言をもって指定，指定の取消しをすることもできるところ，この場合は，遺言執行者が，その遺言が効力を生じた後，遅滞なく，戸籍の届出を行うことで，指定又はその取消しは，被相続人の死亡の時に遡って効力を生ずる（旧民法981条）。

被指定者については特に制限はなく，他家の戸主や法定推定家督相続人でも指定することができたが（大8・5・28民1226号民事局長回答・『大系』2386頁（大元・12・27民577号民事局長回答・『大系』2387頁を省議変更）），家督相続の開始によって，当該他家（被指定者がいる家）を適法に去ることができなければ，結局，この家督相続人となることはない（通常は，旧民法762条2項，744条の規定により，戸主や法定推定家督相続人は，他家に入ることはできない。）。もちろん，他家の戸主や法定推定家督相続人であるか否かに関わらず，被指定者は，家督相続が開始すると，その承認又は抛棄（放棄）をすることができる（旧民法1017条）。

家督相続人を指定した後，戸主が死亡する前に，戸主に法定の推定家督相続人（家族である直系卑属）ができたときは，指定は効力を失う（旧民法979条1項後段）。

例えば，子がない戸主が，家督相続人を指定していても，戸主に子（戸主と同じ家）が生まれたときは，その指定は失効する。また，一旦失効した指定は回復しないため（明32・2・17刑刑2425号民刑局長回答・『大系』2407頁），同様の事例で，戸主の，指定後に生まれた子が幼逝しても（戸主死亡前に），指定の効力は失われ，もし戸主が，先の被指定者に家督相続をさせたいときは，再度，同人を指定しなければならなかったのである。

第4　第3順位 ― 第1種選定家督相続人

家督相続開始時において，第1種法定家督相続人も，指定家督相続人も

いない場合は，第3順位の家督相続人である第1種選定家督相続人について検討することとなる。

第1種選定家督相続人は，家督相続開始時において，自動的に定まるものではなく，事後に，選定されることによって，家督相続開始時に遡って家督相続人となるのである。

すなわち，法定又は指定の家督相続人がない場合において，その家に被相続人の父があるときは父，父がないとき，又は父がその意思を表示することができないときは母，父母共にないとき又はその意思を表示することができないときは，親族会は，次の順序に従い，家族中より家督相続人を選定する（旧民法982条各号）。

> 第1　家女である配偶者
> 第2　兄弟
> 第3　姉妹
> 第4　家女でない配偶者
> 第5　兄弟姉妹の直系卑属

選定する者は，戸主である被相続人と同じ家にある父，その父がいない等の場合には被相続人と同じ家にある母であり，被相続人と同じ家にある父母ともにいないときは親族会である。同じ家にあるとは，家督相続開始の時に戸主である被相続人の家族であることを意味している（明41・1・9民刑1324号民刑局長回答・『訓令』）。ここで，親族会とは，単なる親族の集まりというものではなく，旧民法において定められた一定の事項（戸主権の代行，各種同意，後見人の選任，家督相続人の選定等）を決定する必要が生じる都度，本人，戸主，親族等の請求によって裁判所が招集し，裁判所が選任した3人以上の親族会員によって構成され，その過半数の賛成で決することとなる重要な機関である（旧民法において944条～947条）。

選定される者は，被相続人と同じ家の前記の者であり（家督相続開始時においても，選定時においても），まず，前記第1の者から選定される。被選定

対象の第1の家女である配偶者とは，その家で生まれた女子である配偶者という意味であり，例えば，婚養子である戸主が死亡したが，直系卑属も，指定家督相続人もない場合に，その妻（妻は自分の家で生まれ，夫である婚養子が他家から入籍している。）が，それに当たる。その家の血統を重視したものであるが，この場合であっても，婚養子の死亡によって自動的に，家女である妻が家督相続人になるわけではなく，同じ家の父（この場合は，婚養子の養父であり，妻の実父）等の選定によって家督相続人となる。選定対象の第2，第3は同じ家の兄弟姉妹で，男子が先順位の被選定対象となる。同じ家の兄弟又は姉妹が複数あるときは，年長者を先に選定しなければならないとする規定はなく，年長年少，嫡出非嫡出を問わず，適任者を選任することができた（明31・10・15民刑1679号民刑局長回答・『大系』2422頁，大10・7・13民第2887号民事局長回答・『大系』2422頁）。第4は家女でない配偶者で，例えば，通常の婚姻による夫婦のうち戸主である夫が死亡した際の，その妻や，入夫婚姻による夫婦のうち女戸主である妻が死亡した際の，その入夫である夫が，これに当たる。第5は，甥姪などの兄弟，姉妹の直系卑属であり，これらの間でも選定に当たっては年長年少，嫡出非嫡出は問われない。

　選定がなければ，仮に，被選定対象者が一人のみあるときであっても，その者が家督相続人になることはなく（明31・9・16民刑1336号民刑局長回答・『訓令』），また，選定は，前記の順序で行わなければならないため，死亡した戸主に家女である妻がいるにもかかわらず，戸主の弟を家督相続人とすることは許されない。ただ，正当な事由がある場合に限り，裁判所の許可を得て，前記の順序を変更し，又は選定しないこともできた（旧民法983条）。

　選定には，特段の方式は定められておらず，選定権者による一方的な選定により効力を生じ，戸籍の届出も必要とはされないが，被選定者が，家督相続の承認又は抛棄（放棄）をすることができることはいうまでもない。

　被選定者が家督相続を承認すると，家督相続開始時に遡って家督相続人となり，選定を証する書面を添付して，戸籍に家督相続届をすることになる。

第2章　家督相続

選定について期限の制限はなく，選定の放置に対する罰則もない。

第5　第4順位 ─ 第2種法定家督相続人

第1種法定家督相続人も，指定家督相続人もなく，第1種選定家督相続人の被選定対象者もいない場合は，第4順位である第2種法定家督相続人が家督相続人となる。

第2種法定家督相続人は，家族である直系尊属であり，旧民法の要件を満たす限り，選定されることなく，法定の家督相続人として，自動的に定まるものである。

すなわち，第1種選定家督相続人となるべき者がないときは，その家にいる直系尊属中で，親等が最も近い者が家督相続人となり，親等が同じ者の間にあっては男が優先して家督相続人となる（旧民法984条）。

家族である直系尊属が第2種法定家督相続人となるのは，第1種選定家督相続人として選定される可能性がある者（本章第3節第4）がいない場合であって，その可能性がある者，例えば，同じ家に配偶者や兄弟，姉妹がある場合は，いまだ選定されてない状態では，たとえ同じ家に直系尊属がいたとしても，直系尊属が家督相続人となることはない。その他，第1種選定家督相続人として選定される可能性がある者がいたが，選定される前に死亡した，あるいは裁判所の許可を得て家督相続人を選定しなかった場合にも（戸時291号54頁），家族である直系尊属が第2種法定家督相続人となる。ここにおける直系尊属とは，血族である直系尊属であり，姻族であるものは含まれない（大元・9・11民363号民事局長回答・『訓令』）。

被相続人である戸主の直系尊属であっても，戸主と家を異にする者は家督相続人とはなり得ず，例えば，養子である戸主が死亡した場合，第2種法定家督相続人としては，養父が，これに当たり，家を異にする実父は該当しないこととなる。

また，家族である直系尊属が複数いる場合は，異親等間では近親等が，同親等間では男が優先するため，祖父より父が，母より父が優先して家督相続人となり，祖父と母がいる場合は母が優先して家督相続人となるが，

第2章　家督相続

　第2種選定家督相続人も，家督相続開始時において，自動的に定まるものではなく，事後に，選定されることによって，家督相続開始時に遡って家督相続人となる。

　このような場合は，親族会が，戸主である被相続人の親族，家族，分家の戸主又は本家若しくは分家の家族の中から家督相続人を選定し（旧民法985条1項），これらの者がいないか，いても家督相続人となるに適当な者がいない場合は，親族会は，他人の中から選定する（同条2項）。正当な事由がある場合は，親族会は，裁判所の許可を得て，（それらの者がいても，直ちに）他人を選定することもできた（同条3項）。

　家の断絶を回避するため，他家にいる親族等からだけでなく，一定の場合には，他人であっても，家督相続人に選定し，家の継続を図ることができる制度となっていたのである。

　第2種選定家督相続人は，戸主である被相続人の家族である必要はないが，親族，家族，分家の戸主又は本家若しくは分家の家族（選定の順序ではない。），あるいは他人から，親族会は，その者の性格，行為及び身体等の状態から，家名を汚し，又は家政をとるに堪えることができるか否かを基準として選定するものとされている（大判大13・10・15大民集3巻482頁）。

　選定には，特段の方式は定められておらず，選定権者による一方的な選定により効力を生じ，戸籍の届出も必要とはされないが，被選定者が，家督相続の承認又は抛棄（放棄）をすることができることはいうまでもなく，また，被選定者が，その選定時の家を去ることができなければ，家督相続人になることはない。

　被選定者が家督相続を承認すると，家督相続開始時に遡って家督相続人となり，選定を証する書面を添付して，戸籍に家督相続届をすることになり，選定について期限の制限はなく，選定の放置に対する罰則もないことは，第1種選定家督相続人の場合と同様である。

　選定されない場合や，選定があっても家督相続を承認する者がいない場合には，その家は絶家（本編第6章）となる（旧民法764条）。

54

同じ家に，養父と実父がいる場合は，その家の家附の父（第3編第3章第1節第3）が優先するため（『大意』39頁），その家が戸主である被相続人にとっての養家であれば，養父が優先して家督相続人となる。結局，その家の祖先の血統の者が優先するため，例えば，家女が婿養子を迎え，長女が生まれ，婿養子が戸主となったが，戸内離婚して，その後，当該婿養子であった者（長女の実父）が，その家に新たな妻を迎えて再婚し，当該婿養子が死亡し，次いで長女が死亡したとすると，実父の再婚によって，長女にとって実父の後妻は継母となり（第3編第2章），当該婿養子が死亡し，長女が戸主となったところ，長女死亡時には，その家には，実母と継母がいることになる。ここでも，家女である実母が，その家の祖先の血統の者に当たるため，継母が親権を有していたとしても，実母が家督相続人となる（昭14・4・14民甲417号民事局長回答・『訓令』）。

　直系尊属は，家督相続が開始すると，相続の開始があったことを知った時から3か月以内に単純若しくは限定の承認又は抛棄（放棄）をすることができるが（旧民法1017条），この期間内に限定承認又は抛棄（放棄）をしないときは，単純承認したものとみなされ（旧民法1024条2号），また，この相続は法定相続であるため，家督相続届の記載のない戸籍謄本等をもって，第2種法定家督相続人への，家督相続による所有権移転登記を申請することもできることになっている（昭34・1・29民甲150号民事局長回答）。

第6　第5順位 ― 第2種選定家督相続人

　家督相続開始時において，第1種法定家督相続人も，指定家督相続人もなく，第1種選定家督相続人となるべき者もおらず，第2種法定家督相続人もない場合，家の存続が何より尊重されるべき旧民法下においては，さらに，家督相続人の種類が用意されている。これが，第5順位の第2種選定家督相続人である。家族がおらず，戸主一人で構成される家の戸主（単身戸主）が死亡した場合や，その家に，直系卑属，配偶者，兄弟姉妹（それらの直系卑属），直系尊属以外の家族しかいない場合に，このような状況が生じ得る。

第3章 基本事例の検討

基本事例1

被相続人A男

明治39・8・5	甲家戸主A男が乙家家族B女と婚姻（B女が甲家の戸籍に入籍）
明治44・10・4	A男とB女に嫡出子C女が誕生（C女は甲家の戸籍に入籍）
大正2・6・21	A男とB女に嫡出子D女が誕生（D女は甲家の戸籍に入籍）
大正5・6・29	A男とB女に嫡出子E男が誕生（E男は甲家の戸籍に入籍）
昭和7・6・29	丙家家族F男がC女と婚姻（C女が丙家の戸籍に入籍）
昭和13・7・4	丁家家族G男とD女が婚姻（D女が丁家の戸籍に入籍）
昭和15・12・30	E男が死亡
昭和16・11・30	B女が死亡
昭和17・12・3	A男が死亡

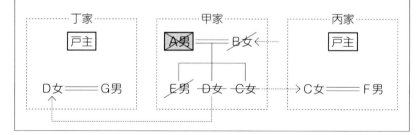

　基本事例1では，被相続人A男が，昭和17年12月3日に戸主として死亡しているので，この相続については，旧民法の家督相続が適用される事例であることがわかる。つまり，家督相続人は誰か，という事例である。

第3章　基本事例の検討

　家督相続人の順位について，本編第2章第3節第2のとおりであり，第
1順位の家族である直系卑属を求めると，A男死亡時には，E男は直系卑
属なく死亡し，生存する直系卑属であるC女及びD女がいるが，いずれも
他家にいて，A男の家族ではなく，結局，第1種法定家督相続人はいない。
また，指定家督相続人もおらず，配偶者B女も死亡しており，兄弟姉妹
（それらの直系卑属），そして直系尊属も家族にはいないため，第5順位の第
2種選定家督相続人の選定によって，家督相続人が定まることになる。

　ところが，この事例では，その選定がなされないまま，現代に至ったわ
けである。

　旧民法施行中に家督相続が開始し，家督相続人がいないため，家督相続
人を選定すべきところ，その選定がなされないまま，新民法施行を迎える
と，もはや選定はなし得ない。ちなみに，応急措置法施行中であれば，選
定をなすことができた（昭23・7・1民甲2057号民事局長通達。「資料18」参照）。
もちろん，応急措置法施行後に開始した相続は，もはや家督相続ではない
ため，選定をすることができないことはいうまでもない。

　そこで，旧民法中に開始した家督相続について，旧民法以外の適用がな
いとすると，もはや，永久に，遺産を承継すべき者を定め得なくなる。あ
るいは，相続人不存在の対象か否かの検討を要することとなるが，具体的
に遺産を承継した者がおらず（暫定的であっても家督相続人がいないため），遺
産に関する権利関係が未確定である以上，旧民法以外の法令によって対応
したとしても法的安定性には支障はないと考えられることから（新民法を
遡及的に適用させても，遺産に対する権利を害される者がいないことから），また，
このような場合には，個人の尊厳と両性の本質的平等を基調とする新民法
の理念に適合させることが望ましいことから，新民法附則において，家督
相続開始時に遡って，新民法を適用するとの規定が設けられている（結論
は，58頁。）。

56

第2節　適用の要件

第4章　新民法附則第25条第2項本文

第1節　附則の内容

この条文は，次のとおりである。

新民法附則

第25条　（省略）

2　応急措置法施行前に家督相続が開始し，新法施行後に旧法によれば家督相続人を選定しなければならない場合には，その相続に関しては，新法を適用する。(以下省略)

これによって，旧民法施行中（応急措置法施行前）に開始した家督相続相続であっても，家督相続人がおらず，家督相続人を選定しなければならない（選定されていない）場合には，その相続については新民法が適用される。

第2節　適用の要件

新民法附則第25条第2項本文が適用されるためには，次のすべての要件を満たす必要がある。

　i　応急措置法施行前に開始した家督相続であること

　ii　新民法施行後に，旧民法によれば，家督相続人を選定しなければならない場合であること

　iii　家督相続開始の事由が，入夫婚姻の取消し，入夫の離婚又は養子縁組の取消しではないこと

以上の要件をすべて満たす場合には，その相続については，もはや旧民法は適用されず，その家督相続の開始時に遡って，新民法が適用されることとなる。

57

第3節　基本事例の結論

　基本事例1は，昭和17年12月3日に開始した家督相続であるため要件 i を満たし，家督相続開始時において，第1種法定家督相続人も，指定家督相続人も，第1種選定家督相続人も，第2種法定家督相続人もおらず，第2種家督相続人を選定すべき場合であって，家督相続人が選定されないまま，新民法の施行を迎えているので要件 ii を満たし，その家督相続開始の事由が戸主の死亡であり，要件 iii を満たしている。

　したがって，昭和17年12月3日に遡って新民法が適用されることとなる。

　その結果，配偶者B女は既に死亡しているので，生存の直系卑属であるC女及びD女が，各々2分の1，2分の1の相続分で相続人となる（新民法887条）。

　つまり，旧民法によれば相続することができなかった者も，同附則の適用によって，相続人となることがあるのである。

　新民法が適用されるということは，新民法施行時の新民法が適用されるということであり，現行の民法が適用されるわけではないことはいうまでもなく，配偶者と直系卑属（子），直系尊属，兄弟姉妹との相続分の各割合は，現行民法と異なっている（第1編第2章第2節第5）。

第4節　要件 i ：応急措置法施行前に開始した家督相続であること

　対象となる相続が，旧民法施行中（応急措置法施行前）である昭和22年5月2日までに開始したもので，被相続人が，相続開始の際，戸主であったこと，すなわち，家督相続が開始したことが，まず必要とされる。被相続人が家族である（戸主でない）場合の遺産相続については，昭和22年5月2日までに開始したものであっても，この要件は満たさない。

　新民法施行後に，応急措置法施行前に家督相続が開始された事実を知ったとき（例えば新民法施行後の戦死公報があったような場合）であっても，もはや家督相続人を選定することはできないため，新民法附則第25条第2項本文の適用がある（昭24・5・6民甲977号民事局長回答，昭30・9・22法曹会決議・『要録』163頁）。

第5節　要件ⅱ：新民法施行後に，旧民法によれば，家督相続人を
選定しなければならない場合であること

　なお，旧民法施行以前（明治31年7月15日まで）に開始した家督相続につ
いては，同附則の適用はないと考えられる（本編第6章第6節）。

第5節　要件ⅱ：新民法施行後に，旧民法によれば，家督相続人を選定しなければならない場合であること

　この要件は，家督相続人が選定されるべき場合において，新民法施行
（昭和23年1月1日午前0時）までに，家督相続人が選定されなかったことが
該当する。新民法附則第25条第2項本文には，「新法施行後に旧法によれ
ば家督相続人を選定しなければならない」とあるが，前述のとおり，新民
法施行後は，もはや，家督相続人を選定することはできないため，家督相
続人不選定のまま，新民法の施行を迎えた場合が該当する意となる。

　まず，第2種選定家督相続人が選定されるべき場合であって，家督相続
人が選定されていない，あるいは，選定はあったが，被選定者が家督相続
を放棄したなどの理由で家督相続人が定まっていないときが該当する。あ
るいは，第1種選定家督相続人が選定されるべき場合（裁判所の許可を得て，
選定しなかった場合を除く。）であって，家督相続人が選定されていない，あ
るいは，選定はあったが，被選定者が家督相続を放棄したなどの理由で
（他に選定対象者がいて）家督相続人が定まっていないときも該当する。

　つまり，第2選定家督相続人が選定されるべき場合はもちろん，戸主で
ある被相続人の家に，その配偶者や兄弟，姉妹等の第1種選定家督相続人
に選定されるべき者がいたとしても，家督相続人として定められてない以
上，家督相続人不選定の状態となる。

　いずれにしても，家督相続人不選定の状態が新民法施行（昭和23年1月1
日午前0時）まで継続すると，この要件を満たすこととなる。

　旧民法施行中に，戸主が死亡し，その第1種法定家督相続人であるべき
者の家督相続をする旨の届出がなされたが，後に，その者が戸主が死亡す
る前に戦死していることが判明したときは，当該家督相続は無効であり，
その戸主に，他に家督相続人となる者がなく，その選定もされないまま，
新民法の施行を迎えたとき（昭33・11・1民甲2217号民事局長回答），女戸主の

第4章　新民法附則第25条第2項本文

私生子が父に認知され，庶子として父の家に入るべきであったところ，被認知者である私生子が誤って母の戸籍に在籍しているままになっているとしても，その母である女戸主の死亡によって開始した家督相続については，その私生子は家督相続人とはならないため，他に家督相続人となる者がなく，その選定もされないまま，新民法の施行を迎えたときも，新民法附則第25条第2項本文の適用がある（昭和31・4・7民甲753号民事局長回答）。

やや特殊な事例としては，旧民法施行前に，単身戸主が，家名廃止，退隠等の手続をとらずに実家に復籍していても，その復籍は無効であるため，その単身戸主が旧民法施行中に実家の戸籍に在籍したままで死亡し，家督相続が開始したときは，他に家督相続人となる者がなく，その選定もされないまま，新民法の施行を迎えたときも，同附則の適用があるとの先例がある（昭38・9・5民甲2557号民事局長回答）。

なお，旧民法施行中に戸主が死亡し，第1種法定家督相続人がいる場合は，たとえ家督相続届がなされていなくても，この第1種法定家督相続人が実体法上，家督相続人となっているので，同附則の適用がないことは当然であるが（現代において，家督相続届をなすこともできる（平成19年法律第35号改正前戸籍法129条・改正後戸籍法附則4条）。），この状態（家督相続届出がない状態）のまま，さらに当該家督相続人となった者が死亡し，家督相続人のないまま，新民法の施行を迎えたときは，後者の相続については同附則の適用がある（登研82号40頁）。

また，旧民法施行中に戸主が死亡し，第1種法定家督相続人も，指定家督相続人もなく，第1種選定家督相続人に選定されるべき者もいないが，その家に直系尊属がいる場合（例えば，父母だけ，又は母だけがいる家の戸主が死亡した場合）で，未だ家督相続届がないまま，新民法の施行を迎えたときであっても，その直系尊属（前記括弧前段の場合は父，後段の場合は母）が相続の放棄をしていない限り，その直系尊属は第2種の法定の家督相続人であるため（昭37・10・26民甲3069号民事局長回答，戸籍9号47頁），家督相続届の記載のない戸籍謄本等をもって，その直系尊属（前記括弧前段の場合は父，後段の場合は母）への，家督相続による所有権移転登記を申請することもでき

60

第5節　要件ⅱ：新民法施行後に，旧民法によれば，家督相続人を選定しなければならない場合であること

ることから（昭34・1・29民甲150号民事局長回答，登研33号22頁），このような場合には（新民法施行後も家督相続届をすることができる（昭23・7・1民甲2057号民事局長通達（「資料18」参照））。），同附則の適用はない（登研137号45頁）。この場合，新民法に基づく相続登記ができないことは当然である（昭31・4・11法曹会決議・『要録』175頁）。

　一方，第1種法定家督相続人も，指定家督相続人もいないが，第1種選定家督相続人に選定されるべき者はあり，さらに，その家に第2種法定家督相続人となるべき直系尊属がいる場合（例えば，父母と弟だけがいる家の戸主が死亡した場合）で，未だ家督相続届がないまま，新民法の施行を迎えたときは，直系尊属がいても，第1種選定家督相続人が選定されていない限り，同附則が適用される（戸籍9号47頁・18号55頁）。

　その他，戸主と一人の直系卑属だけがいる家で，旧民法施行中に，戸主と当該直系卑属が同時に死亡したときは，当該直系卑属は家督相続人となり得ないため，そのまま新民法の施行を迎えると同附則が適用され，この場合，戸主と当該直系卑属とも，戸籍上，同一日に時刻不明死亡と記載されているときは，昭和37年3月29日法律第40号民法の一部を改正する法律（昭和37年7月1日施行）によって同時死亡の推定に関する規定が民法に新設される以前であっても，同時死亡と推定するべきものと考えられている（昭29・11・18法曹会決議・『要録』149頁）。

　当然のことながら，この要件は，家督相続人が選定されるべき場合において，新民法施行までに，家督相続人が有効に選定されたときは適用されず，その選定された者が家督相続人となった。もし，新民法施行後に，その選定が無効であることを主張する者がいたとしても，仮に無効であったとすると，結局，家督相続人が選定されていない状態のまま新民法の施行を迎えたことになり，同附則の適用によって新民法による相続が開始しているものとして取り扱われることになるだけであるので，新民法によって相続人となった者が直接その権利関係の具現を求めることで足りることから，新民法下においては，被相続人の親族が親族会のした家督相続人選定の決議の無効確認を求める法律上の利益はない（最二小判昭42・4・28集民87

第4章　新民法附則第25条第2項本文

号341頁）。

第6節　要件ⅲ：家督相続開始の原因が，入夫婚姻の取消し，入夫の
離婚又は養子縁組の取消しではないこと

　本編第2章第1節のとおり，家督相続の開始の事由には，戸主の死亡，
隠居又は国籍喪失，戸主が婚姻又は養子縁組の取消しによってその家を
去ったとき，女戸主の入夫婚姻又は入夫の離婚があるが，隠居にあっては，
家督相続人が家督相続を承認することが条件とされているため（旧民法752
条2号，753条），家督相続人不選定の状況には陥ることはない（戸主が婚姻に
よって家を去ると法定隠居とみなされる旧民法754条2項の例外はある。）。入夫婚姻
の場合も，原則として，入夫が戸主となるため，家督相続人不選定にはな
らない。国籍喪失にあっては，家督相続の特権に属する権利（系譜，祭具及
び墳墓の所有権（旧民法987条））を除いて，財産の承継は行われない（遺留分及
び前戸主が特に指定した相続財産を承継することは妨げられない。）ため（旧民法987
条），結局，新民法附則第25法第2項本文により家督相続開始の時に遡っ
て新民法を適用して相続人を定める必要はなく，ただ，家督相続の特権に
属する権利については，同附則の適用によって新民法第897条（祭祀に関す
る権利の承継）の規定を適用し，その承継者を定めることになると考えられ
ている（戸籍113号54頁）。

　したがって，この要件は，事実上，戸主の死亡によって開始した家督相
続に適用される事例が大多数であろう（死亡以外の事由によって開始した家督
相続について新民法附則25条2項本文が適用される事例は，相続事例6のとおり。）。

第7節　附則の効果

　新民法附則第25条第2項本文の適用を受けると，その家督相続について
は，もはや旧民法は適用されず，家督相続開始時に遡って，新民法が適用
されることとなる（昭25・10・7民甲2682号民事局長回答）。

　この場合の相続登記については，家督相続開始の日（戸主の死亡の日）を
相続の原因日付とする（昭24・2・4民甲3876号民事局長回答，登研15号29頁）。

62

登記原因については，「年月日昭和22年法律第222号附則25条2項本文の規定による相続」，「年月日民法附則25条2項本文による相続」とする見解もあったが（登研9号27頁（『全訂書式』653頁）），「年月日相続」として差し支えない（昭31・9・25民甲2206号民事局長通達，登研10号30頁・109号43頁（『新訂書式』1498頁））。

　同附則の適用を受けて共同相続となったときに，特定の不動産について単独所有とする旨，その全員による遺産分割の協議が成立すると，当該遺産分割協議書を添付して，その単独所有者のために相続登記を申請することができることは（昭19・10・19民甲692号民事局長回答，登研10号31頁），通常の相続登記の場合と変わらない（登研18号28頁）。また，数次相続となった場合，中間における相続が単独相続であり，その複数の相続を原因として，1件の申請をもって最終の相続人へ相続登記をすることができることも（明32・3・7民刑局長回答），通常の相続登記の場合と変わらない（登研119号38頁）。

　ところで，家督相続人の選定は，戸籍の届出がなくても，選定行為があれば有効に成立するため（本編第2章第3節第4・第6），旧民法施行中に戸主が死亡したときに家督相続人がない場合，その戸籍を基に新民法附則第25条第2項本文を適用して，相続登記を申請する際，その戸籍の記載だけでは家督相続人が選定されていないことが確定しているとは言い難い。戸籍はそのままとされ（戸籍18号55頁），不選定である旨の記載もされない。そのため，このような場合には，相続人全員（印鑑証明書付き）による家督相続人の選定がない旨の証明書（家督相続人不選定証明書）の添付を要するとの見解があり（『新訂書式』1498頁，『総覧』474頁），そのような実務上の取扱いもあったと思われる。遺産分割を行うなど相続人全員が関わって相続登記を申請する場合は各別，相続人の一人から各法定相続分に基づいて共同による相続登記を申請する際や，債権者から代位による相続登記を申請する際には，家督相続人不選定証明書の添付が困難である場合があった。思うに，現代の相続人が，もはや，その選定があったか否かを知っていることは極めて稀であろうと思われる。戸籍の記載は，確からしいものとして

第4章　新民法附則第25条第2項本文

事実上の推定を受けるものであり，戸籍の記載に誤記，遺漏，未届がある
ならば，その誤記，遺漏，未届を主張する者が積極的に戸籍の訂正等をな
すべきである（新民法施行までに選定があれば，新民法施行後も家督相続届をする
ことができる（昭23・7・1民甲2057号民事局長通達））。つまり，その訂正等が
ない戸籍を確かなものであるとして相続人を特定することによって実体法
上選定されていた家督相続人が不利益を蒙ることがあるとしても，その不
利益は選定された家督相続人自らが反証を挙げて解消すべきであろう。し
かも，これにより，選定された家督相続人が家督相続による権利を害され，
その家督相続人以外の者（同附則が適用されて相続人となった者）が相続に
よって権利を取得していても，家督相続回復の請求権は，家督相続人が，
その相続権の侵害の事実を知った時から5年間，相続開始の時から20年を
経過したときは消滅するとされている（旧民法966条）。後段の20年は，相続
権侵害の事実の有無にかかわらず，常に当該相続開始の時から進行する
（最二小判昭23・11・6民集2巻12号397頁，最一小判昭39・2・27民集18巻2号383頁，
最二小判昭42・4・28判タ207号82頁）。

　さらに，平成28年には，法務省より，「除籍等が滅失等している場合の
相続登記について」（平28・3・11民二219号民事局長通達。「資料4」参照）が発
出された。これは，相続登記の申請において，除籍等の一部が滅失等して
いることにより，その謄本を提供することができないときは，戸籍及び残
存する除籍等の謄本のほか，滅失等により「除籍等の謄本を交付すること
ができない」旨の市町村長の証明書及び「他に相続人はない」旨の相続人
全員による証明書（印鑑証明書添付）の提供を要するとしていた取扱い（昭
44・3・3民甲373号民事局長回答）を見直し，「他に相続人はない」旨の相続
人全員による証明書を添付せずとも，「除籍等の謄本を交付することがで
きない」旨の市町村長の証明書が提供されていれば差し支えないとしたも
のである。前記昭和44年3月3日の先例の発出から50年以上経過し，被相
続人の曾孫や玄孫に当たる者が，被相続人の続関係を知っているとは考え
にくく，これらの者に対して「他に相続人のない」旨の証明書を求めるこ
とは，困難というに止まらず，むしろ不能を強いているとも言え（登研819

号138頁），相続人が「他に相続人はない」旨の証明書の作成への協力を求められたとしても，真実他に相続人がいるかどうかは分からないままに作成に協力していたという実態もあったのではないかと考えられている（登研819号140頁）。この通達は，相続登記の促進にとっても大きな意義を有するものになると思うが，この通達に現れた実態，背景は，まさに，家督相続人不選定証明書の場合にも当てはまるのではなかろうか。

　もちろん，この通達には，家督相続人不選定証明書について言及されたところはないものの，同様に，今後，同附則を適用して行う相続登記の申請の際には，家督相続人不選定証明書の添付を要しないものと考えるが，いかがだろうか。

第5章 新民法附則第25条第2項本文の適用に関する諸事例

第1節 典型的な事例

| 相続事例1 | 妻と母がいる戸主の死亡 |

被相続人C男

明治39・8・5　甲家戸主A男が乙家家族B女と婚姻（B女が甲家の戸籍に入籍）

明治44・10・4　A男とB女に嫡出子C男が誕生（C男は甲家の戸籍に入籍）

大正2・6・21　A男とB女に嫡出子D男が誕生（D男は甲家の戸籍に入籍）

昭和13・7・4　C男が丙家家族E女と婚姻（E女が甲家の戸籍に入籍）

昭和17・12・3　A男が死亡
　　　　　　　※　C男の家督相続届によりC男を戸主とする甲家の新戸籍編製（C男，E女，B女，D男が在籍）

昭和19・1・23　C男が死亡

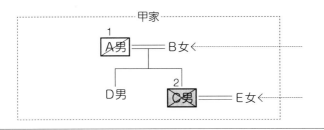

　この事例は，昭和19年1月23日に開始した家督相続であるため要件ⅰを満たし，家督相続開始時において，第1種法定家督相続人も，指定家督相続人もなく，第1種選定家督相続人となるべき配偶者E女及び弟D男はいるが，選定されないまま，新民法の施行を迎えているので要件ⅱ（59頁参照）を満たし，その家督相続開始の事由が戸主の死亡であり，要件ⅲ（62

第1節　典型的な事例

頁参照）を満たしている。

したがって，昭和19年1月23日に遡って新民法が適用されることとなる。

その結果，配偶者E女及び直系尊属B女が（登研21号29頁），各々2分の1，2分の1の相続分で相続人となる（新民法889条・890条・900条）。

相続事例2	妻と弟がいる戸主の死亡

被相続人C男

明治39・8・5	甲家戸主A男が乙家家族B女と婚姻（B女が甲家の戸籍に入籍）
明治44・10・4	A男とB女に嫡出子C男が誕生（C男は甲家の戸籍に入籍）
大正2・6・21	A男とB女に嫡出子D男が誕生（D男は甲家の戸籍に入籍）
昭和13・7・4	C男が丙家家族E女と婚姻（E女が甲家の戸籍に入籍）
昭和17・12・3	A男が死亡
	※　C男の家督相続届によりC男を戸主とする甲家の新戸籍編製（C男，E女，B女，D男が在籍）
昭和18・7・30	B女が死亡
昭和19・1・23	C男が死亡

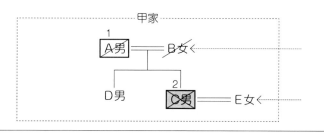

この事例も，昭和19年1月23日に開始した家督相続であるため要件ⅰ以下を満たし，家督相続開始時において，第1種法定家督相続人も，指定家督相続人もなく，第1種選定家督相続人となるべき配偶者E女及び弟D男

67

はいるが，選定されないまま，新民法の施行を迎えているので要件iiを満たし，その家督相続開始の事由が戸主の死亡であり，要件iiiを満たしている。

したがって，昭和19年1月23日に遡って新民法が適用されることとなる。

その結果，配偶者E女と，直系卑属，直系尊属がいないため兄弟姉妹である弟D男が（登研10号31頁・18号28頁・21号29頁），各々3分の2，3分の1の相続分で相続人となる（新民法889条・890条・900条）。

相続事例3	他家にある子がいる戸主の死亡

被相続人A男

明治39・8・5　甲家戸主A男が乙家家族B女と婚姻（B女が甲家の戸籍に入籍）

明治44・10・4　A男とB女に嫡出子C男が誕生（C男は甲家の戸籍に入籍）

大正2・6・21　A男とB女に嫡出子D女が誕生（D女は甲家の戸籍に入籍）

昭和13・7・4　丙家戸主E男がD女と婚姻（D女が丙家の戸籍に入籍）

昭和14・11・10　C男が丁家家族F女と婚姻（F女が甲家の戸籍に入籍）

昭和17・12・3　B女が死亡

昭和18・7・30　C男が死亡

昭和19・1・23　A男が死亡

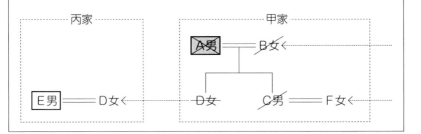

この事例も，昭和19年1月23日に開始した家督相続であるため要件iを

満たし，家督相続開始時において，第1種法定家督相続人も，指定家督相続人もなく，第1種選定家督相続人となるべき者もなく，直系尊属もなく，第2種選定家督相続人も選定されないまま，新民法の施行を迎えているので要件ⅱを満たし，その家督相続開始の事由が戸主の死亡であり，要件ⅲを満たしている。

したがって，昭和19年1月23日に遡って新民法が適用されるため，A男の死亡当時に他家にある直系卑属も相続人となる。

その結果，直系卑属であるD女が相続人となる（新民法887条）。

相続事例4　配偶者のみがいる分家戸主の死亡

被相続人D男

明治39・8・5	甲家戸主A男が乙家家族B女と婚姻（B女が甲家の戸籍に入籍）
明治44・10・4	A男とB女に嫡出子C男が誕生（C男は甲家の戸籍に入籍）
大正2・6・21	A男とB女に嫡出子D男が誕生（D男は甲家の戸籍に入籍）
昭和13・7・4	D男が分家（D男を戸主とする甲家分家の新戸籍編製）
昭和13・7・4	D男が丙家家族E女と婚姻（E女が甲家分家の戸籍に入籍）
昭和17・12・3	D男が死亡

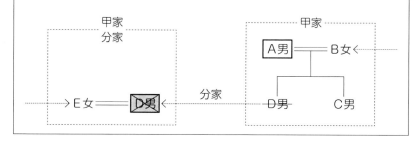

この事例でも，昭和17年12月3日に開始した家督相続であるため要件ⅰ

第5章　新民法附則第25条第2項本文の適用に関する諸事例

を満たし，家督相続開始時において，第1種法定家督相続人も，指定家督相続人もないまま，第1種選定家督相続人となるべき配偶者E女はいるが，選定されないまま，新民法の施行を迎えているので要件iiを満たし，その家督相続開始の事由が戸主（分家戸主）の死亡であり，要件iiiを満たしている。

　したがって，昭和17年12月3日に遡って新民法が適用されることとなる。

　その結果，配偶者E女並びに直系尊属A男及びB女が，各々2分の1，4分の1，4分の1の相続分で相続人となる（新民法887条・889条・890条・900条）。

相続事例5	他家に兄姉がいる単身の分家戸主の死亡

被相続人E男

明治39・8・5	甲家戸主A男が乙家家族B女と婚姻（B女が甲家の戸籍に入籍）
明治44・10・4	A男とB女に嫡出子C男が誕生（C男は甲家の戸籍に入籍）
大正2・6・21	A男とB女に嫡出子D女が誕生（D女は甲家の戸籍に入籍）
大正4・1・1	A男とB女に嫡出子E男が誕生（E男は甲家の戸籍に入籍）
昭和13・7・4	丙家戸主F男がD女と婚姻（D女が丙家の戸籍に入籍）
昭和14・10・11	E男が分家（E男を戸主とする甲家分家の新戸籍編製）
昭和15・7・9	B女が死亡
昭和16・3・30	A男が死亡
	※　C男の家督相続届によりC男を戸主とする甲家の新戸籍編製（C男が在籍）
昭和17・12・3	E男が死亡

第1節　典型的な事例

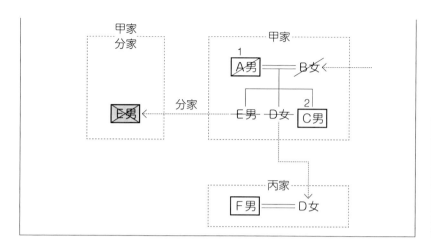

　この事例でも，昭和17年12月3日に開始した家督相続であるため要件ⅰを満たし，家督相続開始時において，単身戸主であるため当然に第1種法定家督相続人はなく，指定家督相続人も，第1種選定家督相続人もなく，第2種選定家督相続人も選定されないまま，新民法の施行を迎えているので要件ⅱを満たし，その家督相続開始の事由が戸主（分家戸主）の死亡であり，要件ⅲを満たしている。

　したがって，昭和17年12月3日に遡って新民法が適用されることとなる。
　その結果，配偶者，直系卑属，直系尊属がないため，兄弟姉妹である兄C男及び姉D女が，各々2分の1，2分の1の相続分で相続人となる（新民法887条・889条・900条）。

相続事例6	子のない女戸主の法定隠居

被相続人C女

明治39・8・5	甲家戸主A男が乙家家族B女と婚姻（B女が甲家の戸籍に入籍）
明治44・10・4	A男とB女に嫡出子C女が誕生（C女は甲家の戸籍に入籍）
大正2・6・21	A男とB女に嫡出子D男が誕生（D男は甲家の戸籍に

第5章　新民法附則第25条第2項本文の適用に関する諸事例

　　　　　　　　入籍)
大正4・1・1　A男とB女に嫡出子E女が誕生（E女は甲家の戸籍に
　　　　　　　　入籍)
昭和13・7・4　D男が死亡
昭和14・10・11　A男が死亡
昭和17・12・3　丙家戸主F男がC女と婚姻（C女が丙家の戸籍に入籍)

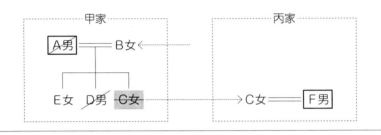

　この事例は，死亡以外の事由で開始した家督相続に関するものであり，戸主が婚姻によって，その家を去った場合にも，新民法同附則第25条第2項本文が適用となる事例である（昭33・11・1民甲2217号民事局長回答）。まず，戸主A男が死亡した際に，既に，長男D男は直系卑属なく死亡しているので，実体法上，長女C女が家督相続し，甲家の戸主（女戸主）となったが，C女は，そのことに気が付かないまま（家督相続届は出していない。），F男と婚姻し，他家に入ったものである。本来であれば，戸主が，婚姻によって他家に入ろうとするときは，事前に，隠居をしなければならないが（旧民法754条1項），戸主が，隠居せずに，婚姻によって他家に入ったときは（婚姻の届出が受理されたときは），その戸主は，婚姻の日に隠居したものとみなされた（旧民法754条2項）。

　この事例においては，実体法上の戸主であるC女が隠居せずに婚姻によって他家に入ったことにより，甲家においてはC女の隠居による家督相続が開始したとみなされた。したがって，実体法上は，先の図では，C女は次のようになっていた。

第1節　典型的な事例

```
    ┌─2─┐
    │C女│┈┈┈┈┈
    └──┘
```

　以上のことから，昭和17年12月3日に開始した家督相続であるため要件ⅰを満たし，その家督相続が開始したとみなされた時に，甲家に，C女の，第1種法定家督相続人も，指定家督相続人もなく，第1種選定家督相続人となるべき妹E女がいるが，選定されないまま，新民法の施行を迎えているので要件ⅱを満たし，その家督相続開始の事由が，戸主が婚姻によってその家を去ったものであり，要件ⅲを満たしている。

　したがって，昭和17年12月3日に遡って新民法が適用されることとなる。

　その結果，配偶者，直系卑属がないため，直系尊属であるB女が相続人となる（新民法889条）。なお，C女には配偶者F男がいるが，C女と婚姻したと同時に，C女が隠居したとみなされたため，家督相続開始時には配偶者が存在しないこととなり，相続人とはならない（相続における同時存在の原則）。

相続事例7　指定により家督相続人となった単身の女戸主の死亡

被相続人B女

明治39・8・5	甲家戸主A男が乙家家族B女と婚姻（B女が甲家の戸籍に入籍） ※　B女は再婚であり，前婚の家である乙家に，夫であったF男との間の嫡出子C男が在籍している。
大正4・1・1	A男及びB女が丙家家族D女を養子とする養子縁組 （D女は甲家の戸籍に入籍）
昭和13・7・4	A男が死亡 ※　D女の家督相続届によりD女を戸主とする甲家の新戸籍編製（D女，B女が在籍）
昭和14・10・1	D女がB女を家督相続人に指定
昭和14・10・10	D女が隠居 ※　B女の家督相続届によりB女を戸主とする甲家の新戸籍

第5章 新民法附則第25条第2項本文の適用に関する諸事例

編製（B女，D女が在籍）
昭和14・10・11　丁家戸主E男がD女と婚姻（D女が丁家の戸籍に入籍）
昭和17・12・3　B女が死亡

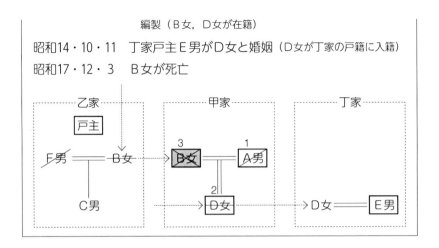

　この事例も，家督相続人なくして死亡した単身戸主に関する家督相続についてであり，新民法附則第25条第2項本文が適用される（高松高判昭32・12・11下民8巻12号2336頁）。

　この事例でも，昭和17年12月3日に遡って新民法が適用される。その結果，配偶者は死亡しており，直系卑属である前婚における嫡出子C男及び養子D女が，各々2分の1，2分の1の相続分で相続人となる。

第2節　新民法によれば相続人とはなり得ない者がいる事例

相続事例8　継子がいる女戸主の死亡

被相続人E女
明治39・8・5　甲家戸主A男が乙家家族B女と婚姻（B女が甲家の戸籍に入籍）
明治44・10・4　A男とB女に嫡出子C女が誕生（C女は甲家の戸籍に入籍）
大正2・6・21　A男とB女に嫡出子D女が誕生（D女は甲家の戸籍に入籍）
大正5・6・29　B女が死亡

第2節　新民法によれば相続人とはなり得ない者がいる事例

昭和13・7・4　　A男が丙家家族E女と婚姻（E女が甲家の戸籍に入籍）
昭和15・12・30　丁家家族F男がD女と婚姻（D女が丁家の戸籍に入籍）
昭和16・11・30　C女が死亡
昭和16・12・1　　A男が死亡
　　　　　　　※　E女が甲家の家督相続人に選定され，E女の家督相続届によりE女を戸主とする甲家の新戸籍編製（E女が在籍）
昭和17・12・3　　E女が死亡

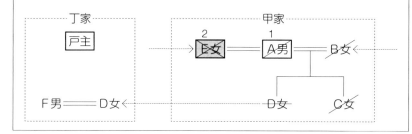

　この事例は，まず，戸主A男が死亡した時に，家族である直系卑属なく，指定家督相続人もないため，第1種選定家督相続人となるべき家女でない配偶者E女が家督相続人に選定され，甲家について，E女を戸主とする家督相続届がなされた。つまり，A男の死亡時に遡ってE女が家督相続をした後に，戸主であるE女が死亡したものである。旧民法施行中に戸主E女が死亡したので，ここでも家督相続が開始している。そこで，E女の家督相続人の有無を検討すると，E女には，実子，養子はいないが，継子であるC女，D女がいる（継子：第3編第2章）。しかし，C女は既に直系卑属なく死亡し，D女は他家にあるので，E女死亡時においては，家族である直系卑属はいないため，第1種法定家督相続人はいない。

　ところで，A男と前妻B女との間の嫡出子C女及びD女は，E女とA男の婚姻の際，家を同じくしていたため，E女とC女，D女間には，E女を継母，C女，D女を継子とする継親子関係が生じた。その後，D女が婚姻によって甲家を除籍し，C女が死亡したものであるが，D女はE女の継子として婚姻除籍となっていても，D女は丁家にあるままでE女との継親子

75

第5章　新民法附則第25条第2項本文の適用に関する諸事例

関係は継続している。

さて，E女は単身戸主として死亡し，当然，家族である直系卑属なく（C女が生存していたならば，C女が第1種法定家督相続人となったが。），指定家督相続人もなく，第1種選定家督相続人もなく，家族である直系尊属もないが，第2種選定家督相続人が選定されないまま，新民法の施行を迎えたものであり，その結果，新民法附則第25条第2項本文の適用により，E女の死亡時に遡って新民法が適用されることとなる。

配偶者は死亡しているため，直系卑属の有無について検討すると，E女には実子，養子はいないが，継子D女があり，遡って新民法が適用されたときに，継子が直系卑属として相続人となるか否かが問題となる。継親子関係は，応急法施行時（昭和22年5月3日午前0時）に廃止され，以後，親子関係はなくなったからである。

同附則中，「その相続に関しては，新法を適用する。」が，相続に関する規定（新民法第5編）だけを遡及させる趣旨であれば，相続については新民法が適用されるが，旧民法施行中に認められていた親子関係は，そのまま適用することになる。他方，相続に関する規定だけでなく，身分（親族関係）に関する規定（新民法第4編）をも遡及させる意であれば，相続については新民法が適用され，その前提となる親族関係についても新民法が適用され，結局，旧民法施行中に認められていた親族関係に基づいた相続は認められないこととなる。

この点，先例は，後者の立場をとっている（昭26・6・1民甲1136号民事局長回答）。これによれば，この事例では，E女の死亡に遡って新民法が適用されると，継子であるD女は，新民法によれば子とは認められない関係であり，E女の直系卑属として相続人となることはできないこととなる。

したがって，E女に，他に相続人となるべき親族がいなければ，相続人不存在となる。

なお，この事例では，D女は家附の継子であり，E女が新民法施行後に死亡したとしたら，新民法附則第26条第1項の適用によって相続人となるところであるが（第3編第5章），前記先例の立場に立てば，このような場

76

第2節　新民法によれば相続人とはなり得ない者がいる事例

合であっても，新民法の適用によってD女はE女の直系卑属ではなくなるため，相続人となることはない。新民法附則第25条第2項本文の適用によって新民法が遡って適用される場合に，家附の継子がいたとしても，新民法附則第26条第1項の適用はないというべきであろう。

相続事例9　妻と継母がいる戸主の死亡

被相続人C男

明治39・8・5	甲家戸主A男が乙家家族B女と婚姻（B女が甲家の戸籍に入籍）
明治44・10・4	A男とB女に嫡出子C男が誕生（C男は甲家の戸籍に入籍）
昭和13・7・4	C男が丙家家族D女と婚姻（D女が甲家の戸籍に入籍）
昭和15・12・30	B女が死亡
昭和16・12・1	A男が丁家家族E女と婚姻（E女が甲家の戸籍に入籍）
昭和17・12・3	A男が死亡
	※　C男の家督相続届によりC男を戸主とする甲家の新戸籍編製（C男，D女，E女が在籍）
昭和20・10・2	C男が死亡

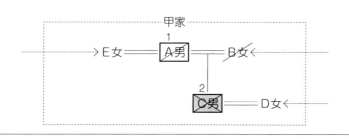

この事例では，戸主C男が死亡した時に，家族である直系卑属なく，指定家督相続人もないが，第1種選定家督相続人となるべき家女でない配偶者D女がいるものの，家督相続人に選定されずに，新民法の施行を迎えたため，新民法附則第25条第2項本文の適用により，C男の死亡に遡って新

77

民法が適用される。新民法によれば，妻D女は常に相続人となるが，直系卑属がいないため，直系尊属を検討すると，C男にとってE女は継母であり，旧民法施行中は直系尊属となる。しかし，相続事例8のとおり，同附則が適用されるときは，親族関係についても新民法が適用されることから，新民法によれば継親子関係は認められないため，E女は直系尊属ではないこととなる。

したがって，直系尊属も兄弟姉妹もなく，妻D女のみが相続人となる。

第3節　新民法の適用による相続人が新民法施行前に死亡した事例

相続事例10　新民法の適用により相続人となった者の旧民法施行中の死亡

被相続人A男

明治39・8・5　甲家戸主A男が乙家家族B女と婚姻（B女が甲家の戸籍に入籍）

※　甲家の戸籍には，A男の弟C男が在籍している。

昭和16・11・30　A男が死亡

昭和17・12・3　B女が死亡

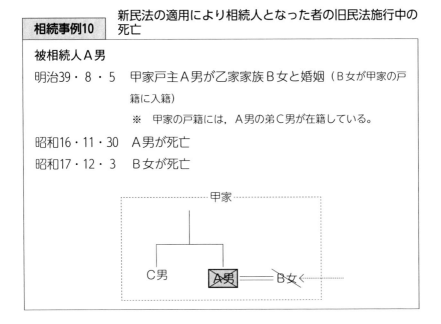

この事例は，戸主A男が死亡したが，家族である直系卑属なく，指定家督相続人もない状況で，第1種選定家督相続人となるべきB女，C男がいるものの，選定されずに，新民法の施行を迎えたものである。この事例でも，家督相続人不選定により新民法附則第25条第2項本文が適用され，その結果，A男の死亡に遡って，配偶者B女及び弟C男が，各々3分の2，

第3節　新民法の適用による相続人が新民法施行前に死亡した事例

３分の１の相続分で相続人となる（新民法890条，889条１項２号，900条）。Ｂ女は，旧民法施行中に死亡しているが，新民法が遡って適用されたことによって相続人となるべき者は，新民法施行時に生存している必要はなく，当該家督相続開始後，旧民法施行中に死亡した者であっても差し支えないことから（最二小判昭38・4・19民集17巻3号518頁），Ｂ女も相続人となるのである。

　その後，Ｂ女の死亡によって開始した相続については，遡って新民法が適用された以後の相続はすべて新民法が適用されるのか，新民法が適用された以後であっても，旧民法中である以上は旧民法が適用されるのかが問題となるが，判例，先例は，後者の立場をとっている（昭23・6・9民甲1663号民事局長回答（「資料17」参照），昭25・10・7民甲2682号民事局長回答，高松高判昭37・5・22判タ133号56頁，最二小判昭38・4・19民集17巻3号518頁）。

　したがって，Ｂ女の死亡によって，旧民法の遺産相続が開始する（第3編第3章第2節）。遺産相続は，第１順位が直系卑属，第２順位が配偶者，第３順位が直系尊属，第４順位が戸主の順で相続し，同順位の者が複数あるときは共同で相続する（旧民法994条・996条）。Ｂ女の遺産相続については，その規定に従って，遺産相続人を特定すべきこととなる。他に相続人となるべき親族がないとすると，第４順位までの遺産相続人がいないため，相続人の曠欠（不存在）となる（登研10号30頁）。

　以上の結果，Ａ男の遺産の３分の２についてはＢ女に遺産相続人がいないので，相続人不存在となり，３分の１についてはＣ男が相続している。

第5章　新民法附則第25条第2項本文の適用に関する諸事例

相続事例11　新民法の適用により相続人となった分家戸主の旧民法施行中の死亡

被相続人A男

※　甲家の戸籍には，戸主A男のみ在籍している。

※　B男はA男の弟であり，B男は，甲家で生まれ，後に，分家した。甲家分家には，戸主B男と，その妻C女が在籍している。

昭和7・10・4　B男とC女に嫡出子D男が誕生（D男は甲家分家の戸籍に入籍）

昭和14・8・5　A男が死亡

昭和20・12・3　B男が死亡

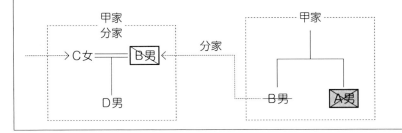

　この事例では，単身戸主A男が死亡し，甲家につき家督相続が開始したが，直系卑属なく，指定家督相続人も，第1種選定家督相続人もなく，直系尊属もないまま，第2種選定家督相続人が選定されずに，新民法の施行を迎えたために，A男の死亡に遡って新民法が適用される結果，A男には配偶者，直系卑属，直系尊属がいないので，まず，弟B男が相続人となった。

　次に，B男が死亡したが，これは旧民法施行中に戸主として死亡している。相続事例10のとおり，新民法が遡及して適用されることによって相続人となった者が，旧民法施行中に死亡した時は，この相続に関しては旧民法が適用される。したがって，戸主B男の死亡によって，甲家分家において家督相続が開始し，第1種法定家督相続人であるD男が家督相続人とな

る。

以上の結果，A男の遺産は，D男の単独所有に帰している。

| 相続事例12 | 新民法の適用により相続人となった者の応急措置法施行中の死亡 |

被相続人A男

明治39・8・5　甲家戸主A男が乙家家族B女と婚姻（B女が甲家の戸籍に入籍）

　　　　　　※　甲家の戸籍には，A男の父D男（隠居した前戸主），母E女，妹C女が在籍している。

昭和16・11・30　A男が死亡

昭和22・12・3　D男が死亡

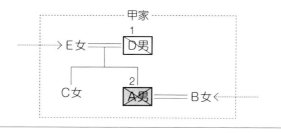

　この事例では，戸主A男が死亡したが，家族である直系卑属なく，指定家督相続人もない状況で，第1種選定家督相続人となるべきB女，C女がいるものの，その選定がなされないうち（選定が不能とならないうち）は，直系尊属が第2種法定家督相続人となることはなく，結局，選定されないまま，新民法の施行を迎えたものである。

　この事例でも，A男死亡時に遡って新民法が適用され，配偶者B女並びに直系尊属D男及びE女が，各々2分の1，4分の1，4分の1の相続分で，相続人となる。さらに，D男が死亡し，それが応急措置法施行中に死亡している。新民法の遡及適用によって相続人となった者が応急措置法施行中に死亡した場合は，この相続には旧民法ではなく応急措置法が適用されるので，新民法の相続に関する規定と概ね同様の規定である応急措置法

の相続の規定（応急措置法8条）により，その配偶者であるE女及び直系卑属であるC女が相続人となり，その相続分は，D男の4分の1に対して，E女3分の1（全体の12分の1），C女3分の2（全体の12分の2）となる。

　以上の結果，A男の遺産は，B女2分の1，E女3分の1，C女6分の1の割合で共有に帰している。

第4節　代襲相続に関する事例

相続事例13　新民法の適用により相続人となるべき者が子を遺して死亡している場合の戸主の死亡

被相続人B男

　　※　甲家の戸籍には，戸主A男のみ在籍している。
　　※　B男はA男の弟であり，B男は，甲家で生まれ，後に，分家した。甲家分家には，戸主B男のみ在籍している。

昭和7・10・4　　A男と乙家家族C女が婚姻（C女が甲家の戸籍に入籍）

昭和10・10・29　A男とC女に嫡出子D女が誕生（D女は甲家の戸籍に入籍）

昭和12・12・19　A男とC女に嫡出子E男が誕生（E男は甲家の戸籍に入籍）

昭和14・8・5　　A男が死亡

昭和20・12・3　B男が死亡

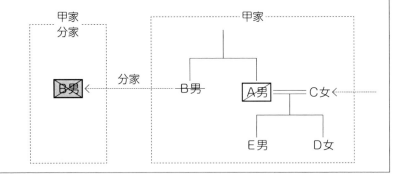

第4節　代襲相続に関する事例

　この事例は，単身戸主である分家戸主Ｂ男が死亡した時に，家族である直系卑属なく，指定家督相続人も，第１種選定家督相続人も，家族である直系尊属もおらず，第２種選定家督相続人が選定されないまま，新民法の施行を迎えたものである。この事例も，家督相続人不選定により新民法附則第25条第２項本文が適用され，Ｂ男には，配偶者，直系卑属，直系尊属がないため，兄Ａ男が相続人となるはずのところ，Ａ男は，Ｂ男の死亡の前に死亡しているが，同附則に基づいて，遡及して新民法が適用される場合には，代襲相続に関する規定も新民法の規定が適用される（登研10号30頁）。

　つまり，この事例では，Ａ男に代襲して，Ｂ男の死亡時に遡って，その子であるＤ女及びＥ男が，各々２分の１，２分の１の相続分で相続人となる（新民法889条）。

相続事例14	新民法の適用により相続人となるべき者が他家に子を遺して死亡している場合の戸主の死亡

被相続人Ａ男

明治39・8・5	甲家戸主Ａ男が乙家家族Ｂ女と婚姻（Ｂ女が甲家の戸籍に入籍）
明治44・10・4	Ａ男とＢ女に嫡出子Ｃ男が誕生（Ｃ男は甲家の戸籍に入籍）
大正2・6・21	Ａ男とＢ女に嫡出子Ｄ女が誕生（Ｄ女は甲家の戸籍に入籍）
昭和13・7・4	丙家戸主Ｅ男がＤ女と婚姻（Ｄ女が丙家の戸籍に入籍）
昭和15・12・30	Ｅ男とＤ女に嫡出子Ｆ男が誕生（Ｆ男は丙家の戸籍に入籍）
昭和16・11・30	Ｃ男が死亡
昭和17・12・1	Ｄ女が死亡
昭和20・12・3	Ａ男が死亡

第5章 新民法附則第25条第2項本文の適用に関する諸事例

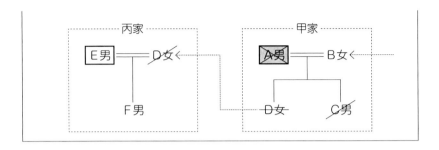

　この事例は，戸主Ａ男が死亡した時に，家族である直系卑属なく，指定家督相続人もなく，第１種選定家督相続人である妻Ｂ女がいるものの，選定されないまま，新民法の施行を迎えたものである。この事例も，家督相続人不選定により新民法附則第25条第２項本文が適用され，また，直系卑属Ｄ女がＡ男の死亡より前に死亡しているため，新民法による代襲相続も適用される。

　つまり，配偶者Ｂ女と，長女Ｄ女に代襲して，その子であるＦ男が，各々３分の１，３分の２の相続分で相続人となる（新民法887条・890条・900条）。

第５節　共有者について家督相続人不選定による相続人と他の共有者との関係に関する事例

相続事例15	新民法附則第25条第２項本文と新民法第255条が関係する相続

被相続人Ａ男	
明治39・8・5	甲家戸主Ａ男が乙家家族Ｂ女と婚姻（Ｂ女が甲家の戸籍に入籍）
明治44・10・4	Ａ男とＢ女に嫡出子Ｃ男が誕生（Ｃ男は甲家の戸籍に入籍）
大正2・6・21	Ａ男とＢ女に嫡出子Ｄ男が誕生（Ｄ男は甲家の戸籍に入籍）
昭和13・7・4	丙家戸主Ｅ女がＤ男を養子とする養子縁組（Ｄ男が

第5節　共有者について家督相続人不選定による相続人と他の共有者との関係に関する事例

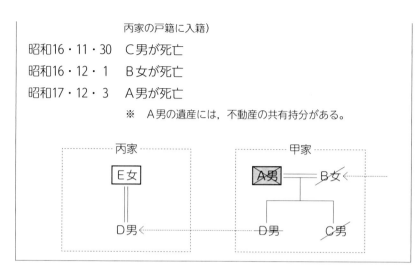

　この事例は，不動産の共有持分を有しているＡ男が家督相続人なくして死亡した事例である。このような場合，新民法附則第25条第2項本文の適用と，新民法第255条（持分の放棄及び共有者の死亡）による他の共有者への持分の帰属が問題となる。

　このような事例においても，まず，同附則が適用される（登研144号50頁）。

　そのため，この事例でも，昭和17年12月3日に遡って新民法が適用される。その結果，配偶者は死亡しており，唯一の直系卑属であるＤ男が相続人となる。相続人がいるため，新民法第255条の適用の余地はなく，Ａ男の共有持分が他の共有者に帰属することはない。

第6章　絶家と家督相続人不存在

第6章　絶家と家督相続人不存在

第1節　絶家

戸主を失った家に，家督相続人がないときは，その家は，絶家となる（旧民法764条1項前段）。

家には必ず1名の戸主があるが，家督相続が開始したにも関わらず，旧民法第970条以下の規定（本編第2章第3節）によって家督相続人がいないときは，絶家として，その家は消滅する。

第2節　絶家の効果

絶家によって消滅した家の戸籍は，抹消される。

単身戸主であった戸籍であれば，それで処理が終了するが，家族がある家が絶家となった場合もあり得る。その家に，第1種法定家督家督相続人，第2種法定家督相続人以外の家族がいても，その者が，家督相続人に選定されなかった（他家の者の選定もない。）ときは，その家は絶家となるが，その家族は，各一家を創立する。ただし，家族の子は父に従って父が創立した家に入り，父が知れないとき，他家にあるとき，死亡しているときは，母に従って母が創立した家に入る（旧民法764条1項後段）。なお，家族の妻は，夫に従って夫が創立した家に入る（旧民法764条2項，745条）。

第3節　絶家となる時期

絶家となる時期は，その家が戸主を失った時であるが，それは，第1種法定家督相続人，指定家督相続人，第2種法定家督相続人がいない戸主が死亡するなど家督相続が開始した時ではない。なぜなら，事後に，家督相続人が選定される可能性があり，しかも，その選定には期限が設けられていないからである。

では，いつ，絶家となるのかということであるが，これは，家督相続人がいないことが確定した時を意味するが，旧民法上は明定されていないため，現行の民法の相続人不存在の規定に相当する相続人曠欠の手続がとら

86

れ（旧民法1052条以下），裁判所の定めた相続人捜索のための公告の期間内に，家督相続人であることを主張する者が現れなかった時に，家督相続人がいないこと（戸主を失ったこと）が確定し，絶家となるのである（明31・10・15民刑959号民刑局長回答・『大系』2590頁，明31・12・5民刑1274号民刑局長回答・『大系』2593頁）。私生子が父の家の戸籍にも母の家の戸籍にも入籍することができないため一家創立する場合（本編第2章第3節第2の1），その出生届の前に死亡したときは，死亡届と出生届をなし（旧（大正3年）戸籍法77条），その私生子を戸主とする新戸籍が編製されてから，死亡の記載をすることとなるが，この場合であっても，直ちに，絶家とすることはできない（昭8・2・13民甲174号民事局長回答・『大系』2600頁）。

　相続人曠欠の手続は，相続財産管理人の選任を経てなされることとなるが，区裁判所は職権でこれを選任することはできず，利害関係人又は検事の請求によらなければ選任をすることはできないため（旧民法1052条1項），利害関係人の請求がないときは，検事が選任の請求をするべきとなる（明31・12・26民刑2303号民刑局長回答）。相続人曠欠の手続が終了した後は，戸主名義の不動産について家督相続が認められる余地はない（昭31・7・25法曹会決議・『要録』181頁）。

　以上のことから，家督相続人がなく戸主が死亡した場合，家督相続人が選定されない状況で，絶家とならないまま，新民法の施行を迎えることがあるわけである。

　なお，分家の単身戸主が，全財産を本家の者に包括遺贈する旨の遺言を残し，指定相続人なく死亡したときは，その分家の単身戸主が分家を絶家とする意思をもって当該遺贈をなしたと認められる場合であっても，その死亡の時に，当該分家が絶家となったとはいえないとする判例がある（高松高判昭32・12・11下民8巻12号2336頁）。

　また，旧民法施行中に開始した家督相続について，家督相続人がないため，被相続人である戸主の所有名義の不動産につき，相続財産法人名義に変更の付記登記がなされたまま，新民法の施行となり，新民法附則第25条第2項本文の適用により，相続人となる者がいるときは，相続財産法人名

第6章　絶家と家督相続人不存在

義の附記登記を消除することなく，相続登記をすることができ，この場合，
新民法第957条以下の相続人不存在に関する規定を考慮する必要はないと
する先例がある（昭30・5・28民甲1047号民事局長回答）。

第4節　財産を有しない戸主の死亡の場合

　相続人曠欠の手続を経たうえでの絶家は，戸主に財産があった場合の手
続であり，その戸主に財産があった場合には相続人曠欠の手続がとられな
い限り絶家とすることはできないが，財産がなかったときは，その手続を
経ることなく，絶家とすることができた（大8・6・26民841号民事局長回答・
『大系』2595頁，昭6・10・2民986号民事局長回答・『大系』2599頁，昭11・3・9民
甲238号民事局長回答・『大系』2594頁）。また，相続人曠欠の手続中に無財産と
なった場合も，相続人曠欠の手続を止めて，絶家とすることができた（大
5・3・17民396号法務局長回答・『大系』2598頁）。

　そこで，財産を有しない戸主及び家族全員が（同時に又は戸主のあと家族が
順次に）死亡し，あるいは財産を有しない単身戸主が死亡したときは，市
町村長において，その戸主に財産がないことが判明すれば，区裁判所の許
可を得て，職権で絶家とし，戸籍にその旨を記載し，戸籍の抹消を行う
（大2・10・30民1007号法務局長通牒，大3・12・26民1400号法務局長回答・『大系』
2596頁，大3・12・28民1303号法務局長回答・『大系』2610頁，大7・2・8民234号法
務局長回答・『大系』2591頁）。財産を有しない戸主が死亡し，家族があっても
所在不明であるときは，同様に，職権で絶家とすることができ（昭6・
10・2民986号民事局長回答・『大系』2599頁），また，誤って，単身女戸主が他
家に入る婚姻が受理されたとき（法定隠居となる（相続事例6）），家督相続
人がなく，財産もない場合も，同様に，職権で絶家とすることができた
（大9・5・31民1553号民事局長回答・『大系』2601頁）。

　家族があるときは，家族から（家族のうち一人からでも），その戸主に財産
がなかったことを証明して（家督相続人選定のための親族会を設けなくても），
絶家とし，家族は一家創立をすることができた（大6・1・20民1997号法務局
長回答・『大系』2606頁，大6・9・26民1779号法務局長回答・『大系』2605頁，大7・

88

7・12民1984号民事局長回答・『大系』2592頁，昭4・7・19民6273号民事局長回答・『大系』2608頁，昭6・7・7民496号民事局長回答・『大系』2607頁）。

このような場合，戸主死亡の時に絶家になるとされていたが（大7・7・12民1984号・『大系』2604頁，大8・6・26民841号民事局長回答・『大系』2595頁），後に，家族全員が家督相続をしない意思を決定した時に絶家するとされた（昭11・3・9民甲238号民事局長回答，昭13・8・5民甲887号民事局長回答・『大系』2595頁（絶家の時を戸主が死亡した時として届出があった場合は，戸主の死亡の時に家族が家督相続をしないという意思を決定したとみる（昭和12年大阪控各市区連合決議））。家督相続人のない戸主の死亡後，その家族が離縁，離婚によって実家に復籍するなどした者も，家督相続をしない意思を決定したとみることができる（昭12・4・7民甲371号民事局長回答・『大系』2609頁）。

市町村長が，区裁判所の許可を得て，職権で絶家としたときは，その許可の日が絶家の日とみなされた（昭11・11・28民甲1521号民事局長回答・『大系』2621頁）。

第5節　絶家後において財産が発見された場合

絶家後において，その元戸主名義の財産が発見された場合は，どのように処理すればよいのか。

この場合は，絶家に錯誤があったことになるので（絶家無効），裁判所の許可を得て，戸籍を訂正（抹消された戸籍の回復）することとなる（大5・3・18民361号法務局長回答・『大系』2612頁，昭6・5・27民567号民事局長回答・『大系』2613頁）。そのうえで，相続人曠欠の手続をとることとなる（大11・11・28民4296号民事局長回答・『大系』3083頁）。

さらに，絶家無効による戸籍の回復や，相続人曠欠の手続がとられることなく，新法施行後に，財産が発見された場合には，結局，絶家はなかったこととなり，戸籍の訂正を経ていなくとも（ただし，利害関係人が裁判所の許可を得て行う訂正の申請，又は市町村長が管轄法務局長の許可を得て行う職権訂正の対象である。），新民法附則第25条第2項本文の規定に基づいて相続人があることが明らかであれば，当該除籍謄本等をもって，相続登記を申請する

第6章　絶家と家督相続人不存在

ことができる（昭33・5・12民甲950号民事局長心得回答，登研18号27頁）。

相続事例16	死亡した絶家戸主名義の財産が新民法施行後に発見された場合

被相続人Ａ男

明治39・8・5　甲家家族Ａ男が乙家家族Ｂ女と婚姻（Ｂ女が甲家の戸籍に入籍）

明治40・10・4　Ａ男とＢ女に嫡出子Ｃ男が誕生（Ｃ男は甲家の戸籍に入籍）

昭和7・7・4　丙家戸主Ｇ男及び妻Ｈ女並びに長女Ｄ女がＣ男を婿養子とする婿養子縁組（Ｃ男が丙家の戸籍に入籍）

昭和8・6・30　Ｇ男が死亡

　　　　　　※　Ｃ男の家督相続届によりＣ男を戸主とする丙家の新戸籍編製（Ｃ男，Ｄ女，Ｈ女が在籍）

昭和9・6・30　Ｃ男とＤ女に嫡出子Ｅ男が誕生（Ｅ男は丙家の戸籍に入籍）

昭和9・11・30　Ａ男が分家（Ａ男を戸主とする甲家分家の新戸籍編製，Ｂ女はＡ男に従って甲家分家の戸籍に入籍）

昭和10・10・30　Ｃ男とＤ女に嫡出子Ｆ女が誕生（Ｆ女は丙家の戸籍に入籍）

昭和10・10・31　Ａ男が死亡

昭和15・12・29　Ｄ女が死亡

昭和16・10・19　Ｃ男が死亡

昭和18・8・9　裁判所の許可により甲家分家の絶家

　　　　　　※　Ｂ女の一家創立につき，Ｂ女を戸主とする甲家分家新家の新戸籍編製（Ｂ女が在籍）

昭和19・4・28　Ｂ女が死亡

第5節　絶家後において財産が発見された場合

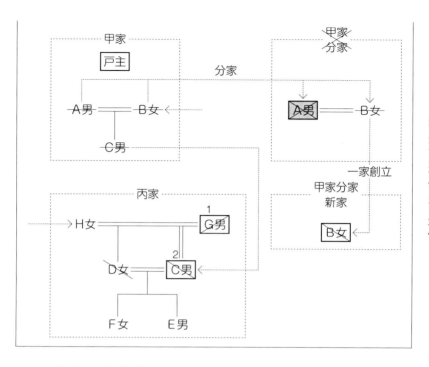

　この事例は、家督相続人なく、戸主が死亡した際に、裁判所の許可を得て絶家とされたが、現代において、その戸主名義の財産が発見された事例である。

　前述のとおり、裁判所の許可を得て、戸籍に絶家の記載がなされたが、後日、その戸主名義の財産があったことがわかったため、絶家が無効となったものである。

　絶家が無効であると、本来は、戸籍の訂正をすべきであるが、訂正がなくても、絶家がなかった、つまり、家督相続人が選定されていないとして、同附則の適用により、家督相続の開始に遡及して新民法を適用して相続人を特定し、さらに、それによって相続人となった者が旧民法施行中に死亡しているときは、この相続については旧民法を適用して相続人を特定する（昭27・12・24民甲885号民事局長回答）。

　この事例では、分家戸主Ａ男が家督相続人なく、昭和10年10月31日に死

第6章　絶家と家督相続人不存在

亡し，裁判所の許可を得て絶家の記載がなされたが，現代に至り，A男名義の不動産が発見されたもので，その結果，絶家無効により，家督相続人不選定のまま，新民法の施行を迎えたことになる。そこで，まず，新民法の適用により，配偶者B女及び直系卑属C男が，各々3分の1，3分の2の相続分で相続人となる。

　次に，C男が昭和16年10月19日に死亡したが，新民法の遡及適用によって相続人となった者が旧民法施行中に死亡したときは，この相続については旧民法が適用される（本編第5章第3節）。そのため，丙家において，戸主C男につき家督相続が開始し，家督相続届がなくとも，第1種法定家督相続人である長男E男が家督相続人となる。

　さらに，B女が，一家創立後，戸主として死亡したが，これも，家督相続人がなく，新民法の施行を迎えたもので，B女の死亡時に遡って新民法が適用されたことで，唯一の直近の直系卑属である亡C男の子であるE男及びF女がC男を代襲して，B女の3分の1に対して各々2分の1（全体の6分の1），2分の1（全体の6分の1）の相続分で相続人となる。

　以上の結果，A男の遺産は，E男6分の5，F女6分の1の割合で共有に帰した。

　新民法下の下級審判例においても，絶家の時期を確定し得ないままに新民法の施行を迎えると新民法附則第25条第2項本文の適用があるとされ（高松高判昭32・12・11下民8巻12号2336頁），また，旧民法第764条にいう絶家とは，戸主を失った家に家督相続人がない場合をいうが，家督相続開始当時に法定相続人がいなくとも指定又は選定により家督相続人となる者があるため，これらの手続で新戸主が定められることなく，かつ相続人曠欠の手続が尽くされ家督相続人としての権利を主張する者がないことが確定した場合において，はじめて家督相続人の不存在が確定し，絶家の効力も確定するもので，後日，絶家の戸籍記載に反する事由が判明すると，家の制度が廃止された新民法施行下においては，戸籍復活の手続を経ずに，新民法附則第25条第2項本文の適用があるとされている（東京地判昭59・1・25訟月30巻7号1122頁）。

92

絶家戸主の不動産について，権利の取得者があり，当該取得者を登記権利者とする登記申請についても，相続財産管理人の選任を経たうえで，相続財産管理人が登記義務を履行することとなる（明43・11・22民刑906号民刑局長回答，明43・12・2民刑局長電報回答）。

第6節　旧民法施行前の絶家，家督相続人の不存在

旧民法施行前においても，戸主が死亡するなどし，家督相続人がいないときは絶家となったが，その場合は，旧民法ではなく，まず，当時の法令が適用される。

旧民法が施行される前には，体系的な民法典は施行されてはいなかったものの，各種の太政官布告・達等が発出され，法令としての効力があった。その，主なものを，次に挙げる。

・　戸主病死跡相続人無之節処分ノ儀内務大蔵両省伺（明治8年4月27日太政官指令）

　「……戸主病死跡相續人無之候ハヽ……繼絶ノ上……遺留財産ハ親戚熟議ノ上配分爲致可然哉尤親族協議ノ上相續人ヲ撰定候儀ハ不苦事……」

略意：戸主が死亡し，家督相続人がない場合は，絶家し，その遺留財産は，親族協議により配分することができるが，家督相続人を選定することもできる。

・　挙家死失跡遺留財産及負債処分方内務省伺（明治9年4月17日太政官指令）

　「……36箇月過處分ノ儀……擧家死失踪ノ儀……其親戚……ニテ家名相續ノ見込無之段申立事實無相違分ハ則チ断絶二付遺留ノ財産有之候ハヽ入札拂二付シ負債アルモノハ債主ヘ償却其殘餘及ヒ負債ナキモノハ一旦官沒シ……」

略意：一家全員死亡失踪絶家の遺留財産は，負債償却の残余は，（逃亡の場合の36か月を待たずに）一旦官没する。

第6章　絶家と家督相続人不存在

・　失踪死亡跡遺留財産処分方（明治11年11月26日司法省丁第41号達）

「……遺財ハ家族ニテ保管シ家族ナキトキハ親族親族ナキトキハ區戸長役場ニテ保管セシメ……死亡跡相續人無之遺財ハ36箇月ヲ待タス直ニ官沒シ負債アル時ハ……區戸長ニ保管スル財産中負債償却處分ノ義ハ其書入質公證ノ有無ニ拘ハラス都テ裁判上ノ處分ニ任シ區戸長ハ之ヲ保存スルニ止ルヘシ……」

略意：死亡絶家の遺留財産については，家族，家族がないときは親族，親族がないときは区戸長役場にて保管し，36か月を待たずに，直ちに官没し，負債があるときは，区戸長が保管する財産は，負債償却のために戸長が処分する場合であっても，裁判上の処分によらなければならない。

・　死亡絶家財産保管期限（明治13年3月27日〔太政官〕〔定〕（内務省からの伺））

「……法律制定迄ハ5ヶ年間保管ノ上官沒ノ處分ニ可及儀ト可相心得事……死亡絶家財産處分ノ儀……他ニ親戚モ無之戸長ニ於テ遺財保管スル……」

略意：死亡絶家の遺留財産は，親戚がない場合は戸長が5年間保管し，官没の処分となる。

・　単身戸主死亡又ハ除籍者絶家期限（明治17年6月10日太政官第20号布告（内務卿連署））

「單身戸主死亡又ハ除籍ノ日ヨリ滿6箇月以内ニ跡相續者ヲ届出サル者ハ總テ絶家トス……」

略意：単身戸主が死亡したときは，その日から6か月以内に跡相続の届出がない場合は，すべて絶家とする。

これらを総合すると，民法施行前の絶家については，絶家の財産は5年間親族又は戸長において保管し，その年限後は，親族の協議に任し，そうでないものは官没するが，受遺者，親族，債権者等のないことが確定しなければ国庫帰属しないとされていたといえよう（大判大10・3・8民録27輯502頁）。また，このように絶家の財産が国庫帰属していないまま旧民法の

94

施行を迎えたときは，旧民法第1051条以下の相続人曠欠（相続人不存在）の規定によって，その財産は相続財産法人となるとされた（同判決）。

　ちなみに，公布されたものの施行に至らず廃止された旧々民法の財産取得編においては，次のように規定されていた。
・　旧々民法財産取得編第315条「相続人アラサル財産ハ当然国ニ属ス」，「国ハ限定ノ受諾ヲ以テ相続ス」
・　同第316条「国ニ属ス可キ相続財産ハ其領収ヲ為スニ至ルマテ相続人曠欠ノ財産ヲ管理スル如ク之ヲ管理ス」
・　同第342条「相続人現出セス相続人ノ有無分明ナラス又ハ相続人相続ヲ抛棄（放棄）シタルトキハ相続人ノ曠欠セルモノト看做ス」
・　同第343条「相続地ノ区裁判所ハ利害関係人又ハ検事ノ請求ニ因リテ相続財産ノ管理人ヲ命ス可シ」

　旧民法施行前の絶家に関する判例，先例の主なものは，次のとおりである。
・　旧民法施行以前に，明治17年 6 月10日太政官第20号布告によって絶家したものは，戸籍に絶家の記載がない場合でも，旧民法施行後も当然絶家である（明31・10・20民刑1684号民刑局長回答）。
・　旧民法施行前の絶家について，旧民法施行後に再興しても，絶家再興は家督相続と同一視することはできないため，再興者は再興によって絶家の財産を取得することはできない（明32・2・13民刑89号民刑局長回答）。
・　単身戸主死亡により絶家となり，親族が遺留財産を保管し，旧民法施行前に，その不動産の処分について裁判所の認可を受けたまま，処分をせずに，旧民法施行を迎えたときは，旧民法第1051条以下の相続人曠欠（相続人不存在）の規定によって選任された相続財産管理人が処分を行う（明33・12・14民刑1673号民刑局長回答）。
・　単身戸主死亡により絶家となったあと，その絶家となった家を再興した者がある場合であっても，絶家の遺留財産を再興者が相続することはできないが，旧民法施行前に遺留財産を保管する親族の協議に基づいて遺留

第6章　絶家と家督相続人不存在

財産の所有権を再興者に移転させていたならば，再興者への所有権移転の登記をすることができる。旧民法施行前に，その処分がなかったときは，旧民法第1051条以下の相続人曠欠（相続人不存在）の規定が適用される（明33・12・17民刑1640号民刑局長回答）。

・　旧民法施行前，単身戸主死亡の日から5年を経過した後，親族の協議に基づきその財産を処分した場合は格別，いまだ旧民法施行前に財産を処分していない場合は，旧民法第1051条以下の相続人曠欠（相続人不存在）の規定が適用される（明40・5・7民刑480号民刑局長回答）。

・　旧民法施行前に，5年間の親族の保管期間が未経過であった場合は，旧民法第1051条以下の相続人曠欠の規定が適用される（明41・1・9民刑480号民刑局長回答・『大系』2634頁）。

・　単身戸主死亡又は失踪除籍の跡相続届出なく，旧戸籍法施行前に6か月経過しているものは，当然絶家となった（明42・8・23民刑824号民刑局長回答）。

・　旧民法施行前の絶家については家督相続は認められず，ただ，絶家の遺留財産が旧民法施行前に処分されていないときは，旧民法施行後は，旧民法の相続人曠欠（相続人不存在）の規定が適用される（明44・5・2民112号民事局長回答）。

・　絶家の再興は相続ではなく，相続に関する規定によって律するべきではないことは，旧民法施行の前後を通して同一であり，その施行後はもちろん，施行前においても，絶家再興者が前戸主の権利義務を承継すべき法令又は慣習は存在しないため，再興者は，特別の事由がなければ，前戸主の権利義務を承継しない（大判大2・7・7民録19輯614頁）。

・　単身戸主死亡の日に既に5年を経過した後，旧民法施行前に絶家を再興した者がある場合において，死者の親族の保管する遺留財産について親族の協議により別段の処分をした形跡ない限り，その財産は再興者に帰属したものと推定し，単身戸主死亡後5年以内に絶家を再興した場合と同様，相続により遺産を取得したものとみなす（大4・2・9司法省決議）。

・　旧民法施行前に単身戸主死亡により絶家したとき，旧民法施行後にお

96

第6節　旧民法施行前の絶家，家督相続人の不存在

いて家督相続人を選定することはできない（大4・7・16民984号法務局長回答・『大系』2616頁）。

・　旧民法施行前に絶家したときは，旧民法施行後は，絶家再興をするほかは，たとえ絶家戸主の直系卑属であっても家督相続することはできず，旧民法の相続人曠欠（相続人不存在）の規定が適用される（大4・1・28民1576号法務局長回答・『大系』2335頁）。

・　旧民法施行前に単身戸主死亡により絶家したとき，旧民法施行後において家督相続人を選定することはできず，旧民法の相続人曠欠（相続人不存在）の規定が適用される（大12・5・30民1807号法務局長回答・『大系』2617頁）。

・　旧民法施行前の絶家について，旧民法施行後に再興しても，絶家再興を原因として，絶家戸主名義の不動産について所有権の取得の登記を申請することはできない（昭7・3・18民甲216号民事局長回答・『大系』2636頁）。

・　旧民法施行前，絶家再興した者が絶家者名義の不動産を，絶家再興当時より使用収益し，かつ租税も納付して事実上占有を継続しているときは，便宜の措置として，大正4年2月12日司法省々議決定に従って取り扱って差し支えない（昭27・9・18民甲245号民事局長回答）。

・　旧民法施行前においては，単身戸主が死亡しその相続人がいないため絶家となった場合の戸主名義の不動産は，絶家と同時に国庫に帰属する旨の法規又は慣習は存しなかった（昭56・5・19民三3122号民事第三課長回答）。

　先例においては，戸主死亡によって旧民法施行前に絶家し，その死亡の日から5年を経過した後，親族の協議に基づきその財産を処分した場合は別として，そのままで，旧民法の施行を迎えたが，いまだ旧民法施行前に財産を処分していない場合は，旧民法第1051条以下の相続人曠欠（相続人不存在）の規定が適用され，また，単身戸主死亡後に跡相続届出なく，旧戸籍法施行前に6か月経過しているものは，当然絶家となるが，絶家と同時に国庫に帰属しているものではないとされている。

　ただ，旧民法施行後の絶家再興にあっては絶家の遺留財産を家督相続することはないところ，旧民法施行前の絶家再興の場合は，親族の処分との

第6章　絶家と家督相続人不存在

関係もあり，各事例の個別事情毎に判断されるべきであろうか。

　では，旧民法施行前に絶家となったまま，あるいは，戸主死亡し，家督相続人がいないまま，現代に至って，その戸主名義の不動産があるときは，どのように処理すべきか。

　まず，新民法下の下級審においては，絶家後5年を経過した後，親族間の協議がなされず，官没もされなかったときは，旧民法施行当時無主の不動産となっていたため，旧民法施行と同時に国庫の所有に帰したものと認めるべきであるとするとの判例もあるが（大判明34・11・14刑録7輯10巻23頁，仙台高判昭32・3・15下民8巻3号478頁），現代にあってもなお，前記大正10年3月8日大審院判旨（94頁参照）のとおりと考える（前記仙台高等裁判所判決によっても，少なくとも単身戸主が死亡してより旧民法施行のときまで6か月を経過せず絶家とならない場合には，旧民法第1051条の適用の余地があるとしている。）。

　旧民法施行前の絶家について遺留財産が国に帰属していないとすると，次に新民法附則第25条第2項本文の規定が適用されるか否かが問題となる。同附則が適用されるとすると，旧民法施行前の戸主死亡時に遡って新民法に基づく相続が適用されることとなる。

　下級審においては，家督相続人の選定を要する場合として新民法の適用をみるのは，旧民法の適用を受ける時代の相続に関するもので，それ以前に開始した相続にまで新民法は適用されないため，このような場合には，同附則の適用はなく，仮に新民法が適用になるとしても，新民法附則第4条により，旧民法及び応急措置法によって生じた効力を妨げないとあるのであるから，なおさら，旧民法施行以前に既に定まった効力を妨げられないとされた（福島地平支判昭31・3・30下民7巻3号792頁）。また，このような場合，旧民法第1051条以下の相続人曠欠の規定が適用され，さらに，新民法第952条以下の相続人不存在の規定の適用があるとされた（前橋家審昭59・3・22家月37巻2号151頁）。

　しかも，前記先例（大12・5・30民1807号法務局長回答）のとおり，旧民法施行後においては家督相続人を選定することはできないのであり，同附則の，旧民法によれば家督相続人を選定しなければならない場合には当たら

ない。そのため，旧民法施行前の絶家戸主の名義の不動産については，戸主死亡時に遡って新民法が適用されることはなく，新民法第952条以下の相続人不存在の規定に基づいて相続財産管理人の選任を経て，処理されるべきであると考えられる（登情589号118頁）。

第7節　その他の絶家無効の場合

　財産の有無を問わず，家督相続が開始した場合に家督相続人がいるにも関わらず，絶家の届出がなされ，戸籍に絶家の記載がされたとしても，その絶家は無効である。例えば，戸主が死亡し，その家に長男がいるにもかかわらず，その長男による家督相続届がなされないうちに，当該長男も死亡し，他の家族が絶家の届出をし，戸籍に絶家が記載されたとしても無効の絶家であるため，当該長男が家督相続人と認定される。そして，当該長男の死亡については，戸主の死亡であり，家督相続人がなく，その選定もないまま新民法の施行を迎えたときは，新民法附則第25条第2項本文が適用される（昭35・2・3民甲259号民事局長回答）。

第3編 新民法施行後に開始した相続について，旧民法も適用される事例

第1章 家附の継子の相続権に関する基本事例

基本事例2

被相続人D男

昭和15・8・15　甲家戸主A女が乙家家族B男と入夫婚姻（B男が甲家の戸籍に入籍）

　　　　　　　　※　入夫が戸主となる旨婚姻届書に記載なし

昭和16・10・4　A女とB男に嫡出子C男が誕生（C男は甲家の戸籍に入籍）

昭和17・7・4　B男が死亡

昭和18・12・3　A女が丙家家族D男と入夫婚姻（D男が甲家の戸籍に入籍）

　　　　　　　　※　入夫が戸主となる旨婚姻届書に記載

　　　　　　　　※　D男を戸主とする甲家の新戸籍編製（D男，A女，C男が在籍）

　　　　　　　　※　D男には，その実家である丙家の戸籍に嫡出子E男が在籍している。

昭和19・2・13　A女が死亡

昭和30・7・15　D男が死亡

　この事例は，被相続人が新民法施行後に死亡したもので，新民法による相続が適用される事例である。つまり，その直系卑属である子が相続人となるが，その際に，新民法に基づく子だけではなく，旧民法のみに基づく

101

第1章　家附の継子の相続権に関する基本事例

子（であった者）がいることが，この相続に影響を与えるか，検討を要する
場合が生じる。

　そこで，まず，応急措置法，新民法以後，現行の民法にはない子につい
て，すなわち，継子について概説する。

第2章 継親子関係

第1節 継親子関係の発生

　継親子関係とは，再婚相手の前婚の子（俗にいう連れ子を含む。）との関係や，再婚相手と自己の前婚の子との関係を指し，旧民法施行以前から慣習として実の嫡出親子と同じような取扱いを受けていたものである。夫婦が再婚し，例えば，夫に前婚の子がいる場合は，一定の要件の下で妻にとって，その子は継子，その子にとって，父の妻は継母（継親）となるのである。なお，継親子関係の場合には，年長者養子の禁止（旧民法838条）に相当する規定はないため，継子より年少の継親もあり得た（昭和3年7月越ヶ谷区決議・『知識』177頁）。

親族事例1	死亡した前妻の子のいる夫の家に婚姻により入った後妻と当該子との関係
明治39・8・5	甲家家族Ａ男が乙家家族Ｂ女と婚姻（Ｂ女が甲家の戸籍に入籍）
明治44・10・4	Ａ男とＢ女に嫡出子Ｃ男が誕生（Ｃ男は甲家の戸籍に入籍）
昭和13・7・4	Ｂ女が死亡
昭和17・12・3	Ａ男が丙家家族Ｄ女と婚姻（Ｄ女が甲家の戸籍に入籍）

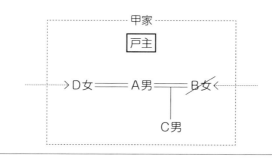

　継親子関係は，旧民法上には定義は設けられておらず，結局，従来の慣例と民法（旧民法）の条規とに照らし判断するほかはなかったが（明44・

第2章　継親子関係

7・8法曹会決議・『要録上』373頁），継子とは，配偶者の子にして婚姻の当時配偶者の家にある者又は婚姻中にその家に入った者をいい（大決大6・8・22民録23輯1195頁，大判大9・4・8民録26輯466頁，大判昭12・2・12判決全集4輯4号18頁）。単なる再婚相手の前婚の子というだけでは足りず，家制度に基づく親子関係であったため，継親と継子が同じ家に入ったことが要件とされていた。この要件を満たせば，縁組等の特段の手続を要さずに，自動的に継親子関係が生じた。この事例は，「配偶者の子にして婚姻の当時配偶者の家にある者」の例であり，D女にとってC男は継子，C男にとってD女は継母（継親）ということになる。

親族事例2　離婚した前妻の子のいる夫の家に婚姻により入った後妻と当該子との関係

明治39・8・5	甲家家族A男が乙家家族B女と婚姻（B女が甲家の戸籍に入籍）
明治44・10・4	A男とB女に嫡出子C男が誕生（C男は甲家の戸籍に入籍）
昭和13・7・4	A男とB女が離婚（B女は乙家に復籍）
昭和17・12・3	A男が丙家家族D女と婚姻（D女が甲家の戸籍に入籍）

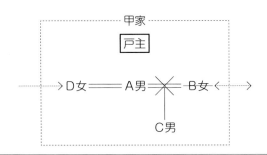

　この事例も，D女にとってC男は継子，C男にとってD女は継母（継親）ということになる。

　親族事例1との違いは，A男の前妻が死亡ではなく，離婚によってA男との婚姻が解消したものであるが，A男の再婚に伴い，D女とC男との間

第 1 節　継親子関係の発生

に継親子関係が発生することに影響はない。

> **親族事例 3**　妻が後夫の家に前夫との子を引取入籍したときの後夫と当該子との関係
>
> 明治39・8・5　　乙家家族Ａ男が丙家家族Ｂ女と婚姻（Ｂ女が乙家の戸籍に入籍）
> 明治44・10・4　　Ａ男とＢ女に嫡出子Ｃ男が誕生（Ｃ男は乙家の戸籍に入籍）
> 昭和13・7・4　　Ａ男が死亡
> 昭和17・12・3　　甲家戸主Ｄ男がＢ女と婚姻（Ｂ女が甲家の戸籍に入籍）
> 昭和18・1・23　　Ｂ女がＣ男を引取入籍（Ｃ男が甲家の戸籍に入籍）

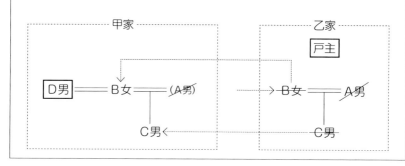

　この事例は，「婚姻中にその家に入った者」の事例であり，Ｄ男にとってＣ男は継子，Ｃ男にとってＤ男は継父（継親）ということになる。なお，Ｄ男とＣ男の間に継親子関係が生じたのは昭和18年1月23日のＣ男の甲家への引取入籍の時であって，昭和17年12月3日のＤ男とＢ女との婚姻の時ではなく，Ｄ男とＣ男が家を異にしているうちは，継親子関係にはない。つまり，妻の子が，妻の夫の家に入籍することによって，妻の夫と，妻の子の間に継親子関係が生じるのである（昭10・3・2民甲212号民事局長回答・『大系』315頁，昭15・11・12新潟区管内決議・『見方』1061頁）。

　なお，この事例では，親族事例2と異なり，継親となった者（継子の実親の後妻又は後夫：ここではＤ男）が，その継親と再婚した実親の前妻又は前夫（継子の，もう一人の実親：ここではＡ男）とが家を異にするが，そのことは

第2章　継親子関係

継親子関係の発生の支障とはならず，つまり，継親子関係は，後妻又は後夫が，前妻又は前夫の地位を承継して婚姻をなすことは必要とされない（大2・8・22民452号法務局長回答・『体系』302頁）。

| 親族事例4 | 実母が後夫の家に前夫との子とともに入籍したときの後夫と当該子との関係 |

明治39・8・5	乙家戸主B女が丙家家族A男と入夫婚姻（A男が乙家の戸籍に入籍）
	※　入夫が戸主とならない旨婚姻届書に記載
明治44・10・4	B女とA男に嫡出子C男が誕生（C男は乙家の戸籍に入籍）
昭和8・3・7	A男が死亡
昭和17・12・3	B女が乙家を廃家し，甲家戸主D男がB女と婚姻（B女が甲家の戸籍に入籍，C男はB女に従って甲家に入籍）

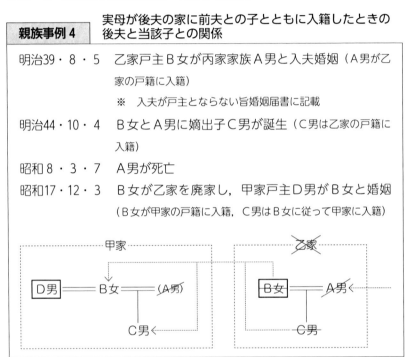

この事例は，親族事例3と同様，実親の婚家に，その子が入籍した事例で，ただ，戸主である実親（B女）が，その家（乙家）を廃家して，婚姻により，他家に入り，それに従って，その子（C男）も，その家（甲家）に入ったものである。このように，当該子の入籍が，実親の婚姻と同時に行われた場合であっても，継親子関係が生じた（大5・11・10民1420号法務局長回答・『体系』315頁）。ここでは，B女の夫であるD男とC男が同じ家にいることとなったため，D男とC男との間に継親子関係が生じる。

第1節　継親子関係の発生

| 親族事例5 | 実母と後夫が前夫との子のいる家に親族入籍したときの後夫と当該子との関係 |

明治39・8・5　　甲家家族Ａ男が乙家家族Ｂ女と婚姻（Ｂ女が甲家の戸籍に入籍）

明治44・10・4　　Ａ男とＢ女に嫡出子Ｃ男が誕生（Ｃ男は甲家の戸籍に入籍）

昭和4・6・8　　Ａ男が死亡

昭和7・11・27　　丙家家族Ｄ男がＢ女と婚姻（Ｂ女が丙家の戸籍に入籍）

昭和17・12・3　　Ｄ男が甲家に親族入籍（Ｄ男が甲家の戸籍に入籍，Ｂ女はＤ男に従って甲家に入籍）

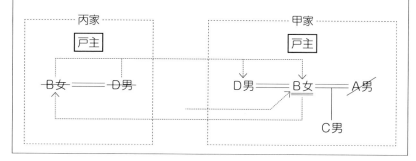

この事例は，他家で婚姻している実親と配偶者が，実親の子のいる家に入籍したもので，このような場合は，旧民法施行当初は，実親の配偶者と実親の子に継親子関係が生じないとされていたが（明31・12・16民刑2064号民刑局長回答），その後，継親子関係が生じ得るとされた（大11・5・16民3790号民事局長回答・『大系』312頁）。つまり，ここでは，Ｄ男を継父，Ｃ男を継子とする継親子関係が発生した。

第2章 継親子関係

| 親族事例6 | 実父と後妻が前妻との子のいる家に入籍したときの後妻と当該子との関係 |

明治39・8・5　甲家戸主A女が乙家家族B男と婚姻（B男が甲家の戸籍に入籍）

　　※　入夫が戸主とならない旨婚姻届書に記載なし
　　※　B男を戸主とする甲家の新戸籍編製（B男，A女が在籍）

明治44・10・4　B男とA女に嫡出子C男が誕生（C男は甲家の戸籍に入籍）

昭和13・7・4　B男とA女が入夫離婚（B男は乙家の戸籍に復籍）

　　※　C男の家督相続届により，C男を戸主とする甲家の新戸籍編製（C男，A女が在籍）

昭和15・12・3　B男が丙家家族D女と婚姻（D女が乙家の戸籍に入籍）

昭和20・8・14　B男が甲家に親族入籍（B男が甲家の戸籍に入籍，D女はB男に従って甲家の戸籍に入籍）

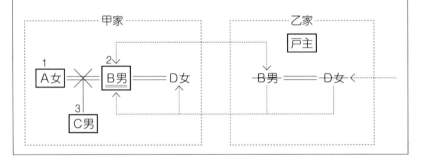

　この事例も，他家に入った実親の後婚による夫婦が，実親の子のいる家に入ったもので，ここでは，離婚により他家に入った実親が，他家で婚姻し，その夫婦で，その子のいる家に入った。これにより，その子にとっては，同じ家に，婚姻関係にない実母（又は実父）と実父（又は実母）の他に，実父（又は実母）の後妻（又は後夫）がいることになるが，この場合でも，継親子関係は生じ得る（大10・5・21法曹会決議・『要録上』376頁，大13・3・5法曹会決議・『要録上』378頁，昭13・8・8民甲895号民事局長回答・『大系』313頁）。

第1節　継親子関係の発生

このようなときは，同じ家に，実母と継母，あるいは実父と継父が存在することになっても差し支えはなく，この事例では，D女とC男との間に継親子関係が発生した。

継親子関係は，継親が戸主である場合や（例えば，親族事例3），この事例のように継子が戸主である場合の他，その双方ともに戸主でない（家族である）場合（例えば，親族事例1）にも発生する。

親族事例7　　入夫婚姻による後入夫と女戸主の前入夫との子との関係

明治39・8・5	甲家戸主A女が乙家家族B男と入夫婚姻（B男が甲家の戸籍に入籍）
	※　入夫が戸主とならない旨婚姻届書に記載
明治44・10・4	A女とB男に嫡出子C男が誕生（C男は甲家の戸籍に入籍）
昭和13・7・4	B男が死亡
昭和17・12・3	A女が丙家家族D男と入夫婚姻（D男が甲家の戸籍に入籍）
	※　入夫が戸主となる旨婚姻届書に記載なし

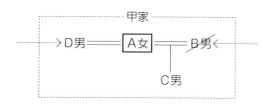

第3編　新民法施行後に開始した相続について，旧民法も適用される事例

親族事例7

109

第2章 継親子関係

| 親族事例8 | 婿養子である後夫と婿養子である前夫との子との関係 |

明治39・8・5　甲家戸主E男及び妻F女並びに長女A女が乙家家族B男と婿養子縁組（B男が甲家の戸籍に入籍）

明治44・10・4　B男とA女に嫡出子C男が誕生（C男は甲家の戸籍に入籍）

昭和13・7・4　B男が死亡

昭和17・12・3　E男及びF女並びにA女が丙家家族D男と婿養子縁組（D男が甲家の戸籍に入籍）

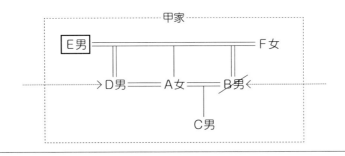

　継親子関係が生じることとなる婚姻には，親族事例1～6のように，他家（他の戸籍）から妻が夫の家（の戸籍）に入籍する通常の婚姻だけでなく，この親族事例7，8のように，他家（他の戸籍）から夫が妻の家（妻の戸籍）に入籍する婿養子縁組又は入夫婚姻もあり，いずれも，D男にとってC男は継子，C男にとってD男は継父（継親）となる。

　やや特殊な例であるが，戸主が男子養子を迎え，その養子が婚姻し，一子をもうけたのちに（養子，その妻，その子ともに戸主の家の戸籍に在籍），養子が死亡し，養子の妻が実家に入籍しているときに，ついで，当該戸主が亡養子の元妻と婚姻した場合（亡養子の元妻は再び当該戸主の家に入った。），この婚姻は，旧民法第770条の規定（直系姻族間の婚姻の禁止）に違反しているものではあるが，その取消しがあるまでは有効であるため，この場合，亡養子の子（戸主の孫）は，戸主の後妻の子でもあることとなり，戸主の継

となった（大13・11・5民11584号民事局長回答・『大系』316頁）。

親族事例9	亡夫の弟と戸内婚をしたときの後夫と前夫との子との関係
明治39・8・5	甲家家族Ａ男が乙家家族Ｂ女と婚姻（Ｂ女が甲家の戸籍に入籍）
	※　甲家の戸籍にはＡ男の弟Ｃ男が在籍
明治44・10・4	Ａ男とＢ女に嫡出子Ｄ男が誕生（Ｄ男は甲家の戸籍に入籍）
大正3・7・14	Ａ男が死亡
大正7・12・13	Ｃ男がＢ女と婚姻

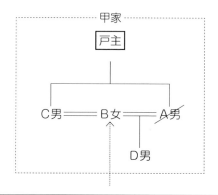

　戸内婚，すなわち，同じ家（同一の戸籍）の者同士の婚姻であっても継親子関係が生じ得た。

　この事例は，夫が死亡した妻が，その戸籍に在籍しているままで，亡夫の弟と婚姻したもので，妻の後夫（亡夫の弟）であるＣ男を継父，妻の子（前夫の子）であるＤ男を継子とする継親子関係が生じた（大２・７・３民103号法務局長回答，大決大６・８・22民録23輯1195頁）。

　Ａ男死亡後，Ｂ女が一旦実家に入籍をしてから，再びＣ男と婚姻し，甲家に入った場合も，当然，Ｃ男とＤ男との間に継親子関係が発生する（大７・５・11民613号法務局長回答・『大系』304頁）。

第2章　継親子関係

　なお，旧民法施行当初は，戸内婚の場合は継親子関係を生じないとされていたが（明32・4・18民刑422号民刑局長回答・『大系』302頁，秋田地判明40・12・25新聞478号9頁，宮城控判明41・1・29公刊物未登載），後の判例によって継親子関係ありとされたこともあり（東京控判明42・8・20・『親族』59頁，大決明42・12・13大民録15輯951頁，大判明43・2・10大民録16輯62頁，東京控判明43・7・7新聞 661号11頁），先例においても，戸内婚の場合にも継親子関係を生ずるとされたものである。

親族事例10	養家において養子と戸内婚をしたときの後妻と前妻との子との関係

明治39・8・5	甲家戸主Ａ男が乙家家族Ｂ男を養子とする養子縁組（Ｂ男が甲家の戸籍に入籍）
明治44・10・4	Ａ男が丙家家族Ｃ女を養子とする養子縁組（Ｃ女は甲家の戸籍に入籍）
大正3・7・14	Ｂ男とＣ女が婚姻
大正7・12・13	Ｂ男とＣ女に嫡出子Ｄ男が誕生（Ｄ男は甲家の戸籍に入籍）
大正12・12・1	Ｃ女が死亡
昭和2・5・29	Ａ男が丁家家族Ｅ女を養子とする養子縁組（Ｅ女は甲家の戸籍に入籍）
昭和2・6・30	Ｂ男とＥ女が婚姻

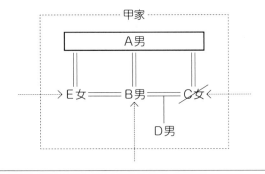

第1節　継親子関係の発生

この事例も戸内婚であり，養家の内で，養子同士が婚姻しても継親子関係が生じ得たため（大2・9・30民719号法務局長回答，大9・2・19民517号民事局長回答・『大系』306頁），E女とD男の間に継親子関係が発生した。

親族事例11　他家で再婚した実母が夫婦で子のいる家に入籍したときの後夫と当該子との関係

明治39・8・5	甲家家族A男が乙家家族B女と婚姻（B女が甲家の戸籍に入籍）
明治44・10・4	A男とB女に嫡出子C男が誕生（C男は甲家の戸籍に入籍）
大正3・7・14	A男が死亡
大正7・12・13	丙家家族D男がB女と婚姻（B女が丙家の戸籍に入籍） ※　丙家の戸籍にはD男の父E男が在籍
大正12・12・1	D男が甲家に親族入籍（D男が甲家の戸籍に入籍，B女はD男に従って甲家の戸籍に入籍）
大正12・12・1	E男が甲家に親族入籍（E男が甲家の戸籍に入籍）

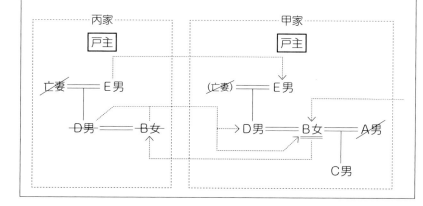

継親（となるべき配偶者）が継子（となるべき子）の家に婚姻によって入籍したり，継親（となるべき配偶者）の婚家に継子（となるべき子）が入籍した場合だけでなく，この事例のように，継親（となるべき配偶者）と，その配偶者（継子となるべき子の実親）が他家で婚姻のうえ，夫婦で継子（となるべき

113

第2章 継親子関係

子）の家に入籍した場合にも，継親子関係が生じる（大11・7・8民2586号民事局長回答・『大系』288頁，大判大14・6・24新聞2432号9頁）。したがって，C男にとって実母B女の配偶者であるD男は継父，D男にとってC男は継子となる。

なお，E男とC男との関係については，親族事例23で解説する。

親族事例12 後入夫と女戸主と前入夫との養子との関係

明治39・8・5	甲家戸主A女が乙家家族B男と入夫婚姻（B男が甲家の戸籍に入籍）
	※ 入夫が戸主とならない旨婚姻届書に記載
大正14・10・4	A女とB男が丙家家族C男を養子とする養子縁組
	（C男は甲家の戸籍に入籍）
昭和2・7・14	B男が死亡
昭和7・12・3	A女が丁家家族D男と入夫婚姻（D男が甲家の戸籍に入籍）
	※ 入夫が戸主となる旨婚姻届書に記載なし

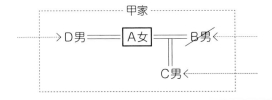

親族事例13 後妻と前妻との養子との関係

明治39・8・5	甲家戸主A男が乙家家族B女と婚姻（B女が甲家の戸籍に入籍）
大正14・10・4	A男とB女が丙家家族C男を養子とする養子縁組
	（C男は甲家の戸籍に入籍）
昭和2・7・14	B女が死亡

第1節　継親子関係の発生

昭和7・12・3　A男が丁家家族D女と婚姻（D女が甲家の戸籍に入籍）

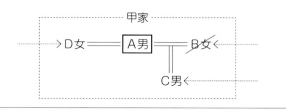

| 親族事例14 | 後入夫と女戸主の養子と関係 |

明治39・8・5　甲家戸主A男が乙家家族B女と婚姻（B女が甲家の戸籍に入籍）

大正14・10・4　A男が死亡
　　　※　B女が，甲家の家督相続人に選定され，B女の家督相続届により，B女を甲家の戸主とする新戸籍編製（B女のみ在籍）

昭和2・7・14　B女が丙家家族C男を養子とする養子縁組（C男は甲家の戸籍に入籍）

昭和7・12・3　B女が丁家家族D男と入夫婚姻（D男が甲家の戸籍に入籍）
　　　※　入夫が戸主となる旨婚姻届書に記載あり

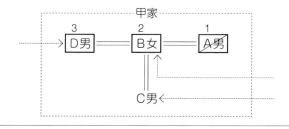

第2章　継親子関係

| 親族事例15 | 入夫と女戸主の養子との関係 |

大正14・10・4　甲家戸主Ａ女が丙家家族Ｃ男を養子とする養子縁組
　　　　　　　　（Ｃ男は甲家の戸籍に入籍）

昭和7・12・3　Ａ女が丁家家族Ｄ男と入夫婚姻（Ｄ男が甲家の戸籍に入籍）

　　　※　入夫が戸主となる旨婚姻届書に記載なし

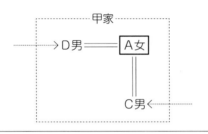

　継子となる配偶者の子とは，配偶者の嫡出の実子に限られず，その養子も含まれ（明44・5・24民184号民事局長回答，大阪控判大5・5・19新聞1133号25頁，大7・5・30民1159号法務局長回答・『体系』314頁，盛岡地判大7・11・15新聞1490号17頁），この場合，継子関係が生ずるのであり，養親子関係が生じるわけではない（明32・7・29民刑1400号民刑局長回答，大判昭6・3・25評論全集20巻民法430頁，新聞3260号16頁）。したがって，親族事例12，14ではＤ男とＣ男との間に継親子関係が生じ，親族事例13ではＤ女とＣ男との間に生じる。継親となるべき者の配偶者（継子である養子の実親）は，これまでの事例のような再婚の場合だけでなく，初婚の場合であっても差し支えないため（明33・9・22法曹会決議・『要録上』366頁，明41・7・4法曹会決議・『要録上』370頁），親族事例15でもＤ男とＣ男との間に継親子関係が生じる。
　親族事例15で，もし，Ａ女がＤ男と入夫婚姻をせずに死亡すると，Ｃ男が家督相続人となったところ，入夫婚姻によって，Ｄ男が戸主（家督相続人）となることは，入夫婚姻をするにつき支障とはならない（明32・7・29民刑1400号民刑局長回答）。

116

第1節　継親子関係の発生

| 親族事例16 | 実母が実子の養家に入籍したときの後夫と当該子との関係 |

明治39・8・5	甲家家族A男が乙家家族B女と婚姻（B女が甲家の戸籍に入籍）
明治41・9・15	A男とB女に嫡出子C男が誕生（C男は甲家の戸籍に入籍）
大正10・6・8	丙家戸主D男がC男を養子とする養子縁組（C男が丙家の戸籍に入籍）
	※　丙家には，他に，D男の弟E男が在籍
大正14・10・4	A男が死亡
昭和7・12・3	E男がB女と婚姻（B女が丙家の戸籍に入籍）

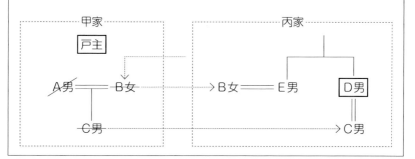

| 親族事例17 | 実母及び後夫が実母の実子の養家に入籍したときの後夫と当該子との関係 |

明治39・8・5	甲家家族A男が乙家家族B女と婚姻（B女が甲家の戸籍に入籍）
	※　甲家には，他に，A男の従兄弟であるE男が在籍
明治41・9・15	A男とB女に嫡出子C男が誕生（C男が甲家の戸籍に入籍）
大正10・6・8	丙家戸主D男がC男を養子とする養子縁組（C男が丙家の戸籍に入籍）
大正14・10・4	A男が死亡

第2章 継親子関係

昭和7・12・3　　E男がB女と婚姻
昭和16・1・23　 E男が丙家に親族入籍（E男が丙家の戸籍に入籍，B女はE男に従って丙家の戸籍に入籍）

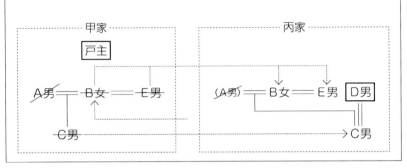

　親族事例16，17は，養子の実母が，養子（実母の実子）の家に，婚姻によって入ったもので，この場合にも，実母の夫と当該養子（実母の実子）との間に継親子関係が発生する（昭11・11・21民甲1457号民事局長回答・『大系』311頁，大2・10・29民1005号法務局長通牒・『大系』311頁）。通常は，養家においては，当該養子は，その養親の配偶者の継子となるが，実親との親子関係も当然に継続していることから，実親が養家に入ったことで，養子は，実親の子として，実親の配偶者の継子となり得ることとなる。よって，両事例とも，E男とC男との間に継親子関係が発生した。なお，事例17で，E男とB女が婚姻した際には，E男とC男とは家を同じくしていないため，その時には，E男とC男との間に継親子関係は発生していない。

親族事例18	後妻と夫の継子との関係
明治39・8・5	乙家家族A男が丙家家族B女と婚姻（B女が乙家の戸籍に入籍）
明治44・10・4	A男とB女に嫡出子C男が誕生（C男は乙家の戸籍に入籍）
昭和13・7・4	A男が死亡
昭和15・12・3	甲家戸主D男がB女と婚姻（B女が甲家の戸籍に入籍）

第 1 節　継親子関係の発生

昭和16・1・23　B女がC男を引取入籍（C男が甲家の戸籍に入籍）
昭和20・8・14　B女が死亡
昭和21・2・11　D男が丁家家族E女と婚姻（E女が甲家の戸籍に入籍）

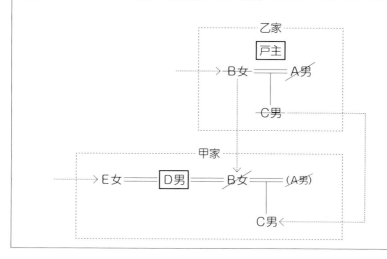

　配偶者の継子とも継親子関係が生じ得る（大決大 9・4・8 民録26輯466頁，大10・6・18法曹会決議・『要録上』377頁，大14・6・29法曹会決議・『要録上』383頁）。この事例では，B女がD男と再婚し，C男が甲家に入籍した時に，まず，D男とC男との間に継親子関係が生じた。その後，B女が死亡し，C男が甲家の戸籍に在籍しているなか，D男がE女と婚姻したものであるが，その際，D男には，実子も養子もいないが，継子であるC男がいる。本章第 2 節のとおり，C男もD男の嫡出子であることになるため，D男と婚姻したE女にとって，その配偶者の子に当たり，E女とC男との間にも継親子関係が生じた。このような継親子関係は，再継親子関係と呼ばれた。

　さらに，D男が死亡し，E女が再婚し，E女の後夫とC男が家を同じくすると，E女の後夫とC男の間には，再々継親親子関係が生じる。

第2章　継親子関係

| 親族事例19 | 後妻と再婚時に婚姻により他家にある夫の子との関係 |

明治39・8・5	甲家家族Ａ男が乙家家族Ｂ女と婚姻（Ｂ女が甲家の戸籍に入籍）
明治44・10・4	Ａ男とＢ女に嫡出子Ｃ男が誕生（Ｃ男は甲家の戸籍に入籍）
大正2・11・14	Ａ男とＢ女に嫡出子Ｄ女が誕生（Ｄ女は甲家の戸籍に入籍）
昭和13・7・4	Ｂ女が死亡
昭和16・8・1	丙家家族Ｅ男がＤ女と婚姻（Ｄ女が丙家の戸籍に入籍）
昭和17・12・3	Ａ男が丁家家族Ｆ女と婚姻（Ｆ女が甲家の戸籍に入籍）

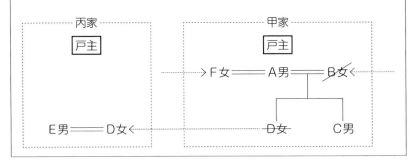

　この事例では、Ａ男の再婚の配偶者であるＦ女にとって、Ａ男の子はＣ男とＤ女であるが、その再婚時、Ｄ女は婚姻により甲家を除籍しているため、家を同じくしていない。継親子関係は、継親と、継子たるべき者が、家を同じくすることが要件とされるため（大2・2・26民89号民事局長回答・『大系』300頁、大2・8・12民452号民事局長回答、大8・6・26民841号民事局長回答・『大系』301頁、大阪控判大8・9・22新聞1615号13頁）、Ｆ女とＣ男とは継親子関係を生ずるが、Ｆ女とＤ女とは継親子関係を生じない（昭2・4・28法曹会決議・『要録上』381頁）。Ｄ女が養子縁組によって除籍となっていた場合も同様である（大6・6・22民1180号法務局長回答・『大系』317頁）。

第1節　継親子関係の発生

| 親族事例20 | 後妻と再婚時に分家により他家にある夫の子との関係 |

明治39・8・5　　甲家家族Ａ男が乙家家族Ｂ女と婚姻（Ｂ女が甲家の戸籍に入籍）

明治44・10・4　　Ａ男とＢ女に嫡出子Ｃ男が誕生（Ｃ男は甲家の戸籍に入籍）

大正2・11・14　　Ａ男とＢ女に嫡出子Ｄ女が誕生（Ｄ女は甲家の戸籍に入籍）

昭和13・7・4　　Ｂ女が死亡

昭和16・8・1　　Ｄ女が分家（Ｄ女を戸主とする甲家分家の新戸籍編製）

昭和17・12・3　　Ａ男が丁家家族Ｆ女と婚姻（Ｆ女が甲家の戸籍に入籍）

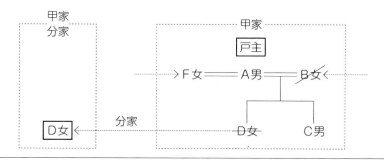

　この事例も，親族事例19と同様，Ａ男とＦ女の婚姻時，Ｄ女は甲家を除籍している。その事由が婚姻ではなく，分家によるものであるが，旧民法第731条（本章第3節）は適用されないため，本家相続，分家，廃絶家再興であっても家を異にしている以上，継親子関係は生じず，その他，離籍による一家創立，親族入籍，他家相続によって家を異にしているときも継親子関係を生じない（大8・6・26民841号民事局長回答・『大系』301頁）。したがって，Ｆ女とＣ男とは継親子関係を生ずるが，Ｆ女とＤ女とは継親子関係を生じない。

第2章 継親子関係

| 親族事例21 | 後妻と婚姻時に他家にあって復籍した夫の子との関係 |

明治39・8・5	甲家戸主Ａ男が乙家家族Ｂ女と婚姻（Ｂ女が甲家の戸籍に入籍）
明治44・10・4	Ａ男とＢ女に嫡出子Ｃ男が誕生（Ｃ男は甲家の戸籍に入籍）
大正2・11・14	Ａ男とＢ女に嫡出子Ｄ女が誕生（Ｄ女は甲家の戸籍に入籍）
昭和13・7・4	Ｂ女が死亡
昭和16・8・1	丙家家族Ｅ男がＤ女を養子とする養子縁組（Ｄ女が丙家の戸籍に入籍）
昭和17・12・3	Ａ男が隠居
	※ Ｃ男の家督相続届によりＣ男を戸主とする甲家の新戸籍編製（Ｃ男，Ａ男が在籍）
昭和17・12・23	Ａ男が丁家家族Ｆ女と婚姻（Ｆ女が甲家の戸籍に入籍）
昭和18・1・4	Ａ男が分家（Ａ男を戸主とする甲家分家の新戸籍編製，Ｆ女はＡ男に従って甲家分家の戸籍に入籍）
昭和19・1・23	Ｅ男とＤ女が離縁（Ｄ女が甲家の戸籍に復籍）

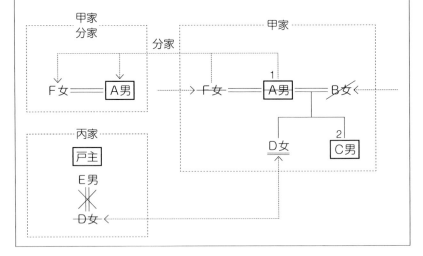

122

第1節　継親子関係の発生

　この事例でも，Ｆ女とＣ男とは継親子関係を生ずるが，Ａ男とＦ女の婚姻時，Ｄ女は養子縁組によって甲家を除籍しているので，Ｆ女とＤ女とは継親子関係を生じない。なお，Ｄ女は離縁し，甲家に復籍したことによって実家である甲家においての身分を回復することになるが（旧民法875条），Ｆ女とＤ女とは一度も家を同じくしたことはないので，結論は変わらない（大14・11・26民9054号・『大系』318頁）。

　また，親族事例29のとおり，Ｆ女がＡ男と甲家分家にあっても，Ｆ女とＣ男との継親子関係は継続している。

　なお，この事例で，仮に，Ａ男の分家に従ってＦ女が甲家から去る前に，Ｄ女が甲家に離縁復籍したとすると，Ｆ女とＤ女との間に継親子関係が発生することとなる（昭26・12・28民甲2434号民事局長回答，昭28・11・14民甲2073号民事局長回答）。

親族事例22	後妻と再婚後に他家に入籍した夫の子との関係
明治39・8・5	甲家家族Ａ男が乙家家族Ｂ女と婚姻（Ｂ女が甲家の戸籍に入籍）
明治44・10・4	Ａ男とＢ女に嫡出子Ｃ男が誕生（Ｃ男は甲家の戸籍に入籍）
大正2・11・14	Ａ男とＢ女に嫡出子Ｄ女が誕生（Ｄ女は甲家の戸籍に入籍）
昭和13・7・4	Ｂ女が死亡
昭和16・8・1	Ａ男が丁家家族Ｆ女と婚姻（Ｆ女が甲家の戸籍に入籍）
昭和17・12・3	丙家家族Ｅ男がＤ女と婚姻（Ｄ女が丙家の戸籍に入籍）

第2章 継親子関係

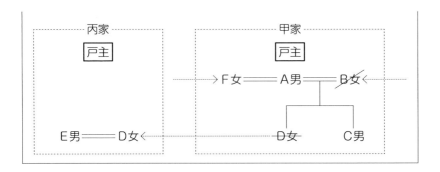

　この事例では，A男の再婚の配偶者であるF女にとって，A男の子はC男とD女があり，事例21と異なり，その再婚時，いずれも同じ家にあるため，F女とC男及びD女の間には継親子関係が生じた。その後，D女が婚姻により他家に入ったものであるが，一旦継親子関係が生じた後に，継子が婚姻によって，その家を除籍となっても，継親子関係は消滅しない（昭5・10・8法曹会決議・『要録上』381頁，登研200号69頁）。世間的に言えば，D女は，F女の娘として，嫁に行ったことになるわけである。

　同様に，一旦継親子関係が生じた後に，継子が養子縁組によって，その家を除籍となっても，継親子関係は消滅しない（明44・2・14民刑24号民刑局長回答）。

第2節 継親子関係の効果

　前節の各事例のとおり，旧民法施行中は，親子関係には，実親子関係及び養親子関係の他に，継親子関係が存在した。つまり，法定親子関係として，養親子関係の他に，継親子関係があったのである。

　旧民法においては，継父母と継子と，また嫡母と庶子との間においては，親子間におけるものと同一の親族関係を生ずるとされていた（旧民法728条）。これにより，例えば，親族事例1では，現行の民法におけるものであれば，D女とC男は，姻族1親等の関係にとどまり，親子の関係はないが，旧民法施行中においては，継親子関係は，本来姻族関係なるも法律が一家の平和と家族間の情誼を顧慮し，親子と同一の関係が認められたため（大判大

124

第2節　継親子関係の効果

9・4・8大民録26輯466頁），継親（継父，継母）と継子には，実親子と同一の法的関係（嫡出親子関係）を生じることとなった（親子となった。）。なお，嫡母庶子関係については，本章第4節で解説する。

継親子関係は，継親子関係を生じた時から親子となるのであり，その生まれた時に遡って親子となるわけではない（大5・10・25民901号法務局長回答・『大系』2119頁）。

継親と継子の戸籍上の続柄は，継親が戸主である場合に戸主から見た男子の継子は「継子男」，女子の継子は「継子女」と記載され（明41・5・2民刑1562号民刑局長回答），継子が戸主である場合に戸主から見た男子の継親は「継父」，女子の継親は「継母」と記載された（大2・7・3民103号法務局長回答，大5・3・15民387号法務局長回答・『大系』486頁）。家族の継子の場合は，「長男○○継子男」等と記載された（昭15・11・7・8新潟区間内決議・『見方』1072頁）。

継親が継子を養子とすることができるかということについては，継親と継子との間においては嫡出親子間におけるのと同一の親族関係を生じることから，継親は，その家にある継子を養子とすることはできないとする判例（大判大14・5・22評論全集14巻410頁）と，法律上の利益がある場合には養子とすることができるとする判例がある（大判昭6・12・23大民集10巻1282頁）。

親族事例23	継親の父と引取入籍による継子との関係
明治32・8・5	甲家家族Ａ男が乙家家族Ｂ女と婚姻（Ｂ女が甲家の戸籍に入籍） ※　甲家の戸籍には，Ａ男，Ｂ女の他，Ａ男の父である戸主Ｊ男が在籍している。
明治34・10・4	Ａ男とＢ女に嫡出子Ｃ男が誕生（Ｃ男は甲家の戸籍に入籍）
明治36・7・14	Ｂ女が死亡
明治37・12・3	丙家家族Ｄ男が丁家家族Ｅ女と婚姻（Ｅ女が丙家の戸籍に入籍）

第3編　新民法施行後に開始した相続について，旧民法も適用される事例

親族事例23

125

第2章 継親子関係

明治43・1・23　D男とE女に嫡出子F男が誕生（F男は丙家の戸籍に入籍）
明治45・2・23　D男が死亡
大正2・11・20　A男がE女と婚姻（E女が甲家の戸籍に入籍）
大正2・11・21　E女がF男を引取入籍（F男が甲家の戸籍に入籍）
大正9・10・1　A男とE女に嫡出子G男が誕生（G男が甲家の戸籍に入籍）
昭和12・9・2　F男が戊家家族H女と婚姻（H女が甲家の戸籍に入籍）
昭和17・12・3　F男とH女に嫡出子I男が誕生（I男が甲家の戸籍に入籍）

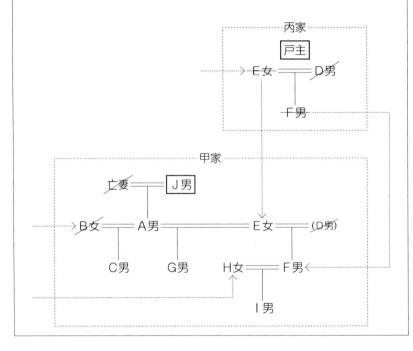

　この事例では，まず，A男とF男との間に継親子関係が生じたが，継親子関係が生じた後は，継子の子は，継子を通して継父母と準血族の関係を生じることとなるため（大決大6・12・26大民録23輯2229頁，大8・6・26民841

126

号法務局長回答・『大系』287頁，大15・10・7法曹会決議・『要録上』379頁），A男とI男とは互いに直系尊属・卑属の関係を生じ，すなわち，祖父と孫の関係となった。また，継親が，継子のいる家でもうけた子は，当該継子と兄弟姉妹の関係が生じるため（明32・5・9民刑41号民刑局長回答，明36・1・10民刑734号民刑局長回答），F男とG男は兄弟となった。親族事例18でも，D男とE女との間に子が生まれると，C男と当該子は兄弟となる（明41・5・9法曹会決議・『要録上』368頁）。

継親子関係は，継子が他家に入っても継続するため（親族事例22），継子が他家でもうけた子も，継子の継親の孫となる（登研200号69頁）。

他方，養子縁組の場合は，養子と養親及びその血族との間においては養子縁組の日より血族間におけると同一の親族関係を生ずるとされているが（旧民法727条），継親子関係にあっては，このような規定は設けられていないため，養子は養父の父の孫となるが（明32・1・19民刑1781号民刑局長回答），継子は，継親と親子関係が生じるのみで，継親の父母の孫になることはなく，継親の兄弟の甥姪になることもなく，既に生まれている継親の子と兄弟姉妹となることもなかった（大判大4・5・24大刑録21輯657頁，大11・7・8民2586号民事局長回答・『大系』288頁，大14・1・12民12405号民事局長回答・『大系』294頁，大14・8・1民7271号民事局長回答・『大系』293頁，昭6・6・17法曹会決議・『要録追』55頁）。このため，J男とF男は互いに直系尊属・卑属の関係にはなく（祖父と孫とはならない。），C男とF男も，兄弟とはならなかった。

同様に，親族事例11においても，E男とC男は，祖父と孫とはならなかった。

親族事例24	継父と継親子関係発生前に生まれた継子の子との関係
明治39・8・5	乙家家族A男が丙家家族B女と婚姻（B女が乙家の戸籍に入籍）
明治44・10・4	A男とB女に嫡出子C男が誕生（C男は乙家の戸籍に入籍）
昭和11・2・26	A男が死亡

第２章　継親子関係

昭和16・12・8	Ｃ男が丁家家族Ｄ女と婚姻（Ｄ女が乙家の戸籍に入籍）
昭和17・12・3	Ｃ男とＤ女に嫡出子Ｅ女が誕生（Ｅ女は乙家の戸籍に入籍）
昭和18・1・23	甲家戸主Ｆ男がＢ女と婚姻（Ｂ女が甲家の戸籍に入籍）
昭和19・11・4	Ｄ女が死亡
昭和20・8・15	Ｂ女がＣ男を引取入籍（Ｃ男が甲家の戸籍に入籍）

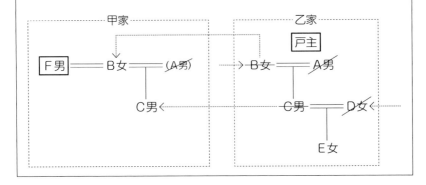

　この事例では，Ｆ男とＣ男との間に継親子関係が生じたが，Ｅ女は，Ｃ男がＦ男の継子となる前に生まれている子であるため，Ｆ男とＥ女との間には直系尊属・卑属（祖父と孫）の関係が生じないことは（大11・5・16民2461号民事局長回答・『大系』288頁（明32・12・12民刑2065号民刑局長回答・『大系』288頁を省議変更）），養親と養子縁組前の養子の子との間に直系尊属・卑属（祖父と孫）の関係が生じないこと（大2・1・9民840号民事局長回答）と同様である。

| 親族事例25 | 同じ家の継母と継親子関係発生前に生まれた継子の子との関係 |

明治39・8・5	甲家戸主Ａ男が乙家家族Ｂ女と婚姻（Ｂ女が甲家の戸籍に入籍）
明治44・10・4	Ａ男とＢ女に嫡出子Ｃ男が誕生（Ｃ男は甲家の戸籍に入籍）
昭和11・2・26	Ｂ女が死亡

昭和16・12・8　Ｃ男が丙家家族Ｄ女と婚姻（Ｄ女が甲家の戸籍に入籍）
昭和17・12・3　Ｃ男とＤ女に嫡出子Ｅ男が誕生（Ｅ男は甲家の戸籍に入籍）
昭和18・1・23　Ａ男が丁家家族Ｆ女と婚姻（Ｆ女が甲家の戸籍に入籍）

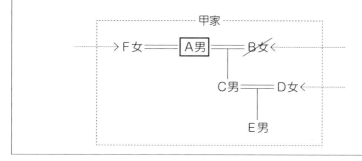

　親族事例24のとおり，継子の子は，継親子関係発生後に生まれた者は継親の孫となるものの，継親子関係発生前に生まれていた者は継親の孫となることはないが，これは，たとえ同じ家に継子の継親と継子の子があっても同様である（昭5・12・9民1182号民事局長回答・『大系』289頁，昭28・11・14民甲2073号民事局長回答，登研200号69頁）。この事例では，Ｆ女の継子Ｃ男の子であるＥ男は，Ｆ女の孫とはならない（姻族関係にとどまる。）。もし，Ｅ男が，Ａ男とＦ女の婚姻後に生まれていたとすると，Ｆ女の孫となった。

第3節　継親子関係の消滅

　継親子関係は，親と継親の婚姻関係に基礎を置いているため，姻族関係及び継親子関係・嫡母庶子関係は，離婚によって消滅するとされていた（旧民法729条1項）。そのため，継親子関係は，継子の親と継親との離婚によって消滅した（昭11・4・11民甲371号民事局長回答）。

親族事例26　継子のいる夫婦の離婚

明治39・8・5　甲家家族Ａ男が乙家家族Ｂ女と婚姻（Ｂ女が甲家の戸籍に入籍）

第2章　継親子関係

明治44・10・4　　A男とB女に嫡出子C男が誕生（C男は甲家の戸籍に入籍）
昭和13・7・4　　B女が死亡
昭和17・12・3　　A男が丙家家族D女と婚姻（D女が甲家の戸籍に入籍）
昭和21・6・21　　A男とD女が離婚（D女が丙家の戸籍に復籍）

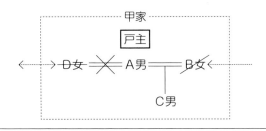

　例えば，この事例は，親族事例1で，その後，A男とD女が離婚したもので，これにより，D女とC男との継親子関係が消滅した。親族事例7でも，その後，A女とD男が入夫離婚すると，D男とC男との継親子関係が消滅し，以後，親子ではなくなる。

　その他，戸内婚の場合でも，例えば，亡夫との子のある遺妻が，同じ家（戸籍）の亡夫の弟と再婚すると，遺妻の後夫（亡夫の弟）と当該子との間に継親子関係が生じるが（親族事例9），ここでも，当該妻と後夫が離婚すると，その継親子関係は消滅した（昭10・11・13法曹会決議・『要録追』57頁）。

親族事例27	実父死亡後の継母の去家
明治39・8・5	甲家家族A男が乙家家族B女と婚姻（B女が甲家の戸籍に入籍）
明治44・10・4	A男とB女に嫡出子C男が誕生（C男は甲家の戸籍に入籍）
昭和13・7・4	B女が死亡
昭和17・12・3	A男が丙家家族D女と婚姻（D女が甲家の戸籍に入籍）
昭和19・4・13	A男が死亡

第3節　継親子関係の消滅

昭和21・9・14　D女が丙家に親族入籍（D女が丙家の戸籍に入籍）

```
        丙家                          甲家
      ┌─────┐                      ┌─────┐
      │ 戸主 │                      │ 戸主 │
      └─────┘                      └─────┘

      D女 ──────→ D女 ══════ A男 ──── B女
       ↑                            │
                                   C男
```

　もう一つ，継親子関係は，夫婦の一方が死亡した場合において，生存配偶者が，その家を去ったときも，姻族関係及び継親子関係・嫡母庶子関係は消滅するとされていた（旧民法729条2項）。つまり，生存配偶者である継親が，その家を去った（去家した）ときは，継親子関係が消滅するのである。継親子関係は，継親の配偶者（通常は，継子の実親又は養親）が死亡しただけでは消滅せず，去家したときに消滅する。再継親子関係の場合は（親族事例18），継親が死亡し，再継親が去家することによって，再継親と継子との間の再継親子関係が消滅する（大判大9・4・8大民録26輯466頁）。

　離婚によるも，去家によるも，継親子関係が消滅すると，継子を通じた準血族関係（例えば，親族事例23のA男とI男との祖父と孫の関係）も消滅する（戸籍365号77頁）。

　この事例では，A男とD女の婚姻により，D女とC男との間に継親子関係が生じたが，A男が死亡した後に，D女が実家である丙家に親族入籍（旧民法737条）したもので，これにより，甲家とD女との姻族関係が消滅すると同時に，D女とC男との間の継親子関係が消滅した。

　なお，生存配偶者の去家によって継親子関係が消滅するのは，去家した配偶者が継親の場合であり，親族事例26中の昭和10年11月13日・法曹会決議の場合と異なり，例えば，親族事例18で，B女が死亡せずに，D男と離婚し，甲家を去家したとすると，この場合は，C男にとって実母の去家であるため，D男とC男の継親子関係は消滅せず（B女とC男の実親子関係が消

第2章 継親子関係

滅しないことはいうまでもない。），そのため，E女とC男との間の継親子関係（再継親子関係）が生じるとする見解もある（大14・6・29法曹会決議・『要録上』383頁）。

親族事例28	実父死亡後の継母の再嫁による去家
明治39・8・5	甲家家族A男が乙家家族B女と婚姻（B女が甲家の戸籍に入籍）
明治44・10・4	A男とB女に嫡出子C男が誕生（C男は甲家の戸籍に入籍）
昭和13・7・4	B女が死亡
昭和17・12・3	A男が丙家家族D女と婚姻（D女が甲家の戸籍に入籍）
昭和19・4・13	A男が死亡
昭和21・9・14	丁家家族E男がD女と婚姻（D女が丁家の戸籍に入籍）

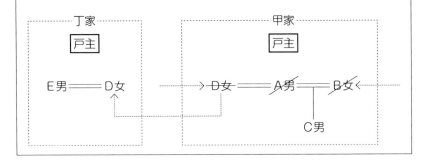

この事例でも，A男とD女の婚姻により，D女とC男との間に継親子関係が生じたが，A男が死亡した後に，D女が，婚姻により丙家に入籍（旧民法741条）した（再嫁（転婚）した）もので，これにより，甲家とD女との姻族関係が消滅すると同時に，D女とC男との間の継親子関係が消滅した。

継親子関係が消滅するとされる離婚，去家には，協議離婚や，親族入籍のように当事者の意思によるものだけでなく，裁判上の離婚や，戸主による離籍（旧民法750条2項，749条3項）のような，当事者の意思に基づかないものも含まれる（大判大8・5・20民録25輯793頁，大3・1・14民17号法務局長回答）。

132

第 3 節　継親子関係の消滅

| 親族事例29 | 実父死亡後の継母の分家 |

明治39・8・5　甲家家族Ａ男が乙家家族Ｂ女と婚姻（Ｂ女が甲家の戸籍に入籍）
明治44・10・4　Ａ男とＢ女に嫡出子Ｃ男が誕生（Ｃ男は甲家の戸籍に入籍）
昭和13・7・4　Ｂ女が死亡
昭和17・12・3　Ａ男が丙家家族Ｄ女と婚姻（Ｄ女が甲家の戸籍に入籍）
昭和19・4・13　Ａ男が死亡
昭和21・9・14　Ｄ女が分家（Ｄ女を戸主とする甲家分家の新戸籍編製）

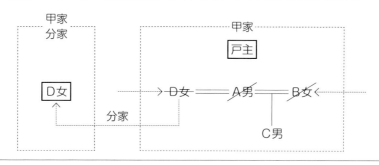

　この事例でも，Ａ男とＤ女の婚姻により，Ｄ女とＣ男との間に継親子関係が生じたが，Ａ男が死亡した後に，Ｄ女が分家したものである。分家も，本家を除籍する（去る）ものではあるが，例外規定が設けられ，本家相続，分家，廃絶家再興の場合には，旧民法第729条第2項は適用されないとされていた（旧民法731条）。
　つまり，継親の配偶者（通常は，継子の実親又は養親）が死亡した後，生存配偶者である継親が去家をしても，それが，本家相続（旧民法743条1項），分家（同項）又は廃絶家再興（同項）の場合には，生じている姻族関係及び継親子関係は消滅しないこととなる。
　この事例では，Ｄ女の分家後も，Ｄ女とＣ男の継親子関係は継続している。これは，継親が本家相続，分家又は廃絶家再興によって継子のいる家を

133

第 2 章 継親子関係

去ったとしても，いまだ継親と継子は同一の家にいるものと同視し得るからであるとされている。旧民法においては，例えば，戸主の実男子であっても，戸主と同じ家（戸籍）にいない者は，第1種法定家督相続人とはなり得ないとされるなど，家を異にする（本家相続，分家又は廃絶家再興によって家を異にする場合を含む。）ことが法的効果にも影響を及ぼすことも多いが，継親子関係の消長（姻族関係，親族関係の消長）に関しては，本家相続，分家又は廃絶家再興のために，継親が他家に入っても，なお，同じ家にいるとして取り扱われる。

親族事例30　実父継母夫婦の去家

明治39・8・5	甲家家族A男が乙家家族B女と婚姻（B女が甲家の戸籍に入籍）
明治44・10・4	A男とB女に嫡出子C男が誕生（C男は甲家の戸籍に入籍）
昭和13・7・4	B女が死亡
昭和17・12・3	A男が丙家家族D女と婚姻（D女が甲家の戸籍に入籍）
昭和19・4・13	A男が丁家に親族入籍（A男が丁家の戸籍に入籍，D女はA男に従って丁家の戸籍に入籍）

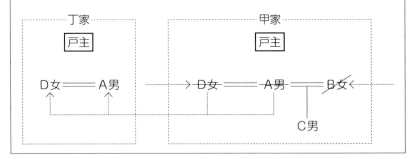

親族事例31　実父継母夫婦の分家

明治39・8・5　甲家家族A男が乙家家族B女と婚姻（B女が甲家の戸

第3節　継親子関係の消滅

明治44・10・4　　籍に入籍）
　　　　　　　　A男とB女に嫡出子C男が誕生（C男は甲家の戸籍に入籍）
昭和13・7・4　　B女が死亡
昭和17・12・3　A男が丙家家族D女と婚姻（D女が甲家の戸籍に入籍）
昭和19・4・13　A男が分家（A男を戸主とする甲家分家の新戸籍編製，D女はA男に従って甲家分家の戸籍に入籍）

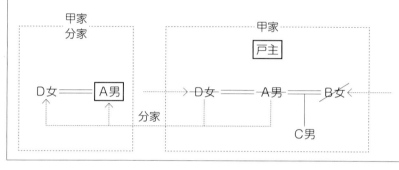

　親族事例27～29は，継親が配偶者の死亡後に，継親が単独で去家する事例であるが，親族事例30，31は，継親が配偶者とともに去家する事例である。この場合であっても，先例においては，親族入籍による去家の場合は継親子関係は消滅するが（大5・11・10民1420号法務局長回答・『大系』322頁），分家の場合には継親子関係は消滅せず（大5・11・10民1420号法務局長回答），よって，親族事例30においてはD女とC男との継親子関係は消滅し，親族事例31においてはD女とC男との継親子関係は消滅していないとされた。
　しかし，判例においては，継親が，その配偶者（継子の実親）とともに他家に入籍しても継親子関係は消滅しないとされ（最三小判昭30・9・27民集9巻10号1409頁），そうすると，親族事例30においても，D女とC男の継親子関係は消滅していないこととなる。旧民法第729条第2項では，「夫婦ノ一方カ死亡シタル場合ニ於テ生存配偶者カ其家ヲ去リタルトキ亦同シ」とし，夫婦の一方（実親）が死亡した場合の他の配偶者（継親）の去家によって継親子関係が消滅するとあることから，継親夫婦がともに生存中に去家する

第 2 章　継親子関係

場合である親族事例30，親族事例31には同項の適用はなく，継親子関係は消滅していないと考える。

いずれにしても，親族事例31では，D女とC男との継親子関係が消滅していないという結論に変わりはない。

親族事例32	実父死亡後の継母の継子の養家への入籍
明治39・8・5	甲家家族A男が乙家家族B女と婚姻（B女が甲家の戸籍に入籍）
明治44・10・4	A男とB女に嫡出子C男が誕生（C男は甲家の戸籍に入籍）
昭和13・7・4	B女が死亡
昭和17・12・3	A男が丙家家族D女と婚姻（D女が甲家の戸籍に入籍）
昭和19・4・13	丁家戸主E男がC男を養子とする養子縁組（C男が丁家の戸籍に入籍）
昭和20・8・1	A男が死亡
昭和21・2・8	D女が丁家に親族入籍（D女が丁家の戸籍に入籍）

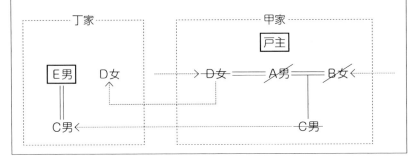

　この事例も，継親が去家したため，継親子関係が消滅するところ，ここでは，その入籍先が，継子の養家である場合である。この場合，結果的に，継親と継子が同じ家にいることとなっても，継親の去家により継親子関係が消滅するという結論は変わらない（明44・2・14民刑24号民刑局長回答）。ここでは，D女とC男との間の継親子関係は，C男が丁家に入籍した以後も

第3節　継親子関係の消滅

継続していたが，D女が丁家に入籍した時に消滅した。

| 親族事例33 | 継親と継子の同じ家への入籍 |

明治39・8・5　　乙家戸主B女が丙家家族A男と入夫婚姻（A男が乙家の戸籍に入籍）
　　　　　　　　※　入夫が戸主とならない旨婚姻届書に記載

明治44・10・4　　B女とA男に嫡出子C男が誕生（C男は乙家の戸籍に入籍）

大正10・5・24　　A男が死亡

昭和3・7・15　　B女が丁家家族D男と入夫婚姻（D男が乙家の戸籍に入籍）
　　　　　　　　※　入夫が戸主となる旨婚姻届書に記載
　　　　　　　　※　D男を戸主とする乙家の新戸籍編製（D男，B女，C男が在籍）

昭和17・4・29　　B女が死亡

昭和17・12・3　　D男が乙家を廃家し甲家に親族入籍（D男が甲家の戸籍に入籍，C男はD男に従って甲家に入籍）

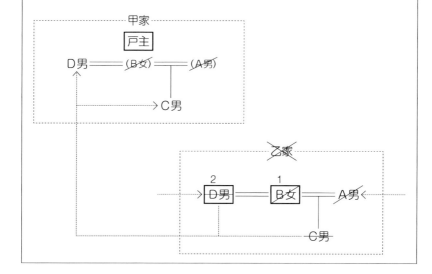

第２章　継親子関係

　この事例も，継親が親族入籍によって去家したものであるが，継子もともに入籍したもので，この場合には，継親子関係は消滅しないとされた（大３・８・８民1205号法務局長回答・『大系』324頁）。したがって，ここでは，甲家においても，Ｄ男とＣ男との継親子関係は消滅していない。生存配偶者が，その家（継子のいる家）を去ったときに当たらないといえよう。

　親族事例32で，Ｃ男が養子縁組ではなく，分家したとして，その分家にＤ女が親族入籍したときも，Ｄ女自ら分家したもの（親族事例29）と相違するところはないため，引き続きＤ女とＣ男との継親子関係は継続していると考えられている（昭10・２・27法曹会決議・『要録追』56頁）。

親族事例34	生存配偶者である継母の再嫁後の離婚復籍
明治39・８・５	甲家家族Ａ男が乙家家族Ｂ女と婚姻（Ｂ女が甲家の戸籍に入籍）
明治44・10・４	Ａ男とＢ女に嫡出子Ｃ男が誕生（Ｃ男は甲家の戸籍に入籍）
昭和13・７・４	Ｂ女が死亡
昭和17・12・３	Ａ男が丙家家族Ｄ女と婚姻（Ｄ女が甲家の戸籍に入籍）
昭和19・４・13	Ａ男が死亡
昭和20・９・14	丁家家族Ｅ男がＤ女と婚姻（Ｄ女が丁家の戸籍に入籍）
昭和21・４・10	Ｅ男とＤ女が離婚（Ｄ女が甲家の戸籍に復籍）

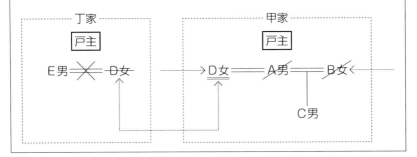

第3節　継親子関係の消滅

　この事例は，Ｄ女の婚姻除籍（去家）によってＤ女とＣ男との間の継親子関係が消滅した後に，離婚によって，元継子であるＣ男のいる甲家に復籍したものである。継親の婚姻去家によって消滅した継親子関係は，継親が離婚によって復籍しても再び生じること（回復すること）はない（大9・3・2民178号民事局長回答・『大系』326頁，昭4・12・14民10613号民事局長回答・『大系』328頁，昭11・5・4民甲471号民事局長変更通牒・『大系』327頁，昭12・4・23民甲519号民事局長通牒）。Ｄ女が復籍しても，Ａ男が死亡しているため，Ｄ女と亡Ａ男の婚姻関係は復活しないためである。

親族事例35	実父と継母の再婚
明治33・2・3	甲家戸主Ａ男が乙家家族Ｂ女と婚姻（Ｂ女が甲家の戸籍に入籍）
明治35・1・5	Ａ男とＢ女に嫡出子Ｃ男が誕生（Ｃ男は甲家の戸籍に入籍）
明治37・7・8	Ａ男とＢ女に嫡出子Ｄ女が誕生（Ｄ女は甲家の戸籍に入籍）
明治39・11・1	Ａ男とＢ女に嫡出子Ｅ女が誕生（Ｅ女は甲家の戸籍に入籍）
明治41・11・1	Ａ男とＢ女に嫡出子Ｆ女が誕生（Ｆ女は甲家の戸籍に入籍）
大正2・9・3	Ｂ女が死亡
昭和2・6・3	Ｃ男が丙家家族Ｇ女と婚姻（Ｇ女が甲家の戸籍に入籍）
昭和3・7・10	丁家家族Ｊ男がＤ女と婚姻（Ｄ女が丁家の戸籍に入籍）
昭和4・9・9	Ｃ男とＧ女に嫡出子Ｈ男が誕生（Ｈ男は甲家の戸籍に入籍）
昭和6・7・10	戊家戸主Ｋ男がＥ女と婚姻（Ｅ女が戊家の戸籍に入籍）
昭和7・3・10	Ａ男が己家家族Ｉ女と婚姻（Ｉ女が甲家の戸籍に入籍）
昭和8・12・5	Ｋ男とＥ女が離婚（Ｅ女が甲家の戸籍に復籍）
昭和10・1・10	Ａ男とＩ女が離婚（Ｉ女が己家の戸籍に復籍）

第2章 継親子関係

昭和11・4・11　庚家家族L男がF女と婚姻（F女が庚家の戸籍に復籍）
昭和12・7・9　A男とⅠ女が婚姻（Ⅰ女が甲家の戸籍に入籍）
昭和15・4・13　A男が死亡
　　　　　　　※　C男の家督相続届によりC男を戸主とする甲家の新戸籍編製（C男，Ⅰ女，G女，H男，E女が在籍）
昭和17・11・7　辛家戸主M男がE女と婚姻（E女が辛家の戸籍に入籍）
昭和20・7・11　C男が死亡
　　　　　　　※　H男の家督相続届によりH男を戸主とする甲家の新戸籍編製（H男，G女，Ⅰ女が在籍）

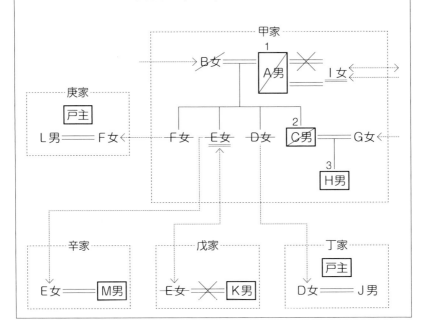

　この事例では，Ⅰ女と，その配偶者A男の子達との間に各々継親子関係が生じるか否かを判断しなければならないが，Ⅰ女がA男と婚姻，離婚，再婚をしているため，それが継親子関係の成否にどのような影響を与えるのかを検討する必要がある。まず，Ⅰ女とA男の最初の婚姻では，Ⅰ女と，家を同じくすることとなったC男，F女との間には継親子関係が生じたが，

140

その婚姻の際に，既に他家にあるD女，E女との間には継親子関係は生じなかった。その後，I女とA男が離婚したことにより，I女と，C男，F女との間の継親子関係が消滅した。次に，I女がA男と再婚したが，D女，E女は引き続き他家にあるためI女と継親子関係は生じず，F女も他家にあるため継親子関係は生じない。F女は，A男とI女の離婚前は，I女の継子であったところ，I女の離婚により継親子関係が消滅し，次いで他家に入り，その後，I女が再びA男と婚姻したのであるが，離婚によって消滅した継親子関係は，元継親と実親との再婚によっても回復することはない（昭28・11・14民甲2073号民事局長回答）。つまり，元継親と実親との再婚の場合であっても，継親子関係は，再婚時において新たに要件を満たすか否かを検討するものとなる。そのため，F女は，I女の継子ではあったものの，I女とA男の離婚により，その継親子関係が消滅し，その後の，I女とA男の再婚によっても，先の継親子関係は回復することなく，その再婚時に，F女は他家にあるので，I女とは継親子関係は生じない。一方，E女は，I女の再婚後に，離婚によって甲家に復籍し，家を同じくしたため，I女との間に継親子関係を生じた。その後，E女が婚姻により他家に入っても継親子関係は継続する。また，C男も，I女の再婚によってI女との間に継親子関係を生じた。これは，C男もE女も，I女の最初の婚姻中に生じた継親子関係が復活したわけではなく，あくまでも，I女の再婚によって新たな継親子関係を生じたものである。なお，C男の子であるH男は，I女とC男との継親子関係発生前に生まれているため，I女とH男とは，祖母と孫の関係は一度も生じていない（戸籍365号79頁）。

　以下に，この事例における関係者が甲家に在籍した期間を表にしたので，参考にされたい。

第2章 継親子関係

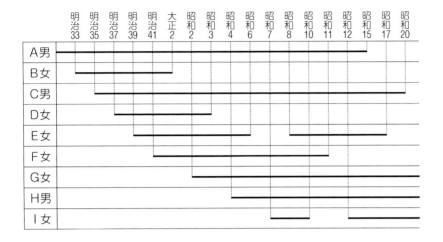

第4節 嫡母庶子関係

親族事例36　庶子のある夫と婚姻した妻と当該庶子との関係

明治39・8・5　乙家家族Ｂ女が甲家戸主Ａ男の庶子Ｃ男を出生（Ｃ男は甲家の戸籍に入籍）

大正4・10・14　Ａ男が丙家家族Ｄ女と婚姻（Ｄ女は甲家の戸籍に入籍）

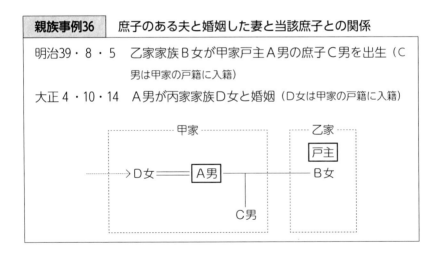

　継親子関係には，これまで述べた嫡出子の関係を生じるもののほか，非嫡出子の関係を生じる，いわば非嫡出の継親子関係もあり，これを嫡母庶子関係という。妻にとって夫の庶子は自己の非嫡出子と同一の関係となり，この場合，その庶子にとって，父の妻を嫡母と呼ぶ。

142

第4節　嫡母庶子関係

　この事例では，D女にとってC男は庶子，C男にとってD女は嫡母ということになる。本来の庶子は，父との関係のみ指すものであるが，嫡母庶子関係を生じることにより，まさに庶子である継子が母子間（D女・C男間）に認められ，C男はD女の庶子（父に認知された非嫡出子）となる。

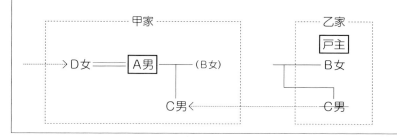

親族事例37　婚姻後に夫が認知した庶子が入籍したときの妻と当該庶子との関係

明治39・8・5　乙家家族B女が私生子C男を出生（C男は乙家の戸籍に入籍）

明治41・1・14　甲家戸主A男が丙家家族D女と婚姻（D女は甲家の戸籍に入籍）

大正4・10・14　A男がC男を認知（C男は甲家の戸籍に入籍）

　この事例は，庶子となるべき者の父の婚姻の後に，父が他家にある私生子を認知したことで，その私生子が庶子として父の家に入籍したものである。親族事例36のように，父の婚姻以前に認知されていた庶子も嫡母庶子の関係を生じるが（明45・4・15民602号民事局長回答・『訓令』），もちろん，この事例のように，父の婚姻の後に，父に認知された庶子が父の家に入籍した場合も，嫡母庶子の関係が生じる。ここでも，D女にとってC男は庶子，C男にとってD女は嫡母ということになる。

　仮に，この事例で，その後，D女が死亡し，A男が後妻と再婚すると，その後妻とC男にも嫡母庶子関係が発生する（大7・6・15民1333号法務局長回答・『大系』355頁）。

　なお，この事例で，A男が家族であったとして，C男の認知の際，甲家

143

第2章　継親子関係

の戸主の同意が得られず，認知後もＣ男が乙家に在籍している状態では，Ｄ女とＣ男は家を同じくしていないため，Ｄ女とＣ男との間に嫡母庶子関係は生じない。

親族事例38　女戸主と入夫の他家にある子との関係

明治39・8・5	乙家家族Ｂ女が甲家家族Ａ男の庶子Ｃ男を出生（Ｃ男は甲家の戸籍に入籍）
昭和4・10・14	丙家戸主Ｄ女とＡ男が入夫婚姻（Ａ男が丙家の戸籍に入籍）
	※　入夫が戸主となる旨婚姻届書に記載なし

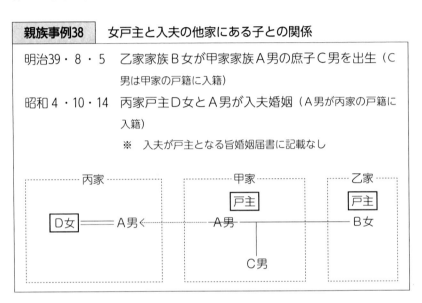

　嫡母庶子関係の発生，効果（非嫡出の親子関係となることは当然），消滅については，通常の継親子関係のものと同様であり，この事例では，入夫の妻と，入夫の庶子は家を異にしており，その者らの間に嫡母庶子関係は生じない（大2・2・26民89号民事局長回答）。つまり，Ｄ女はＣ男の嫡母とはならない。もちろん，Ｃ男が丙家に入籍することがあれば，Ｄ女はＣ男の嫡母となるわけである。

親族事例39　夫と妻の私生子との関係

| 明治39・8・5 | 甲家戸主Ｅ男が乙家家族Ｆ女と婚姻（Ｆ女が甲家の戸籍に入籍） |
| 明治44・10・4 | Ｅ男とＦ女に嫡出子Ａ女が誕生（Ａ女は甲家の戸籍に入籍） |

第4節　嫡母庶子関係

昭和10・7・7　　A女が私生子C男を出生（C男は甲家の戸籍に入籍）
昭和15・8・9　　E男及びF女並びにA女が丙家家族B男と婿養子縁
　　　　　　　　組（B男が甲家の戸籍に入籍）

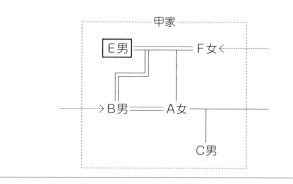

　この事例は，同じ家に，女子と，その私生子がいるところ，その女子に婿養子を迎えた事例である。

　私生子と継親子の関係であるが，私生子の母が婚姻し，母の夫と私生子が同じ家になったとしても，私生子は，母の夫の継子とはならないとされていた（大判明37・5・23大民録10輯712頁，大7・5・30民1159号法務局長回答・『大系』314頁，大10・2・8民522号民事局長回答・『大系』320頁）。この事例では，B男にとっては，C男は，配偶者の私生子であるので，B男にとって，C男は，妻の子ではあっても，B男の継子とはなることはない。これは，旧民法当時は，「私生子ハ婚姻ノ結果ニ出テタルニアラス私通野合ノ結果ニ出テタルモノナルカ故」と考えられていたことによる（明44・7・8法曹会決議・『要録上』375頁）。

| 親族事例40 | 嫡母の後夫と嫡母の庶子との関係 |

明治39・8・5　　乙家家族B女が甲家家族A男の庶子C男を出生（C
　　　　　　　　男は甲家の戸籍に入籍）
明治41・1・14　 丙家戸主D女がA男と入夫婚姻（A男が丙家の戸籍に
　　　　　　　　入籍）

145

第 2 章　継親子関係

明治41・1・15　　A男がC男を引取入籍（C男が丙家の戸籍に入籍）
　　　　　　　　　※　入夫が戸主とならない旨婚姻届書に記載
昭和13・7・4　　 A男が死亡
昭和17・12・3　　D女が丁家家族E男と入夫婚姻（E男が丙家の戸籍に
　　　　　　　　入籍）
　　　　　　　　　※　入夫が戸主となる旨婚姻届書に記載なし

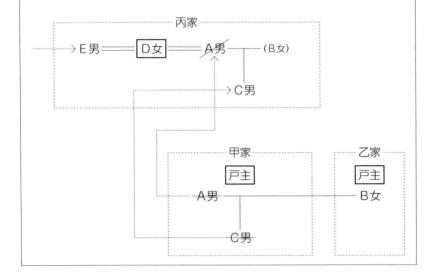

　この事例は，嫡母が再婚した場合，嫡母の夫と，嫡母の庶子との親子関係に関する事例である。D女がA男と入夫婚姻し，C男が丙家に入籍すると，まず，D女を嫡母，C男を庶子とする嫡母庶子の関係が生じる。その後，その庶子が同じ家にあるまま，嫡母が再婚した場合は，嫡母の後夫と，その庶子とは，再継親子の関係が生じるが，嫡出であるか非嫡出であるかとの関係でいうと，旧民法施行当初は，非嫡出の親子関係であるとされていたため，嫡母の後夫にとっても，その庶子は，依然として庶子として扱われていた（明37・12・14民刑952号民刑局長回答・『大系』319頁）。しかし，先例変更により，この場合には，嫡母の後夫にとっては，その庶子は，継子として扱われることとなった（昭9・12・28民1467号民事局長回答，昭7・9・

28法曹会決議・『要録追』55頁）。そこで，E男はC男にとって継父，C男はE男にとって継子となった。

第5節　継親子制度の廃止

継親子制度は，応急措置法の施行に伴って不適用とされ，新民法の施行とともに廃止された。個人の尊厳と両性の本質的平等を謳う日本国憲法の下では，家制度に立脚する継親子制度の存続が許されないからである。したがって，継親子関係（以下，嫡母庶子関係を含む。）は，昭和22年5月3日午前0時をもって一律に消滅した。つまり，応急措置法の施行に伴って，継親子関係は認められなくなり，姻族1親等の関係となった（昭22・4・16民甲317号民事局長通達・『訓令』）。

この結果，それまで継親であった者と継子であった者とは，もはや親子ではなくなり，例えば，継母と継子は，父の妻，夫の子という姻族1親等の関係のみが継続することとなる。継子を通じて生じた継父と継子の子の祖父と孫の関係も消滅した。

もちろん，応急措置法施行後の婚姻や入籍で，継親子関係が生じることがないことはいうまでもない。

従前の継親子関係に基づく「継子男（女）」，「継父（母）」等の続柄は，新戸籍編製又は転籍の場合に，「父（母）ノ妻（夫）」，「夫（妻）ノ何男」等と新例に引き直して移記されたため（昭22・4・16民甲317号民事局長通達・『訓令』），強いて更正されることはなく，更正される場合にも更正事由は記載されなかった（戸籍21号50頁）。

第6節　旧民法施行前の継親子関係

前述のとおり，旧民法には継親子関係の定義は明文化されていなかったが，これはつまり，旧民法施行以前から慣例として親子と同様の扱いであったものであり，当時の人々には，当然のことであったのであろう。

旧民法施行以前に，公布されたものの施行はされずに廃止された旧々民法は，親族，身分関係については当時の慣例に基づいて制定されたといわ

第2章　継親子関係

れているが，その人事編第23条で，「嫡母，継父又ハ継母ト其配偶者ノ子トノ関係ハ親子ニ準ス」と規定されていた。

　判例においても，民法施行前，継親と継子は（嫡母と庶子も）親子の関係にあるとされ（大判大4・4・24民録21輯570頁），旧民法施行前に，夫が妻の家に入ったものであっても，当該後夫と，家を同じくした妻の子との間には継親子関係が生じるとされた（大判明37・5・23大民録10輯712頁）。また，旧民法施行前においても，継親子関係は，分家によって絶止することはないとされていた（大判明39・1・18大民録12輯19頁）。なお，旧民法施行前にあっては，母の連れ子として母の後夫の家に入った者は後夫の継子となったが，嗣子と定められることがない限り，当然に，その後夫の相続人たる地位を取得するものではないとした判例がある（大判大15・7・17大民集5巻665頁）。

　さらにさかのぼると，新律綱領（明治3年12月20日）：「……5等親圖……2等親……繼母……嫡母……3等親……繼父……」，養子嫡男出生後離縁其実母ヘ再婚ヲ迎ヘ相続ノ節嫡男ト再婚ノ間各称呼ノ儀内務省伺（明治8年7月30日太政官指令）：「……前婚ノ子ヨリ後婚ヲ指シテ繼父ト可称事」，父死後母ノ再嫁ニ従フ前夫ノ子及連レ子母子原籍ヲ異ニスル者母ノ後夫ト互ノ称呼等内務省伺（明治8年12月27日太政官指令）：「……其家ニ居ル子ハ母ノ後夫ヲ稱シテ繼父ト云フ……」などの太政官布告・達等に，継親子関係に関することが見られる。

第1節　家督相続

第3章　継子の相続権

第1節　家督相続

第1　継子の家督相続人資格

　旧民法施行中に開始した相続には，家督相続と遺産相続の2種類があった。一つが家督相続であり，もう一つが遺産相続である。

　家督相続については，第2編第2章のとおりであり，第1順位である第1種法定家督相続人は，前戸主である被相続人の家族である直系卑属であるところ，この直系卑属には，戸主の実子，養子が含まれるほか，継子も含まれる。継親と継子は親子と同一の関係が生じているからである。

　例えば，死亡した戸主に，同じ家に，実子も養子もいないが，継子がただ一人いるときは，その継子が家督相続人となる。

第2　継子の家督相続の順序

　家督相続が開始した際，前戸主である被相続人の家族である直系卑属が複数ある場合は，それらの者の中で誰が家督相続人になるのかということは，旧民法第964条以下に定められているが，これらに継子がいる場合に，その継子の家督相続の順序については，単に，男女や年齢によって考えるだけではなく，次のとおり，家附であるか否かなどの事情を考慮して考えるべきものとされている。

　すなわち，継子の家督相続権は一概に決すべきではなく，家附であるか，あるいは他家から入った者か等，被相続人の家における関係その他の事情を参酌し，個々の事案に応じて決すべきであるとされていた（大11・7・14民2397号民事局長通牒）。

第3　家　附

　家附とは，旧民法中に定義はないが，第一義的には，「その家（の戸籍で）で生まれた」という意味である。さらに，家附の子というときは，連れ子と対比して，もともとの，その家の子という意味で用いられる。旧民

149

第3章　継子の相続権

法における家女（旧民法813条10号，866条9号，982条第1）は，家附の女子という意味で用いられている。また，養子は，養家（養親の家）で生まれたわけではないが，連れ子との関係では，養家における家附の子に当たる（戸籍638号79頁）。したがって，「家附」には，本章でとりあげる「継子」があるだけでなく，単に家附の「子」，あるいは家附の「実子」，家附の「養子」もあり得る。

　他家から親族入籍，引取入籍によって入籍したものは家附とはいえないが，携帯入籍によって本家から分家に入籍した者は，分家における家附といえる（第2編第2章第3節第2の2）。

　また，離婚，離縁によって復籍した者は，実家における身分を回復するため（旧民法875条），実家の家附であるといえる。

　また，家附は，子に関してだけではなく，親についても，その概念が当てはまる。子にとって同じ家にいる実父又は実母は，通常は家附の父又は家附の母に当たり，養子にとって同じ家（養家）にいる養父又は養母は家附の父又は家附の母に当たる。他家から継子の家に入って父又は母となった者は家附の父又は家附の母には当たらないが，継子が他家から入ったことで継父又は継母となった者は家附の父又は家附の母に当たる。

第4　継子の家督相続に関する事例

相続事例17	実子の女子と家附でない男子の継子がいる戸主の死亡

被相続人D男

明治39・8・5	乙家戸主B女が丙家家族A男と入夫婚姻（A男が乙家の戸籍に入籍）
	※　入夫が戸主とならない旨婚姻届書に記載
明治44・10・4	B女とA男に嫡出子C男が誕生（C男は乙家の戸籍に入籍）
大正3・9・8	甲家戸主D男が丁家家族E女と婚姻（E女が甲家の戸籍に入籍）

150

第 1 節　家督相続

大正 4・10・4　　D男とE女に嫡出子F女が誕生（F女は甲家の戸籍に入籍）
昭和 2・2・1　　 A男が死亡
昭和12・12・1　　E女が死亡
昭和17・12・3　　B女が乙家を廃家し，D男がB女と婚姻（B女が甲家の戸籍に入籍，C男はB女に従って甲家に入籍）
昭和20・7・24　　D男が死亡

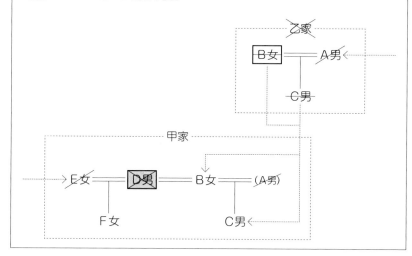

　この事例では，D男とB女の婚姻と，C男の甲家への入籍により，C男はD男の継子となった。戸主である被相続人D男が死亡し，甲家につき家督相続が開始したところ，その家族である直系卑属には，実子であるF女と継子C男がいるが，この事例では，家附でない継子であるC男より，女子であっても甲家で生まれた家附の子（実子）であるF女が優先して家督相続人となる。家附でない継子は，女子であっても家附である子の家督相続権を害し得ないからである（大 5・3・17民390号法務局長回答・『大系』2117頁，大11・7・14民1817号民事局長通牒）。これは，その家の家系の者を優先させる考え方によるものである。
　甲家においては，C男は入籍した者であるので，甲家の生来の子である

第3章 継子の相続権

F女がいる限り，F女が家督相続人となる。

| 相続事例18 | 年少の男子の実子と家附でない男子の継子がいる戸主の死亡 |

被相続人D男

明治39・8・5　乙家戸主B女が丙家家族A男と入夫婚姻（A男が乙家の戸籍に入籍）

　　　　　　　※　入夫が戸主とならない旨婚姻届書に記載

明治44・10・4　B女とA男に嫡出子C男が誕生（C男は乙家の戸籍に入籍）

大正3・9・8　甲家戸主D男が丁家家族E女と婚姻（E女が甲家の戸籍に入籍）

大正4・10・4　D男とE女に嫡出子F男が誕生（F男は甲家の戸籍に入籍）

昭和2・2・1　A男が死亡

昭和12・12・1　E女が死亡

昭和17・12・3　B女が乙家を廃家し，D男がB女と婚姻（B女が甲家の戸籍に入籍，C男はB女に従って甲家に入籍）

昭和20・7・24　D男が死亡

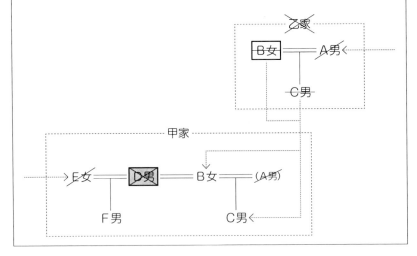

第 1 節　家督相続

　この事例は，相続事例17で，Ｆが女子ではなく，男子であった場合である。ここでは，戸主である被相続人Ｄ男が死亡し，甲家につき家督相続が開始したところ，その家族である直系卑属には，実子であるＦ男と継子Ｃ男がいるが，この事例では，家附でない継子であるＣ男より，年少であっても甲家で生まれた家附の子（実子）であるＦ男が優先して家督相続人となる（大５・10・25民901号法務局長回答・『大系』2120頁）。

　甲家においては，Ｃ男は入籍した者であるので，甲家の生来の子であるＦ男がいる限り，Ｆ男が家督相続人となる。

相続事例19	実子の女子と家附でない男子の庶子がいる戸主の死亡

被相続人Ａ女

明治39・８・５　　甲家戸主Ａ女が乙家家族Ｂ男と入夫婚姻（Ｂ男が甲家の戸籍に入籍）
　　　　　　　　　※　入夫が戸主とならない旨婚姻届書に記載

明治44・10・４　　丙家家族Ｃ女が私生子Ｄ男を出生（Ｄ男は丙家の戸籍に入籍）

大正３・９・８　　Ａ女とＢ男に嫡出子Ｅ女が誕生（Ｅ女が甲家の戸籍に入籍）

昭和２・２・１　　Ｂ男がＤ男を認知（Ｄ男は甲家の戸籍に入籍）

昭和20・７・24　　Ａ女が死亡

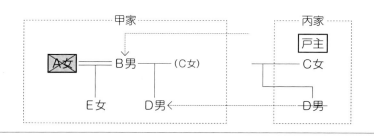

　この事例は，Ｂ男がＤ男を認知し，Ｂ男の庶子となったＤ男が，戸主Ａ女の同意を得て甲家に入籍したことによって，Ａ女を嫡母，Ｄ男を庶子と

第3章　継子の相続権

する非嫡出の継親子関係が生じた。女戸主Ａ女には，実子である長女Ｅ女と，非嫡出の継子である庶子Ｄ男がいるが，もし，甲家が，Ｂ男が生まれた家であり，Ｂ男は，入夫ではなく（Ａ女が他家から入った妻であって），甲家の元来の戸主であったとして，家督相続が開始していたとすると，第２編第２章第３節第２のとおり，嫡出の女子より庶子の男子が家督相続において優先するところ，ここでは，戸主は甲家の家女であるＡ女である。Ｅ女は甲家で生まれた家附の実子で，甲家の血統の者であり，認知の効力は出生に遡るが（旧民法832条），Ｄ男が甲家の血統の者ではないことは明らかである。したがって，Ｅ女が家督相続人となる。Ｄ男の認知による入籍が，Ｅ女が生まれる前であっても，結論は変わらない（昭10・9・26民甲949号民事局長回答・『大系』2044頁）。

相続事例20　　家附の継子と入籍した実子がいる戸主の死亡

被相続人Ａ男

明治39・8・5	乙家戸主Ａ男が丙家家族Ｂ女と婚姻（Ｂ女が乙家の戸籍に入籍）
明治42・10・4	Ａ男とＢ女に嫡出子Ｃ男が誕生（Ｃ男は乙家の戸籍に入籍）
明治43・9・8	甲家戸主Ｄ女が丁家家族Ｅ男と入夫婚姻（Ｅ男が甲家の戸籍に入籍） ※　入夫が戸主とならない旨婚姻届書に記載
大正4・10・4	Ｄ女とＥ男に嫡出子Ｆ女が誕生（Ｆ女は甲家の戸籍に入籍）
昭和2・2・1	Ｂ女が死亡
昭和12・12・1	Ｅ男が死亡
昭和17・12・3	Ａ男が乙家を廃家し，Ｄ女がＡ男と入夫婚姻（Ａ男が甲家の戸籍に入籍，Ｃ男はＡ男に従って甲家に入籍） ※　入夫が戸主となる旨婚姻届書に記載

154

第1節　家督相続

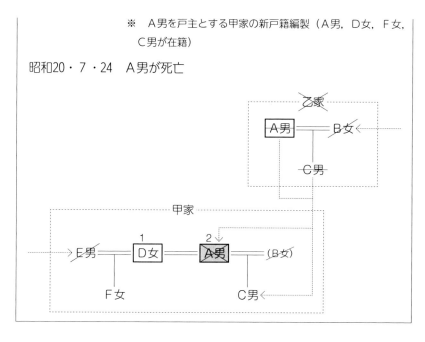

　この事例では，D女とA男との入夫婚姻により，F女はA男の継子となった。戸主である被相続人A男が死亡し，甲家につき家督相続が開始したところ，その家族である直系卑属には，継子であるF女と実子C男がいるが，この事例では，家附でない実子であるC男より，女子であっても甲家で生まれた家附の継子であるF女が優先して家督相続人となる（大11・10・18民3759号民事局長回答・『大系』2127頁）。相続事例17とは，被相続人である戸主が他家から入った者であることが異なるが，その家（甲家）の家系の者を優先させるべく，同様にF女が家督相続人となる。
　甲家においては，C男は入籍した者であるので，甲家の生来の子であるF女がいる限り，F女が家督相続人となる。

第3章 継子の相続権

| 相続事例21 | 男子の実子と家附でない男子の継子がいる養子戸主の死亡 |

被相続人C男

明治31・7・15以前
　　　　　　　※　甲家の戸籍に戸主A男，長女B女，養子C男が在籍

明治31・7・15以前　乙家家族D男がB女と婚姻（B女が乙家の戸籍に入籍）

明治31・7・15以前　D男とB女に嫡出子E男が誕生（E男は乙家の戸籍に入籍）

明治31・7・15以前　D男が死亡

明治31・7・15以前　B女がE男を従えて甲家に親族入籍（B女及びE男が甲家の戸籍に入籍）

明治31・7・15以前　C男とB女が婚姻

明治31・7・15以前　C男とB女に嫡出子F男が誕生（F男は甲家の戸籍に入籍）

明治36・11・9　　A男が死亡
　　　　　　　※　C男の家督相続届によりC男を戸主とする甲家の新戸籍編製（C男，B女，E男，F男が在籍）

昭和17・12・3　　C男が死亡

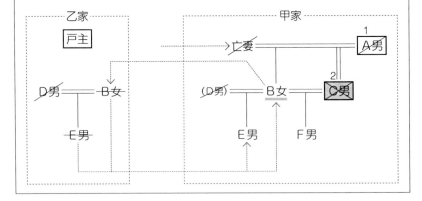

156

第1節　家督相続

　この事例も，Ｅ男の甲家への入籍，Ｃ男とＢ女の婚姻により，Ｅ男はＣ男の継子となった。戸主である被相続人Ｃ男が死亡し，甲家につき家督相続が開始したところ，その家族である直系卑属には，実子であるＦ男と継子Ｅ男がいるが，この事例では，家附でない継子Ｅ男より，甲家で生まれた家附の子（実子）であるＦ男が優先して家督相続人となる。家附でない継子は，家附である子の家督相続権を害し得ないからである（大5・3・17民390号法務局長回答・『大系』2117頁）。

　甲家においては，Ｅ男は入籍した者であるので，甲家の生来の子であるＦ男がいる限り，Ｆ男が家督相続人となる。

相続事例22	家附の男子の継子と男子の実子がいる入夫戸主の死亡

被相続人Ｄ男

明治39・8・5	甲家戸主Ａ女が乙家家族Ｂ男と入夫婚姻（Ｂ男が甲家の戸籍に入籍）
	※　入夫が戸主とならない旨婚姻届書に記載
明治40・10・4	Ａ女とＢ男に嫡出子Ｃ男が誕生（Ｃ男は甲家の戸籍に入籍）
明治43・7・4	Ｂ男が死亡
大正5・9・23	Ａ女が丙家家族Ｄ男と入夫婚姻（Ｄ男が甲家の戸籍に入籍）
	※　入夫が戸主となる旨婚姻届書に記載
	※　Ｄ男を戸主とする甲家の新戸籍編製（Ｄ男，Ａ女，Ｃ男が在籍）
大正7・12・13	Ｄ男とＡ女に嫡出子Ｅ男が誕生（Ｅ男は甲家の戸籍に入籍）
昭和17・7・13	Ｄ男が死亡

第3編　新民法施行後に開始した相続について，旧民法も適用される事例

相続事例22

157

第 3 章　継子の相続権

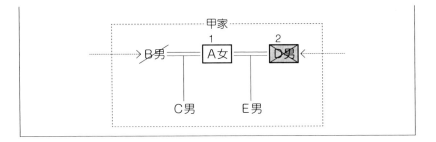

相続事例23　家附の女子の継子と男子の実子がいる入夫戸主の死亡

被相続人D男

明治39・8・5　甲家戸主A女が乙家家族B男と入夫婚姻（B男が甲家の戸籍に入籍）

　　　　　　　※　入夫が戸主とならない旨婚姻届書に記載

明治40・10・4　A女とB男に嫡出子C女が誕生（C女は甲家の戸籍に入籍）

明治43・7・4　B男が死亡

大正5・9・23　A女が丙家家族D男と入夫婚姻（D男が甲家の戸籍に入籍）

　　　　　　　※　入夫が戸主となる旨婚姻届書に記載
　　　　　　　※　D男を戸主とする甲家の新戸籍編製（D男，A女，C女が在籍）

大正7・12・13　D男とA女に嫡出子E男が誕生（E男は甲家の戸籍に入籍）

昭和17・7・13　D男が死亡

第1節　家督相続

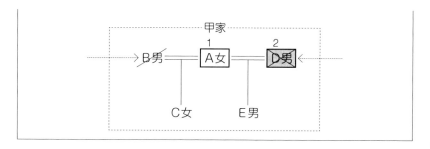

相続事例22, 23は、いずれも、被相続人である戸主D男にとって、実子と継子がいる事例であり、E男が実子であり、C男（相続事例22）又はC女（相続事例23）が継子であるが、これらは皆、甲家で生まれた家附の子である。つまり、家附の実子と、家附の継子の間の家督相続の優先順位に関する事例であるといえる。家附の実子と家附の継子は、両者とも、その家の血統の者であり、ともに嫡出子としての家督相続順位にあることになるため、男子と女子では男子が優先し、また、男子間、女子間では年長者が優先する（大判大14・5・22評論全集14巻410頁）。その結果、相続事例22では、年長者であるC男が継子であっても家督相続人となり、相続事例23では、年少であっても男子であるE男が家督相続人となる。

　仮に、C男又はC女がA女の養子であったとしても、いずれも、家附の継子となるため、男子と女子では男子が優先し、また、男子間、女子間では年長者が優先する。

　相続事例23が、戸内婚であったとして、B男とD男が甲家で生まれた者で、A女が他家から入ってB男と婚姻し、C女が生まれて、B男死亡後、A女がD男と婚姻し、E男が生まれたとしても、同様に、D男にとって、C女は家附の継子、E男は家附の実子であり、男子と女子では男子が優先するため、年少であっても男子であるE男が家督相続人となる（大14・2・18法曹会決議・『要録上』749頁）。

　家督相続について、その優先順序が年長年少によって定まる場合、準正（旧民法836条）又は養子縁組によって嫡出子の身分を取得した者は（旧民法860条）、その嫡出子の身分を取得した時に生まれたものとみなされる（旧

159

第3章 継子の相続権

民法970条2項）が（第2編第2章第3節第2の1），継子については，継親子関係が生じた時に生まれたものとみなされる規定はなかった。

相続事例24　家附の継子である女戸主の養子と実子がいる入夫戸主の死亡

被相続人D男

大正14・10・4　甲家戸主A女が丙家家族C男を養子とする養子縁組
　　　　　　　　（C男が甲家の戸籍に入籍）

昭和7・12・3　A女が丁家家族D男と入夫婚姻（D男が甲家の戸籍に入籍）
　　　　　　※　入夫が戸主となる旨婚姻届書に記載
　　　　　　※　D男を戸主とする甲家の新戸籍編製（D男，A女，C男が在籍）

昭和10・3・17　D男とA女に嫡出子E男が誕生（E男は甲家の戸籍に入籍）

昭和17・7・13　D男が死亡

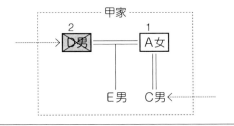

親族事例15のとおり，A女の入夫であるD男と，A女の養子であるC男との間には継親子関係が発生した。親族事例15との違いは，A女とD男の入夫婚姻の際に入夫であるD男が戸主となったか否かであるが，いずれの場合も，C男はD男の継子となったことには変わりない。この事例は，その後，D男とA女に嫡出子E男が生まれたもので，もし，その入夫婚姻の際にD男が戸主とならず，A女が戸主のまま死亡したとすると，A女にとっては養子と実子がいて，いずれも男子の嫡出子として年長者が優先す

第1節　家督相続

るため，Ｃ男が家督相続人となる。この事例では，その入夫婚姻の際にＤ男が戸主となり，継子と実子を遺して死亡した。Ｄ男にとっては継子と実子があるが，Ａ女の養子である継子Ｃ男も，本節第3のとおり家附の子であり，いずれも甲家の血統の子といえる。結局，相続事例23の場合と同様に考え，年長のＣ男が家督相続人となる（明32・7・29民刑1400号民刑局長回答）。

　仮に，Ｃ男が女子であったとしたら，いずれも甲家の血統の女子と男子となり，年少であってもＥ男が家督相続人となる。

相続事例25	復籍した家附の継子と実子がいる入夫戸主の死亡

被相続人Ｆ男

明治39・8・5	甲家戸主Ａ女が乙家家族Ｂ男と入夫婚姻（Ｂ男が甲家の戸籍に入籍）
	※　入夫が戸主とならない旨婚姻届書に記載
明治40・10・4	Ａ女とＢ男に嫡出子Ｃ男が誕生（Ｃ男は甲家の戸籍に入籍）
明治43・1・14	Ａ女とＢ男に嫡出子Ｄ男が誕生（Ｄ男は甲家の戸籍に入籍）
大正7・2・28	丙家戸主Ｅ男がＤ男を養子とする養子縁組（Ｄ男が丙家の戸籍に入籍）
昭和13・7・4	Ｃ男が死亡
昭和14・4・1	Ｂ男が死亡
昭和15・9・3	Ａ女が丁家家族Ｆ男と入夫婚姻（Ｆ男が甲家の戸籍に入籍）
	※　入夫が戸主となる旨婚姻届書に記載
	※　Ｆ男を戸主とする甲家の新戸籍編製（Ｆ男，Ａ女が在籍）
昭和17・12・3	Ｅ男とＤ男が離縁（Ｄ男は甲家に復籍）
昭和19・2・13	Ｆ男とＡ女に嫡出子Ｇ男が誕生（Ｇ男は甲家の戸籍に入籍）

161

第3章 継子の相続権

昭和21・8・11　F男が死亡

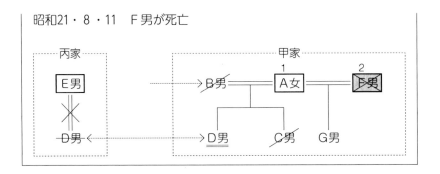

　この事例では，D男の甲家へ復籍したことにより，D男はF男の継子となった。戸主である被相続人F男が死亡し，甲家につき家督相続が開始したところ，その家族である直系卑属には，実子であるG男と継子D男がいる。F男には，家附の子（実子）であるG男と，継子D男がいるが，D男は，甲家で生まれて他家へ去って後に甲家に復籍したものであり，復籍によって実家の甲家における身分（二男であったこと）を回復したので（旧民法875条），家附の継子となる。そこで，家附の子（実子）であるG男と家附の継子であるD男との間では，年長者が優先するため（大8・10・20民4374号民事局長回答・『大系』2117頁，昭4・1・31法曹会決議・『要録上』764頁），D男が家督相続人となる。

相続事例26	家附でない継子と分家後に入籍した実子がいる戸主の死亡

被相続人D男

明治39・8・5　甲家戸主A女が乙家家族B男と入夫婚姻（B男が甲家の戸籍に入籍）

　　　　　　　※　入夫が戸主とならない旨婚姻届書に記載

明治40・10・4　A女とB男に嫡出子C男が誕生（C男は甲家の戸籍に入籍）

明治41・10・14　丙家戸主D男が丁家家族E女と婚姻（E女が丙家の戸籍に入籍）

明治43・1・14　D男とE女に嫡出子F男が誕生（F男は丙家の戸籍に

第1節　家督相続

明治45・7・11	D男とE女に嫡出子G男が誕生（G男は丙家の戸籍に入籍）
昭和9・2・28	G男が分家（G男を戸主とする丙家分家の新戸籍編製）
昭和13・7・4	B男が死亡
昭和14・9・7	E女が死亡
昭和15・9・3	A女が甲家を廃家し，D男がA女と婚姻（A女が丙家の戸籍に入籍，C男はA女に従って丙家に入籍）
昭和17・12・3	F男が死亡
昭和18・1・4	G男が丙家分家を廃家し，甲家に親族入籍（G男が甲家の戸籍に入籍）
昭和21・8・11	D男が死亡

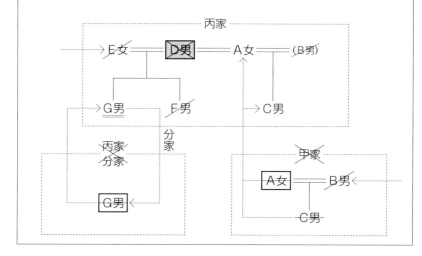

　この事例では，D男とA女の婚姻と，C男の丙家への入籍により，C男はD男の継子となった。戸主である被相続人D男が死亡し，丙家につき家督相続が開始したところ，その家族である直系卑属には，実子であるG男と継子C男がいる。G男も，C男も，入籍した者であり，C男は家附ではなく，G男は家附として生まれたが，その後，分家し，分家の廃家によっ

163

第3章　継子の相続権

て親族入籍した。この場合も，その家の血統の者を優先させる考え方により，Ｃ男の入籍より遅れて入籍した年少者であっても，Ｇ男が家督相続人となる（大8・4・19法曹会決議・『要録上』738頁，大8・6・26民841号民事局長回答）。

| 相続事例27 | 戸内婚による継子と実子がいる戸主の死亡 |

被相続人Ｃ男

明治39・8・5　甲家戸主Ａ男が乙家家族Ｂ女と婚姻（Ｂ女が甲家の戸籍に入籍）

明治40・10・4　Ａ男とＢ女に嫡出子Ｃ男が誕生（Ｃ男は甲家の戸籍に入籍）

明治41・10・14　Ａ男とＢ女に嫡出子Ｄ男が誕生（Ｄ男は甲家の戸籍に入籍）

昭和10・2・28　Ｄ男が丙家家族Ｅ女と婚姻（Ｅ女が甲家の戸籍に入籍）

昭和13・7・4　Ｄ男とＥ女に嫡出子Ｆ男が誕生（Ｆ男は甲家の戸籍に入籍）

昭和14・9・7　Ｄ男が死亡

昭和15・9・3　Ｃ男がＥ女と婚姻

昭和17・12・3　Ｃ男とＥ女に嫡出子Ｇ男が誕生（Ｇ男は甲家の戸籍に入籍）

昭和18・1・4　Ａ男が死亡

　　　　　　　※　Ｃ男の家督相続届によりＣ男を戸主とする甲家の新戸籍編製（Ｃ男，Ｂ女，Ｅ女，Ｇ男，Ｆ男が在籍）

昭和21・8・11　Ｃ男が死亡

164

第1節　家督相続

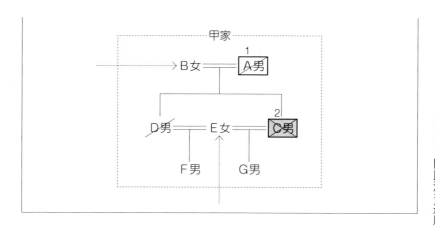

　この事例は，被相続人である戸主C男に，戸内婚による継子F男と実子G男がいるもので，F男もG男も甲家で生まれた子である。つまり，F男はC男の実子ではなくとも，甲家の家附の継子と認められる。そこで，家附の継子と家附の実子間の家督相続の優先順序の問題であるが，この場合は，実子が生まれる前に，既に継親子関係が生じていることから，F男が，当然，G男より年長となるため，F男が家督相続人となる（大11・8・18民3080号民事局長回答・『大系』2122頁，大11・11・29民4186号民事局長回答，大12・4・6法曹会決議・『要録上』748頁，昭5・8・27民802号民事局長回答・『大系』2125頁，昭12・4・7民甲371号民事局長回答・『大系』2132頁）。

　あくまでも，被相続人である戸主個人の血統を基準とするのではなく，その戸主が所属する家の血統を基準とするという趣旨であろうか。

　この事例で，E女がA男の一人娘で，D男もC男もA男の子でなく，他家の家族（他人）であったとして，旧民法施行前に，D男が甲家に入って婚姻し，F男が生まれたのち，D男が死亡し，C男がA男及びB女の養子となり，E女と婚姻し，G男が生まれ，C男が戸主となって，旧民法施行中に死亡していたとすると，同様に，C男にとってF男は甲家の家附の継子に当たり，家附の実子であるG男とでは，年長であるF男が優先して家督相続人となる（戸籍115号56頁）。

165

第3章　継子の相続権

| 相続事例28 | 実子と戸内婚による継子がいる戸主の死亡 |

被相続人Ｃ男

明治39・8・5　甲家戸主Ａ男が乙家家族Ｂ女と婚姻（Ｂ女が甲家の戸籍に入籍）

明治40・10・4　Ａ男とＢ女に嫡出子Ｃ男が誕生（Ｃ男は甲家の戸籍に入籍）

明治41・10・14　Ａ男とＢ女に嫡出子Ｄ男が誕生（Ｄ男は甲家の戸籍に入籍）

昭和10・2・28　Ｄ男が丙家家族Ｅ女と婚姻（Ｅ女が甲家の戸籍に入籍）

昭和13・7・4　Ｄ男とＥ女に嫡出子Ｆ男が誕生（Ｆ男は甲家の戸籍に入籍）

昭和15・9・3　Ｃ男が丁家家族Ｈ女と婚姻

昭和17・12・3　Ｃ男とＨ女に嫡出子Ｇ男が誕生（Ｇ男は甲家の戸籍に入籍）

昭和18・1・4　Ａ男が死亡

　　　　　　　※　Ｃ男の家督相続届によりＣ男を戸主とする甲家の新戸籍編製（Ｃ男，Ｂ女，Ｈ女，Ｇ男，Ｄ男，Ｅ女及びＦ男が在籍）

昭和19・8・19　Ｄ男が死亡

昭和20・7・9　Ｈ女が死亡

昭和21・8・11　Ｃ男とＥ女が婚姻

昭和22・4・4　Ｃ男が死亡

166

第1節　家督相続

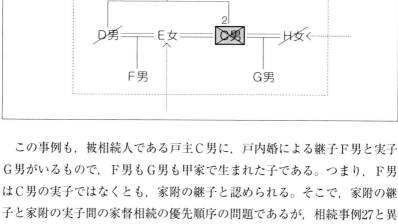

　この事例も，被相続人である戸主Ｃ男に，戸内婚による継子Ｆ男と実子Ｇ男がいるもので，Ｆ男もＧ男も甲家で生まれた子である。つまり，Ｆ男はＣ男の実子ではなくとも，家附の継子と認められる。そこで，家附の継子と家附の実子間の家督相続の優先順序の問題であるが，相続事例27と異なり，既に実子をもうけている戸主が，戸内婚によって家附の継子を得たものである。この事例では，実子Ｇ男が生まれた後に，Ｆ男との継親子関係が生じているということで，実子と継子の母が異なり，事例27では継子と実子は母が同じということである。このような場合には，Ｇ男が（Ｆ男より年少であっても）家督相続人となるとされている（大8・6・14民1490号民事局長回答，昭5・8・27民802号民事局長回答・『大系』2125頁）。

| 相続事例29 | 母の私生子の子である継子と実子がいる戸主の死亡 |

被相続人Ｃ男

明治39・8・5　甲家戸主Ａ男が乙家家族Ｂ女と婚姻（Ｂ女が甲家の戸籍に入籍）

明治40・10・4　Ａ男とＢ女に嫡出子Ｃ男が誕生（Ｃ男は甲家の戸籍に入籍）

明治41・10・14　Ａ男が死亡
　　　　　　　　※　Ｃ男の家督相続届によりＣ男を戸主とする甲家の新戸籍

167

第3章　継子の相続権

	編製（C男，B女が在籍）
明治43・1・27	B女が私生子D男を出生（D男が甲家の戸籍に入籍）
昭和10・2・28	D男が丙家族E女と婚姻（E女が甲家の戸籍に入籍）
昭和13・7・4	D男とE女に嫡出子F男が誕生（F男は甲家の戸籍に入籍）
昭和14・9・7	D男が死亡
昭和15・9・3	C男がE女と婚姻
昭和17・12・3	C男とE女に嫡出子G男が誕生（G男は甲家の戸籍に入籍）
昭和22・4・4	C男が死亡

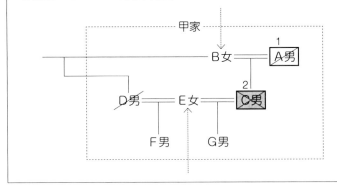

　この事例も，被相続人である戸主C男に，戸内婚による継子F男と実子G男がいるもので，F男もG男も甲家で生まれた子である。相続事例27と同様に，実子が生まれる前に，既に継親子関係が生じているが，相続事例27では戸主と継子の実父であるD男とが全血の兄弟であり，この事例は，戸主と継子の実父とが半血の兄弟である。F男は甲家で生まれたとはいえ，その実父D男は私生子であり，甲家の前戸主A男の子（親族事例39のとおり，継子にも当たらない。）ではない。つまり，甲家の家系としては，A男の子であるC男の子孫が優先されるべきと考えられたが，C男とF男との継親子関係発生後に生まれた年少の子であっても，実子であるG男が家督相続人となる（昭13・3・1民甲1728号民事局長回答・『大系』2124頁）。

第1節　家督相続

| 相続事例30 | 戸内婚による亡実子の実子と継子がいる戸主の死亡 |

被相続人A男

明治39・8・5	甲家戸主A男が乙家家族B女と婚姻（B女が甲家の戸籍に入籍）
明治40・10・4	A男とB女に嫡出子C男が誕生（C男は甲家の戸籍に入籍）
明治41・4・16	B女が死亡
明治42・11・24	A男が丙家家族D女を養子とする養子縁組（D女が甲家の戸籍に入籍）
昭和6・12・28	A男及びD女が丁家家族E男を婿養子とする婿養子縁組（E男が甲家の戸籍に入籍）
昭和13・7・4	E男とD女に嫡出子F男が誕生（F男は甲家の戸籍に入籍）
昭和14・9・7	E男が死亡
昭和15・9・3	C男がD女と婚姻
昭和19・9・14	C男とD女に嫡出子G男が誕生（G男は甲家の戸籍に入籍）
昭和21・12・1	C男が死亡
昭和22・4・14	A男が死亡

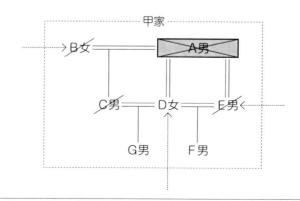

第3章　継子の相続権

　この事例も，戸内婚であり，戸主の養女が婿養子縁組をし，婿養子が死亡後，戸内の兄である父の実子と婚姻し，いずれの婚姻の際にも子（戸主の孫）をもうけている。まず，戸主が死亡したとき，その法定の推定家督相続人であったＣ男が既に死亡しているので，代襲相続が発生した。継親子関係を考慮しないとすると，Ｇ男がＣ男を代襲して家督相続人となるが，Ｃ男とＦ男との間には継親子関係が生じている。つまり，Ｃ男を代襲するものとしてのＣ男の直系卑属は，実子であるＧ男のほか，継子であるＦ男もいることになり，かつ，いずれも，Ａ男の孫であることから，家督相続においてどちらを優先させるべきであるかを検討しなければならない。ここではＦ男，Ｇ男ともに甲家で生まれた家附の男子であるため，相続事例27の場合と同様の考え方に基づくこととなる。

　したがって，Ｆ男が，Ｅ男の子としてではなく，Ｃ男の家附の継子として，Ｃ男を代襲して家督相続人となる（大5・2・3民268号法務局長回答・『大系』2186頁）。

相続事例31	携帯入籍した家附の継子と実子がいる分家戸主の死亡

被相続人Ｇ男	
明治39・8・5	甲家戸主Ａ男が乙家家族Ｂ女と婚姻（Ｂ女が甲家の戸籍に入籍）
明治40・10・4	Ａ男とＢ女に嫡出子Ｃ女が誕生（Ｃ女は甲家の戸籍に入籍）
明治42・11・24	Ａ男とＢ女に嫡出子Ｄ男が誕生（Ｄ男は甲家の戸籍に入籍）
昭和6・12・28	Ａ男及びＢ女並びにＣ女が丙家家族Ｅ男を婿養子とする婿養子縁組（Ｅ男が甲家の戸籍に入籍）
昭和13・7・4	Ｅ男とＣ女に嫡出子Ｆ男が誕生（Ｆ男は甲家の戸籍に入籍）
昭和14・9・7	Ｅ男が死亡
昭和15・9・3	Ａ男及びＢ女並びにＣ女が丁家家族Ｇ男を婿養子と

170

第1節　家督相続

　　　　　　　　する婿養子縁組（G男が甲家の戸籍に入籍）
昭和17・12・3　G男が分家，F男を携帯（G男を戸主とする甲家分家の新戸籍編製，C女はG男に従って，F男はG男が携帯して，甲家分家の戸籍に入籍）
昭和19・9・14　G男とC女に嫡出子H男が誕生（H男は甲家分家の戸籍に入籍）
昭和22・4・14　G男が死亡

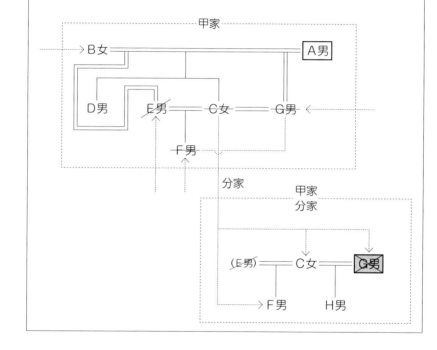

　この事例は，甲家の婿養子G男とF男との間に継親子関係が生じたのち，継親G男の分家とともにF男も分家に入ったものである。親族事例29のとおり，継親の分家は，継親子関係に影響を及ぼさないため，分家においても，引き続き，G男は継父，F男は継子であり，その後，G男の実子H男が生まれた。甲家本家においてF男はG男にとって家附の継子であったところ，この関係は，G男の分家とともに携帯入籍した場合も変わらない。

171

第3章　継子の相続権

つまり，Ｆ男は，甲家分家にあっても家附の継子であることになる。そこで，家附の継子と家附の実子間の家督相続の順位として，相続事例22，23のとおり，この事例でも，年長であるＦ男が家督相続人となる（昭2・4・4民1147号民事局長回答・『大系』2128頁）。

第2節　遺産相続

第1　概　要

旧民法施行中において開始する相続には，前述の家督相続の他に，遺産相続があったが，遺産相続は，家族の死亡によって開始し（旧民法992条），他の原因で開始することはなかった。

遺産相続人は，相続開始の時より，被相続人の財産に属している一切の権利義務（一身専属のものを除く。）を承継し（旧民法1001条），この場合，遺産相続人が数人あるときは，相続財産は，その共有に属し（旧民法1002条），各共同相続人は，その相続分に応じて，被相続人の権利義務を承継する（旧民法1003条）。

また，同順位の遺産相続人が数人あるときは，各自の相続分は相均しいもの（非嫡出子に関しては後述する。）とされ（旧民法1004条本文），胎児は，遺産相続については，死体で生まれた場合を除いて，既に生まれたものとみなされた（旧民法993条・968条）。

遺産相続人となる者は，以下のとおり，第1順位が直系卑属，第2順位が配偶者，第3順位が直系尊属，第4順位が戸主となっている。

第2　第1順位 ─ 直系卑属

遺産相続人となるべき者の第1順位は，被相続人の直系卑属であり，異親等の者の間では親等の近い者が優先して遺産相続人となり，同親等の者は同順位で遺産相続人となる（旧民法994条）。ただし，直系卑属が数人あるときは，非嫡出子である庶子，私生子の相続分は，嫡出子の相続分の2分の1とされた（旧民法1004条ただし書）。

また，遺産相続人となるべき直系卑属が，相続の開始前に死亡し，又は

相続権を失った場合において，その者に直系卑属があるときは，その直系
卑属は，旧民法第994条の規定に従って，その者（被代襲者）と同順位で遺
産相続人となった（旧民法995条1項）。この場合，代襲相続人である直系卑
属の相続分は，その直系尊属（被代襲者）が受けるべきものと同じであり，
その代襲相続人である直系卑属が数人あるときは，その各自の直系尊属が
受けるべきであった部分について，旧民法第1004条の規定に従ってその相
続分が定められた（旧民法1005条）。胎児について代襲相続が認められたこ
とは，家督相続の場合と同様である（旧民法995条2項・974条2項）。

　遺産相続人となるべき被相続人の直系卑属は，家族である被相続人と同
じ家にいる直系卑属であることは要件とされていないため（家督相続の場合
と異なる。），被相続人と異なる家にいても，（最直近の）直系卑属であれば，
すべて遺産相続人となる。

　直系卑属とは，男女，年長年少，実子養子，嫡出非嫡出，同じ家にある
か他家にあるかを問わないため，それらはすべて直系卑属として遺産相続
人となり得，さらに，直系卑属には当然，継子（嫡母に対する庶子を含む。）
も含まれるため（昭12・3・3法曹会決議・法曹15巻6号119頁），継子も遺産相
続人となり得る（いずれも，非嫡出子は嫡出子と相続分は異なる。）。遺産相続に
おいては，継子は，家附の継子，家附でない継子，いずれも遺産相続人と
なり得る。

　被相続人に直系卑属がいる場合は，配偶者がいても，応急措置法以後現
行の民法における場合と異なり，配偶者は遺産相続人とはならないことに
注意を要する。

| **相続事例32** | 継子がいる者の死亡 |

被相続人Ｄ女

明治39・8・5　甲家家族Ａ男が乙家家族Ｂ女と婚姻（Ｂ女が甲家の戸
　　　　　　　籍に入籍）

明治44・10・4　Ａ男とＢ女に嫡出子Ｃ男が誕生（Ｃ男は甲家の戸籍に
　　　　　　　入籍）

第3章　継子の相続権

昭和13・7・4　　B女が死亡
昭和17・12・3　　A男が丙家家族D女と婚姻（D女が甲家の戸籍に入籍）
昭和21・2・13　　D女が死亡

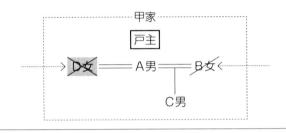

　この事例は，甲家の家族である被相続人D女が旧民法施行中に死亡したため遺産相続が開始したものである。第1順位の遺産相続人は直系卑属であり，ここでは，D女には，継子であるC男がいる。D女に他に直系卑属がいない限り，C男が遺産相続人となる。

相続事例33　実子，養子及び他家にある継子がいる者の死亡

被相続人H女

明治39・8・5　　甲家家族A男が乙家家族B女と婚姻（B女が甲家の戸籍に入籍）

明治44・1・14　　A男とB女に嫡出子C男が誕生（C男は甲家の戸籍に入籍）

明治45・6・10　　A男とB女に嫡出子D男が誕生（D男は甲家の戸籍に入籍）

大正2・3・3　　戌家家族G男が己家家族H女と婚姻（H女が戌家の戸籍に入籍）

大正3・7・4　　B女が死亡

大正4・9・6　　A男が丙家家族E女と婚姻（E女が甲家の戸籍に入籍）

大正5・5・5　　G男とH女に嫡出子I男が誕生（I男は戌家の戸籍に入籍）

174

第2節　遺産相続

大正6・11・29	A男及びE女が丁家家族F女を養子とする養子縁組（F女が甲家の戸籍に入籍）
大正7・7・7	G男とH女に嫡出子J女が誕生（J女は戊家の戸籍に入籍）
大正9・9・9	G男が死亡
大正10・2・4	E女が死亡
大正11・1・11	A男がH女と婚姻（H女が甲家の戸籍に入籍）
大正11・11・1	H女がI男及びJ女を引取入籍（I男及びJ女が甲家の戸籍に入籍）
昭和1・12・26	庚家戸主K男がD男を養子とする養子縁組（D男が庚家の戸籍に入籍）
昭和17・12・3	辛家家族L男がJ女と婚姻（J女が辛家の戸籍に入籍）
昭和21・2・13	H女が死亡

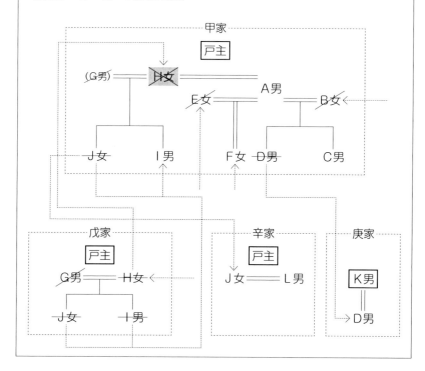

第3章　継子の相続権

　この事例は，甲家の家族である被相続人Ｈ女が旧民法施行中に死亡した
ため遺産相続が開始したものである。第1順位の遺産相続人は直系卑属で
あり，ここでは，Ｈ女には，実子であるＩ男，Ｊ女の他，継子であるＣ男，
Ｄ男，Ｆ女がいる。Ｄ男は，Ｈ女との継親子関係発生後に，養子縁組に
よって他家に入っているが，継親子関係は継続しているため，Ｈ女が死亡
したときに他家にあっても，遺産相続人となる（登研203号63頁）。また，男
女を問わず，被相続人と同じ家にいることが遺産相続人となるべき要件で
はない。したがって，Ｉ男，Ｊ女，Ｃ男，Ｄ男及びＦ女が，各々5分の1，
5分の1，5分の1，5分の1，5分の1の相続分で遺産相続人となる。

相続事例34	実子と亡継子の子がいる者の死亡

被相続人Ｄ男

明治39・8・5	甲家戸主Ａ女が乙家家族Ｂ男と入夫婚姻（Ｂ男が甲家の戸籍に入籍） ※　入夫が戸主とならない旨婚姻届書に記載
明治44・10・4	Ａ女とＢ男に嫡出子Ｃ男が誕生（Ｃ男は甲家の戸籍に入籍）
大正3・7・24	Ｂ男が死亡
大正4・6・28	Ａ女が丙家家族Ｄ男と入夫婚姻（Ｄ男が甲家の戸籍に入籍） ※　入夫が戸主となる旨婚姻届書に記載なし
大正7・8・8	Ａ女とＤ男に嫡出子Ｅ女が誕生（Ｅ女が甲家の戸籍に入籍）
昭和12・12・3	Ｃ男が丁家家族Ｆ女と婚姻（Ｆ女が甲家の戸籍に入籍）
昭和15・3・21	Ｃ男とＦ女に嫡出子Ｇ女が誕生（Ｇ女が甲家の戸籍に入籍）
昭和17・5・31	Ｃ男とＦ女に嫡出子Ｈ男が誕生（Ｈ男が甲家の戸籍に入籍）
昭和19・11・22	Ｃ男が死亡

昭和21・2・13　D男が死亡

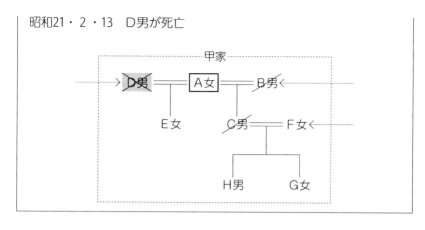

　この事例は，甲家の家族である被相続人D男が旧民法施行中に死亡したため遺産相続が開始したものである。第1順位の遺産相続人は直系卑属であり，ここでは，D男には，実子であるE女がいる他，継子であるC男がいた。C男がD男の死亡より先に死亡したところ，C男に直系卑属がいるため，代襲相続が発生した。すなわち，D男の死亡により開始した相続について，G女及びH男がC男を代襲して遺産相続人となる。その結果，E女，G女，H男が，各々2分の1，4分の1，4分の1の相続分で遺産相続人となる。

相続事例35	庶子がいる嫡母の死亡

被相続人D女

明治39・8・5　乙家家族B女が甲家戸主A男の庶子C男を出生（C男は甲家の戸籍に入籍）

大正4・10・14　A男が丙家家族D女と婚姻（D女は甲家の戸籍に入籍）

大正6・11・10　A男とD女に嫡出子E女が誕生（E女は甲家の戸籍に入籍）

大正10・12・1　A男とD女に嫡出子F男が誕生（F男は甲家の戸籍に入籍）

昭和15・5・27　丁家戸主G男がE女と婚姻（E女が丁家の戸籍に入籍）

177

第3章　継子の相続権

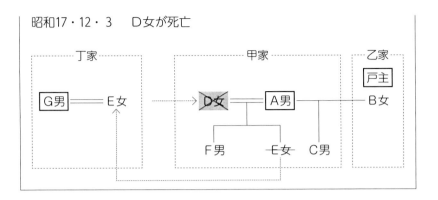

　この事例は，甲家の家族である被相続人Ｄ女が旧民法施行中に死亡したため遺産相続が開始したものである。第１順位の遺産相続人は直系卑属であり，ここでは，Ｄ女には，実子であるＥ女，Ｆ男がいるが，夫であるＡ男の庶子Ｃ男とは，Ｄ女を嫡母とする嫡母庶子の関係が生じている。そのため，Ｄ女にとってもＣ男は庶子（非嫡出の継子）となっている。また，非嫡出子の相続分は，嫡出子の相続分の半分とされていた。その結果，Ｅ女，Ｆ男，Ｃ男が，各々５分の２，５分の２，５分の１の相続分で遺産相続人となる。

　なお，この事例のように，庶子ある者と婚姻した妻は庶子の嫡母となるが，その嫡母が女戸主であって，その婚姻の際に入夫（前夫）が戸主とならず，その後，その入夫（前夫）が死亡し，ついで，その嫡母が入夫婚姻により再婚したときは，嫡母の後夫である入夫にとっては，その庶子は，継子として扱われた（親族事例40）。この入夫婚姻の際に後夫である入夫が戸主とならず，そして，その女戸主である嫡母と後夫である入夫に実子が誕生した後に，後夫である入夫が旧民法施行中に死亡したとすると，その遺産相続人は，実子と，被相続人の継子である当該嫡母の庶子となるが，この継子の相続分は，嫡出子としてのものではなく，非嫡出子（庶子）としてのもの（嫡出子の半分）になるとの見解がある（『手引』106頁）。

178

第2節　遺産相続

相続事例36	実父と離婚再婚した継母の死亡

被相続人 I 女

明治33・2・3	甲家戸主Ａ男が乙家家族Ｂ女と婚姻（Ｂ女が甲家の戸籍に入籍）
明治35・1・5	Ａ男とＢ女に嫡出子Ｃ男が誕生（Ｃ男は甲家の戸籍に入籍）
明治37・7・8	Ａ男とＢ女に嫡出子Ｄ女が誕生（Ｄ女は甲家の戸籍に入籍）
明治39・11・1	Ａ男とＢ女に嫡出子Ｅ女が誕生（Ｅ女は甲家の戸籍に入籍）
明治41・11・1	Ａ男とＢ女に嫡出子Ｆ女が誕生（Ｆ女は甲家の戸籍に入籍）
大正2・9・3	Ｂ女が死亡
昭和2・6・3	Ｃ男が丙家家族Ｇ女と婚姻（Ｇ女が甲家の戸籍に入籍）
昭和3・7・10	丁家家族Ｊ男がＤ女と婚姻（Ｄ女が丁家の戸籍に入籍）
昭和4・9・9	Ｃ男とＧ女に嫡出子Ｈ男が誕生（Ｈ男は甲家の戸籍に入籍）
昭和6・7・10	戊家戸主Ｋ男がＥ女と婚姻（Ｅ女が戊家の戸籍に入籍）
昭和7・3・10	Ａ男が己家家族 I 女と婚姻（ I 女が甲家の戸籍に入籍）
昭和8・12・5	Ｋ男とＥ女が離婚（Ｅ女は甲家の戸籍に復籍）
昭和10・1・10	Ａ男と I 女が離婚（ I 女が己家の戸籍に復籍）
昭和11・4・11	庚家家族Ｌ男がＦ女と婚姻（Ｆ女が庚家の戸籍に復籍）
昭和12・7・9	Ａ男と I 女が婚姻（ I 女が甲家の戸籍に入籍）
昭和15・4・13	Ａ男が死亡
	※　Ｃ男の家督相続届によりＣ男を戸主とする甲家の新戸籍編製（Ｃ男，I 女，Ｇ女，Ｈ男，Ｅ女が在籍）
昭和17・11・7	辛家戸主Ｍ男がＥ女と婚姻（Ｅ女が辛家の戸籍に入籍）
昭和20・7・11	Ｃ男が死亡

第3章　継子の相続権

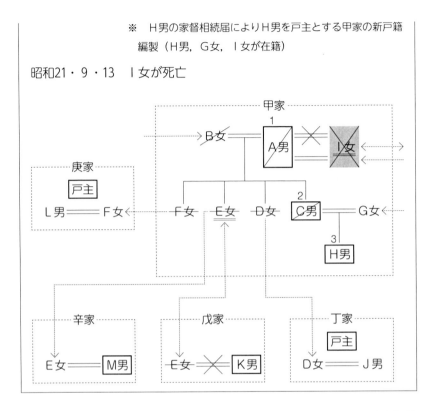

　この事例は，親族事例35で，Ｉ女が，旧民法施行中に死亡し，遺産相続が開始したものであり，Ｉ女には実子，養子がいないため，継子がいるか否かを検討する必要がある。親族事例35のとおり，離婚によって消滅した継親子関係は，継親と実親の再婚によっても回復することはなく（昭28・11・14民甲2073号民事局長回答），被相続人死亡時まで継続している婚姻を基準にして継親子関係の成否を判断することになり，その結果，Ｉ女とＡ男の再婚によって家を同じくするＣ男，Ｅ女（継子となったあと他家に入っても）が，Ｉ女の継子に当たることとなる。ただ，Ｃ男は，Ｉ女の死亡より前に死亡しているため，その代襲相続の有無について検討すると，Ｃ男には嫡出子Ｈ男がいるが，Ｈ男は，Ｉ女とＣ男との間に継親子関係が発生する以前に生まれているため，Ｉ女の直系卑属（孫）には当たらず（親族事例

180

24），この事例においては代襲相続人になり得ない。その結果，E女が遺産相続人となる。

第3　第2順位 ― 配偶者

第1順位の遺産相続人である被相続人の直系卑属が（同じ家いるか否かを問わず。），継子も含めていないときは，第2順位として，被相続人の配偶者が遺産相続人となる（旧民法996条1項1号）。

第4　第3順位 ― 直系尊属

第1順位，第2順位の遺産相続人となるべき者がないときは，第3順位として，被相続人の直系尊属が遺産相続人となる（旧民法996条1項2号）。異親等の者の間では親等の近い者が優先して遺産相続人となり，直系尊属が遺産相続人となるについて，被相続人と同じ家にいることは要件とはされておらず，また，同親等の者は同順位で遺産相続人となる（旧民法996条2項，994条）。

直系尊属である親には，実親，養親の他，当然に継親も含まれる。

相続事例37	実親及び継親がいる者の死亡

被相続人D女

明治39・8・5	甲家戸主A女が乙家家族B男と入夫婚姻（B男が甲家の戸籍に入籍）
	※　入夫が戸主とならない旨婚姻届書に記載なし
	※　B男を戸主とする甲家の新戸籍編製（B男，A女が在籍）
明治44・10・4	B男とA女に嫡出子C男が誕生（C男は甲家の戸籍に入籍）
大正7・3・19	B男とA女に嫡出子D女が誕生（D女は甲家の戸籍に入籍）
昭和13・7・4	B男とA女が入夫離婚（B男は乙家の戸籍に復籍）
	※　C男の家督相続届によりC男を戸主とする甲家の新戸籍

第3章 継子の相続権

編製（C男，A女，D女が在籍）
昭和15・12・3　B男が丙家家族E女と婚姻（E女が乙家の戸籍に入籍）
昭和20・8・14　B男が甲家に親族入籍（B男が甲家の戸籍に入籍，E女はB男に従って甲家の戸籍に入籍）
昭和21・2・13　D女が死亡

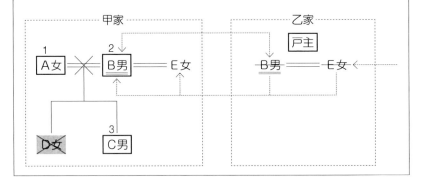

　この事例は，甲家の家族である被相続人D女が旧民法施行中に死亡したため遺産相続が開始したものである。第1順位の遺産相続人である直系卑属も第2順位の遺産相続人である配偶者もいないが，第3順位の遺産相続人である直系尊属はいる。親族事例6のように，E女とD女との間には継親子関係が生じている。つまり，D女には，親として，実母A女，実父B男の他，継母E女がいることになる。その結果，A女，B男，E女が，各々3分の1，3分の1，3分の1の相続分で遺産相続人となる。

　この事例で，仮に，B男とE女が甲家に入籍せずに，乙家に在籍したままの状況でD女が死亡したとすると，E女はD女の直系尊属には当たらないため，A女，B男が，各々2分の1，2分の1の相続分で遺産相続人となる。

第5　第4順位 ― 戸主

　第1順位，第2順位，第3順位の遺産相続人もいないときは，第4順位として，被相続人のいる家の戸主が遺産相続人となる（旧民法996条1項3

第2節　遺産相続

号）。

　家には一人の戸主がいるため，その戸主が遺産相続を放棄するか，絶家，
家督相続人不選定となる場合を除いて（相続事例10），遺産相続においては，
相続人の曠欠（不存在）はなかった。

第3編　新民法施行後に開始した相続について，旧民法も適用される事例

183

第4章 基本事例の検討

基本事例2

被相続人D男

昭和15・8・15　甲家戸主A女が乙家家族B男と入夫婚姻（B男が甲家の戸籍に入籍）
　　　　　　　　※　入夫が戸主となる旨婚姻届書に記載なし

昭和16・10・4　A女とB男に嫡出子C男が誕生（C男は甲家の戸籍に入籍）

昭和17・7・4　B男が死亡

昭和18・12・3　A女が丙家家族D男と入夫婚姻（D男が甲家の戸籍に入籍）
　　　　　　　　※　入夫が戸主となる旨婚姻届書に記載
　　　　　　　　※　D男を戸主とする甲家の新戸籍編製（D男，A女，C男が在籍）
　　　　　　　　※　D男には，その実家である丙家の戸籍に嫡出子E男が在籍している。

昭和19・2・13　A女が死亡

昭和30・7・15　D男が死亡

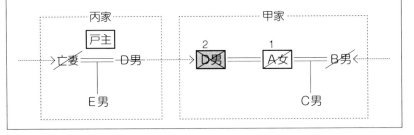

　基本事例2では，被相続人D男が，昭和30年7月15日に死亡しているので，この相続については，新民法が適用される事例であることが分かる。つまり，新民法に基づく相続人は誰か，という事例である。

第4章　基本事例の検討

　なお，応急措置法施行後は，家制度の不適用，廃止により，家の戸籍ではなくなり，戸主，家族の関係もなくなったが，各人は従来の旧民法に基づく戸籍（現在のいわゆる「昭和」改製原戸籍）に在籍したままである。従来の戸籍は，新民法に基づく戸籍とみなされ（新戸籍法128条1項本文），新戸籍法施行（新民法の施行と同日）後10年を経過した，昭和33年4月1日以降，順次，新民法に基づく戸籍に改製され，他にも，それまでの間，子の出生などによって新戸籍に改製されていった。応急措置法施行後に（当然，新民法施行後も）開始した相続にあっては，相続開始後の戸籍の改製，除籍，入籍は，相続関係には影響を及ぼさないため，第4編第2章の場合を除いて，D男その他の者が改正後の新戸籍に在籍したり，転籍，分籍，除籍，入籍となっていても結論が変わることはない。そこで，以下，家附の継子の相続権に関する相続事例においては，特に断りのない限り，従来の戸籍に在籍している状態の図をもって解説する。

　さて，この事例では，新民法に基づくと，配偶者であるA女は既に死亡しているため，実子であるE男のみが相続人となり，C男は，D男の継子ではあったが，その実子でも養子でもないため，相続人にはなることはない。つまり，応急措置法の施行（昭和22年5月3日）に伴い，家制度が不適用とされ，家制度に基づく諸制度（継親子関係を含む。）も廃止されたことにより，旧民法当時において継子であった者は，応急措置法の施行後は（当然，新民法施行後も），もはや民法上は子ではなくなるのである。

　ところが，本編第3章第1節第4のとおり，旧民法中に開始した家督相続においては，継子（特に家附）に，戸主の実子に優先して家督相続が認められる場合があるということは，家の血統によらずに戸主個人との血統のつながりだけによれば家（家の財産を含む。）の承継に不都合を生じるとき，本来，その家を継ぐべきものは誰かという観点から意義があった。つまり，入夫婚姻や婿養子縁組がなされた結果，戸主が入夫や婿養子となった場合，そもそも，その家は妻（家女）の家であり，本来，その家を継ぐべきは，妻との血統のつながりのある者であることから，戸主にとっては実子ではなく継子であっても，その家で生まれた妻の子（家附の継子）が家

第3編　新民法施行後に開始した相続について，旧民法も適用される事例

基本事例2

185

第4章　基本事例の検討

督相続人となることにより，その家の本来の血統に帰させることとになっていたといえよう。

旧民法施行中は，このように家の血統を基準に家督相続を考えるべきものであったが，応急措置法の施行により，このような考え方をとることはなくなった。応急措置法施行後に（当然，新民法施行後も）被相続人が死亡したときは，被相続人個人を基準として，その配偶者及び第1順位の相続人の場合は直系卑属（子）のみが相続人となることになったわけである。

そこで，被相続人の継子（家附の継子も含む。）は，応急措置法施行後は，継親子制度の不適用・廃止により，被相続人の子ではなくなり，直系卑属（子）として相続することはできなくなった。

通常の相続の事例では，これで問題はないが，この原則をすべての場合に適用すると，不都合と考えられる一定の場合が生じることとなった。

それが，家附の継子の相続権の問題である。

もし，D男が旧民法施行中に死亡したとすると，C男が甲家の家附の継子として家督相続人となり，E男はまったく相続することができなかったはずである。それが，D男の死亡が応急措置法施行後であるため，C男はまったく相続することができなくなったものである。

このような事例では，そもそも，D男は甲家女戸主A女との入夫婚姻により戸主となったことによって甲家の財産を家督相続したものであり，本来は，その妻A女（甲家の家女）の子孫が相続すべきであったことになり，A女が応急措置法施行の際の戸主であり，その後に死亡したとすると，その子孫が相続することとなったはずである。もちろん，D男の遺産には，甲家から受け継いだ財産の他に，D男が甲家の戸主となる以前から有していた財産もあろうが，通常，多くは，もともとは甲家において承継されてきた財産であり，D男が以前から有していた財産との区別は難しい。このような事例において，新民法のみが適用されるとすると，本来相続すべきであったC男がまったく相続することができないことは，あまりにも不公平であることが考慮され，新民法附則第26条第1項の規定が設けられたものと考えられる（結論は，188頁。）。

186

第2節　適用の要件

第5章　新民法附則第26条第1項

第1節　附則の内容

この条文は，次のとおりである。

新民法附則

第26条　応急措置法施行の際における戸主が婚姻又は養子縁組によつて他家から入つた者である場合には，その家の家附の継子は，新法施行後に開始する相続に関しては，嫡出である子と同一の権利義務を有する。

2　（省略）

3　（省略）

これによって，応急措置法施行後は，もはや子でない者であっても，家附の継子に当たる場合には，新民法施行後に開始した相続において，相続人となった。

第2節　適用の要件

新民法附則第26条第1項が適用されるためには，次のすべての要件を満たす必要がある。

i　被相続人の死亡が新民法施行（昭和23年1月1日）後であること

ii　被相続人が，応急措置法施行の際（昭和22年5月3日午前0時）における戸主であった者であること

iii　当該戸主であった者が，他家から入った者であったこと

iv　当該戸主であった者が他家から入った事由が，婚姻又は養子縁組であったこと

v　相続権を有すべき者は，応急措置法施行時において，当該戸主であった者の継子であったこと

vi　当該継子は，戸主であった者の家の家附であったこと

第5章 新民法附則第26条第1項

vii 当該戸主であった者が，応急措置法施行後に，婚姻の取消し若しく
は離婚又は縁組の取消し若しくは離縁によって氏を改めていないこと

被相続人にとって，以上の要件をすべて満たす場合において家附の継子
であった者がいるときは，新民法施行後に開始した相続であっても，その
家附の継子（実子でも，養子でもない。）は，嫡出子と同一の権利義務を有し，
相続人となる。新民法施行後に開始した相続に同附則が適用された場合で
あっても，旧民法の相続編が適用されるわけではないが，家附の継子とい
う一定の身分関係の存否については，旧民法（の解釈）に基づいて，相続
人を特定することとなる。

第3節 基本事例の結論

基本事例2においては新民法附則第26条第1項の適用により，C男にも
一定の相続権が認められた。つまり，昭和30年7月15日に開始した相続で
あるため要件 i を満たし，D男は応急措置法施行の際における戸主である
ため要件 ii を満たし，D男は他家から入った者であるため要件 iii を満たし，
他家から入った事由が婚姻（入夫婚姻）であるため要件 iv を満たし，C男
はD男の継子であった者であるため要件 v を満たし，それがさらに，甲家
で生まれた家附であるため要件 vi を満たしている。

したがって，C男も家附の継子（であった者）として，相続に関してはD
男の嫡出子と同一の権利義務を有し，E男と同等に相続人となる。

つまり，D男の配偶者A女は既に死亡しているので，生存の直系卑属で
ある実子E男及び家附の継子としてC男が，各々2分の1，2分の1の相
続分で相続人となる（新民法887条）。

第4節 要件 i ：被相続人の死亡が新民法施行後であること

対象となる相続が，新民法が施行された昭和23年1月1日以後に開始し
たものであることが，まず要件とされる。

被相続人が応急措置法施行中に死亡した場合については，第4編第3章

第6節　要件ⅲ：当該戸主であった者が，他家から入った者であったこと

で解説する。

第5節　要件ⅱ：被相続人が，応急措置法施行の際における戸主であった者であること

　被相続人が，応急措置法施行時（昭和22年5月3日午前0時）において戸主であったことも要件とされている。つまり，旧民法施行中に戸主となり，そのまま応急措置法の施行を迎えた場合が該当する。

　応急措置法施行時において戸主でない者（家族）が新民法施行後に死亡しても，同附則の適用はない。

　このように，新民法施行後に開始した相続であっても，被相続人が過去に戸主であった者であるときは，家附の継子であった者がいるか否かを調査し，いる場合には，新民法附則第26条第1項の適用の有無を検討しなければならないのである。

第6節　要件ⅲ：当該戸主であった者が，他家から入った者であったこと

　被相続人である戸主であった者は，他家から入った者であることも要件とされる。他家から入った者とは，その家で生まれた者ではなく，その家以外の家（その家の戸籍以外の家の戸籍）で生まれて後，その家（基本事例2では甲家）に入った者をいう。

　そのため，他家から入った者が，入籍の後（あるいは同時）に，その家（基本事例2では甲家）の戸主になって，応急措置法の施行を迎え，新民法施行後に死亡した場合には，死亡時における被相続人の子以外に，家附の継子がいたか否かをも調査しなければならないこととなる。

　応急措置法施行の際の戸主が，他家から入った者でない場合は新民法附則第26条第1項の適用はない。

第5章　新民法附則第26条第1項

第7節　要件iv：当該戸主であった者が他家から入った事由が，婚姻又は養子縁組であったこと

　被相続人である戸主であった者が，婚姻又は養子縁組によって，他家から入った者であることも要件とされる。

　婚姻又は養子縁組には，当然，入夫婚姻，婿養子縁組も含まれるが，被相続人である戸主であった者が，婚姻又は養子縁組以外の事由で他家から入った者である場合には，新民法附則第26条第1項の適用はない。

第8節　要件v：相続権を有すべき者は，応急措置法施行時において，当該戸主であった者の継子であったこと

　新民法附則第26条第1項の適用によって，新民法施行後に開始した相続に関して嫡出子と同一の権利義務を有することとなるべき者は，相続開始時においては子でないものの，応急措置法施行時（昭和22年5月3日午前0時）において，当該戸主の継子であった者でなければならない。

　旧民法施行中に戸主の継子ではあったが，その後，旧民法施行中に継親子関係が消滅し，そのまま応急措置法の施行を迎えた場合は，当該戸主が新民法施行後に死亡しても，相続権を有しない。

　継親子関係については本編第2章のとおりであり，配偶者の私生子は継子となり得ないため（親族事例39），同附則の適用もない（昭40・1・14民三56号民事第三課長回答）。

第9節　要件vi：当該継子は，戸主であった者の家の家附であったこと

　当該継子が，その家の家附であることが要件とされる。応急措置法施行時（昭和22年5月3日午前0時）において，当該戸主の継子であっても，家附でなければ，相続権は有しない。

　家附に当たるか否かについては，本編第3章第1節第3，第4のとおりである。

190

第10節　要件vii：当該戸主であった者が，応急措置法施行後に，婚姻の取消し若しくは離婚又は縁組の取消し若しくは離縁によって氏を改めていないこと

当該戸主であった者が，応急措置法施行後に，婚姻の取消し若しくは離婚又は縁組の取消し若しくは離縁によって氏を改めた場合には（当然，死亡までに），同附則の適用はなく，家附の継子に相続権は認められない。

詳細は，第４編第２章第２節で解説する。

第11節　附則の効果

新民法附則第26条第１項が適用されると，その家附の継子は，新民法施行後に開始する相続に関しては，嫡出子と同一の権利義務を有すること，すなわち，相続人となる。当該家附の継子以外にも相続人がいる場合は，共同相続となり，遺産分割の対象となる。

ここで，嫡出子と同一の権利義務とは，あくまでも，相続に関することのみであり，応急措置法施行以後，被相続人と当該家附の継子とは親子ではないことに変わりはない。親子間に適用される相続に関する規定以外の規定は適用されない。家附の継子に該当しない継子（であった者）とは，親子関係も相続関係もない（戸籍692号66頁）。

なお，応急措置法施行の際における戸主（であった者）が，新民法施行後に取得した不動産についても，同附則が適用され得るため（登研191号71頁），同附則の要件を満たす家附の継子は，その不動産についても相続することができる。

第6章　新民法附則第26条第1項の適用に関する諸事例

第6章　新民法附則第26条第1項の適用に関する諸事例

第1節　典型的な事例

| 相続事例38 | 実子と継子と家附の継子がいる戸主であった者の死亡 |

被相続人D男

昭和5・1・5　　甲家戸主A女が乙家家族B男と入夫婚姻（B男が甲家の戸籍に入籍）

　　　　　　　　※　入夫が戸主となる旨婚姻届書に記載なし

昭和6・10・14　A女とB男に嫡出子C男が誕生（C男は甲家の戸籍に入籍）

昭和7・7・23　B男が死亡

昭和8・11・5　丙家家族D男が丁家家族E女と婚姻（E女が丙家の戸籍に入籍）

昭和9・10・31　D男とE女に嫡出子F男が誕生（F男は丙家の戸籍に入籍）

昭和10・2・7　E女が死亡

昭和11・8・5　戊家家族G男が己家家族H女と婚姻（H女が戊家の戸籍に入籍）

昭和9・10・31　G男とH女に嫡出子I男が誕生（I男は戊家の戸籍に入籍）

昭和10・2・7　G男が死亡

昭和15・8・15　A女がD男と入夫婚姻（D男が甲家の戸籍に入籍）

　　　　　　　　※　入夫が戸主となる旨婚姻届書に記載

　　　　　　　　※　D男を戸主とする甲家の新戸籍編製（D男，A女，C男が在籍）

昭和16・10・4　D男とA女に嫡出子J男が誕生（J男は甲家の戸籍に入籍）

昭和17・7・4　A女が死亡

192

第1節　典型的な事例

昭和18・12・3　　D男とH女が婚姻（H女が甲家の戸籍に入籍）
昭和18・12・3　　H女がI男を引取入籍（I男が甲家の戸籍に入籍）
昭和25・9・2　　H女が死亡
昭和32・12・27　D男が死亡

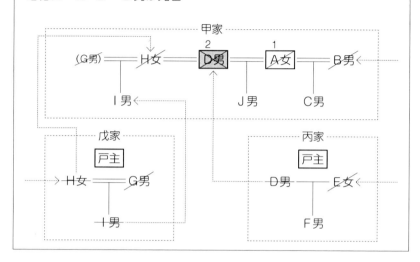

　この事例は，婚姻により他家から入って戸主となったD男が，そのまま応急措置法の施行を迎え，新民法施行後に死亡したもので，要件ⅰ～ⅳを満たす。D男には，戸籍を異にする実子F男とJ男がいるほか，旧民法施行中の継子がいる。A女とD男の入夫婚姻によってD男とC男との間に継親子関係が生じ，D男とH女の婚姻のあと，I男の甲家への入籍によってD男とI男との間に継親子関係が生じた。つまり，D男には旧民法施行中にC男とI男の継子がいたことになり，要件ⅴを満たすが，C男は甲家で生まれた家附の継子であるものの，I男は甲家で生まれた子ではないため，継子ではあっても家附ではない。そのため，継子であった者のうち，C男のみが要件ⅵ（190頁参照）を満たすこととなる。したがって，実子であるF男，J男，家附の継子であるC男が，各々3分の1の相続分で相続人となる。

第6章　新民法附則第26条第1項の適用に関する諸事例

> **相続事例39**　妻と家附の継子がいる戸主であった者の死亡
>
> 被相続人D男
> 明治39・8・5　甲家戸主A女が乙家家族B男と入夫婚姻（B男が甲家の戸籍に入籍）
> 　　※　入夫が戸主とならない旨婚姻届書に記載
> 明治44・10・4　A女とB男に嫡出子C男が誕生（C男は甲家の戸籍に入籍）
> 昭和13・7・4　B男が死亡
> 昭和17・12・3　A女が丙家家族D男と入夫婚姻（D男が甲家の戸籍に入籍）
> 　　※　入夫が戸主となる旨婚姻届書に記載
> 昭和32・12・27　D男が死亡
>
>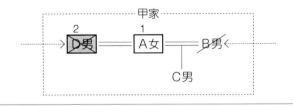

　この事例では，D男が入夫婚姻によって他家である丙家から甲家に入ったことにより，C男はD男の継子となった。D男は，甲家の戸主となってから，応急措置法の施行を迎え，新民法施行後に死亡したものである。C男は，甲家で生まれた甲家の家附の継子である。つまり，被相続人であるD男の死亡が新民法施行後であるため要件ⅰを満たし，被相続人が，応急措置法施行の際における戸主であった者であり，他家から，婚姻又は養子縁組によって入ったため要件ⅱ，ⅲ，ⅳを満たし，C男が家附の継子であるため要件ⅴ，ⅵを満たす。よって，新民法附則第26条第1項の適用があるため，実子ではないものの家附の継子であるC男には相続権がある。したがって，配偶者A女，家附の継子であるC男が，各々3分の1，3分の

2の相続分で相続人となる（新民法900条1号）。

> **相続事例40** 妻と実子と継子がいる戸主であった者の死亡
>
> 被相続人D男
>
> 明治39・8・5　　乙家家族A男が丙家家族B女と婚姻（B女が乙家の戸籍に入籍）
>
> 明治44・10・4　　A男とB女に嫡出子E男が誕生（E男は乙家の戸籍に入籍）
>
> 大正3・10・31　　A男とB女に嫡出子C男が誕生（C男は乙家の戸籍に入籍）
>
> 昭和13・7・4　　A男が死亡
>
> 昭和17・12・3　　甲家戸主D男がB女と婚姻（B女が甲家の戸籍に入籍）
>
> 昭和18・1・23　　B女がC男を引取入籍（C男が甲家の戸籍に入籍）
>
> 昭和19・2・23　　D男とB女に嫡出子F女が誕生（F女が甲家の戸籍に入籍）
>
> 昭和30・7・15　　D男が死亡

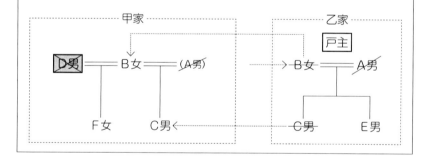

　この事例では，C男はD男の継子となったが（E男は継子とはなっていない．），乙家から甲家に入籍したもので，甲家の家附の継子には当たらない。しかも，被相続人であるD男は，もともと甲家にいた者で，他家から入った者ではない。つまり，要件ⅰ，ⅱを満たすが，要件ⅲ，ⅳを満たさず，C男については要件ⅴは満たすが，要件ⅵを満たさないため，新民法附則

195

第6章　新民法附則第26条第1項の適用に関する諸事例

第26条第1項の適用はない。したがって，C男は相続人とはなり得ず，配偶者B女，実子であるF女が，各々3分の1，3分の2の相続分で相続人となる（新民法900条1号）。

相続事例41　　妻と妻の養子たる継子がいる戸主であった者の死亡

被相続人D男

大正14・10・4　　甲家戸主A女が丙家家族C男を養子とする養子縁組
　　　　　　　　　（C男が甲家の戸籍に入籍）

昭和7・12・3　　A女が丁家家族D男と入夫婚姻（D男が甲家の戸籍に入籍）
　　　　　　　※　入夫が戸主となる旨婚姻届書に記載
　　　　　　　※　D男を戸主とする甲家の新戸籍編製（D男，A女，C男が在籍）

昭和30・7・15　　D男が死亡

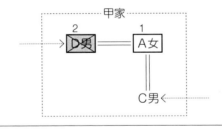

親族事例15のとおり，A女の入夫であるD男と，A女の養子であるC男との間には継親子関係が発生し，親族事例15と異なり，ここでは，A女とD男の入夫婚姻の際に入夫であるD男が戸主となったが，C男がD男の継子となったことには変わりない。また，C男は，D男の配偶者A女の養子であるが，甲家で生まれたものとしてD男にとって甲家の家附の継子であると認められ（相続事例24），このような場合にも，新民法附則第26条第1項の適用がある（戸籍638号79頁）。

したがって，配偶者A女，家附の継子であるC男が，各々3分の1，3

分の2の相続分で相続人となる（新民法900条1号）。

> **相続事例42** 家附の継子のいる家の家族であった者の死亡
>
> 被相続人D女
>
> 昭和9・8・25　甲家戸主A男が乙家家族B女と婚姻（B女が甲家の戸籍に入籍）
>
> 昭和11・10・4　A男とB女に嫡出子C男が誕生（C男は乙家の戸籍に入籍）
>
> 昭和13・7・4　B女が死亡
>
> 昭和17・2・13　A男が丙家家族D女と婚姻（D女が甲家の戸籍に入籍）
>
> 昭和18・12・2　A男とD女に嫡出子E女が誕生（E女が甲家の戸籍に入籍）
>
> 昭和30・7・15　D女が死亡

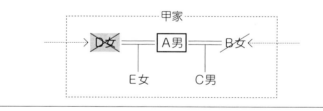

　この事例では、C男は甲の家で生まれた家附の子であり、A男とD女の婚姻により、D女の継子となった。そのまま、応急措置法の施行を迎え、D女が新民法施行後に死亡した。被相続人D女は応急措置法施行時において戸主ではなく、要件ⅱを満たさない。つまり、C男は甲家の家附の子であっても新民法附則第26条第1項の適用はなく、C男はD女の相続人とはならない。したがって、配偶者A男、実子であるE女が、各々3分の1、3分の2の相続分で相続人となる（新民法900条1号）。

第6章　新民法附則第26条第1項の適用に関する諸事例

| 相続事例43 | 他家の実子と家附の継子のいる家の家族であった者の死亡 |

被相続人D女

昭和 2・2・15　丙家家族E男が丁家家族D女と婚姻（D女が丙家の戸籍に入籍）

昭和 4・11・10　E男とD女に嫡出子F男が誕生（F男は丙家の戸籍に入籍）

昭和 7・3・21　E男が死亡

昭和 9・8・25　甲家戸主A男が乙家家族B女と婚姻（B女が甲家の戸籍に入籍）

昭和11・10・4　A男とB女に嫡出子C男が誕生（C男は乙家の戸籍に入籍）

昭和13・7・4　B女が死亡

昭和17・2・13　A男がD女と婚姻（D女が甲家の戸籍に入籍）

昭和18・12・2　A男とD女に嫡出子G女が誕生（G女が甲家の戸籍に入籍）

昭和30・7・15　D女が死亡

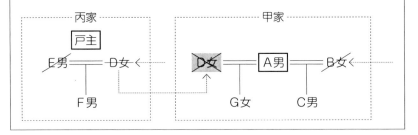

　この事例も，相続事例42と同様，C男は甲の家で生まれた家附の子であり，A男とD女の婚姻により，D女の継子となった。そのまま，応急措置法の施行を迎え，D女が新民法施行後に死亡した。被相続人D女は応急措置法施行時において戸主ではなく，要件ⅱを満たさない。つまり，C男は甲家の家附の子であっても新民法附則第26条第1項の適用はなく，C男は

198

D女の相続人とはならない。したがって，配偶者A男，実子であるF男，G女が，各々3分の1，3分の1，3分の1の相続分で相続人となる（新民法900条1号）。

相続事例44　庶子と家附の継子がいる戸主であった者の死亡

被相続人D男

昭和15・8・15　甲家戸主A女が乙家家族B男と入夫婚姻（B男が甲家の戸籍に入籍）
　　　　　　　　※　入夫が戸主となる旨婚姻届書に記載なし

昭和16・10・4　A女とB男に嫡出子C男が誕生（C男は甲家の戸籍に入籍）

昭和17・7・4　B男が死亡

昭和18・12・3　A女が丙家家族D男と入夫婚姻（D男が甲家の戸籍に入籍）
　　　　　　　　※　入夫が戸主となる旨婚姻届書に記載
　　　　　　　　※　D男を戸主とする甲家の新戸籍編製（D男，A女，C男が在籍）
　　　　　　　　※　D男には，その実家である丙家の戸籍に庶子E男（母は丁家の家族F女）が在籍している。

昭和19・2・13　A女が死亡

昭和30・7・15　D男が死亡

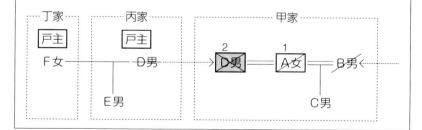

第6章　新民法附則第26条第1項の適用に関する諸事例

　この事例では，D男が入夫婚姻によって他家である丙家から甲家に入ったことにより，C男はD男の継子となり，D男が，甲家の戸主となってから，応急措置法の施行を迎え，新民法施行後に死亡した。C男は，甲家で生まれた甲家の家附の継子である。つまり，要件のすべてを満たしている。よって，新民法附則第26条第1項の適用があるため，実子ではないものの家附の継子であるC男には相続権があり，その権利義務はD男の嫡出子と同一である。よって，非嫡出子であるE男，家附の継子であるC男が，各々3分の1，3分の2の相続分で相続人となる（新民法900条4号）。

相続事例45	復籍した家附の継子がいる戸主であった者の死亡

被相続人E男

明治44・8・25	甲家戸主A女が乙家家族B男と入夫婚姻（B男が甲家の戸籍に入籍） ※　入夫が戸主となる旨婚姻届書に記載なし
大正2・10・4	A女とB男に嫡出子C男が誕生（C男は甲家の戸籍に入籍）
大正4・12・23	A女とB男に嫡出子D女が誕生（D女は甲家の戸籍に入籍）
大正8・7・14	B男が死亡
昭和18・12・2	丁家戸主F男がD女を養子とする養子縁組（D女が丁家の戸籍に入籍）
昭和19・12・13	A女が丙家家族E男と入夫婚姻（E男が甲家の戸籍に入籍） ※　入夫が戸主となる旨婚姻届書に記載 ※　E男を戸主とする甲家の新戸籍編製（E男，A女，C男が在籍）
昭和20・8・16	C男が死亡
昭和21・12・11	F男とD女が離縁（D女が甲家に復籍）
昭和28・6・9	A女が死亡

昭和30・7・15　E男が死亡

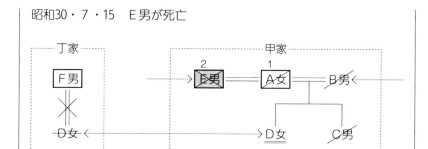

　この事例では，C男はE男の継子となったが（その後，C男は死亡した。），D女は，A女とE男の入夫婚姻の当時において養子縁組により他家にあったため，E男の継子とはならなかった。ただ，その後，離縁により甲家に復籍したことにより，E男と継親子関係が生じ，さらに，復籍により実家の身分を回復するため（旧民法875条），甲家で生まれた家附の継子となった。これにより，要件のすべてを満たすことになり，D女が相続人となる。継親が入籍前，養子縁組により他家にあり，継親の入籍後，応急措置法施行前に離縁復籍した子も家附の継子として新民法附則第26条第1項の適用がある（昭26・12・28民甲2434号民事局長回答）。

第2節　分家戸主であった者の家附の継子の相続権に関する事例

相続事例46　家附の継子がいる分家戸主であった者の死亡

被相続人E女

昭和5・8・15　甲家家族A男が乙家家族B女と婚姻（B女が甲家の戸籍に入籍）

昭和6・10・14　A男とB女に嫡出子C男が誕生（C男は甲家の戸籍に入籍）

昭和7・7・14　A男とB女が離婚（B女は乙家の戸籍に復籍）

昭和8・12・23　丙家家族D男が丁家家族E女と婚姻（E女が丙家の戸籍に入籍）

第6章 新民法附則第26条第1項の適用に関する諸事例

昭和11・2・13　D男とE女に嫡出子F女が誕生（F女は丙家の戸籍に入籍）
昭和13・11・5　D男が死亡
昭和16・5・2　A男とE女が婚姻（E女が甲家の戸籍に入籍）
昭和20・1・8　A男が死亡
昭和21・3・4　E女がC男を携帯して分家（E女を戸主とする甲家分家の新戸籍編製，C男が甲家分家の戸籍に入籍）
昭和30・7・15　E女が死亡

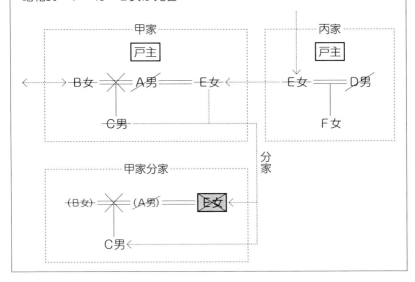

　この事例は，甲家において，E女とC男との間に継親子関係が生じたのち，E女の分家とともにC男も携帯入籍により甲家分家に入ったものであり，継親の分家は，継親子関係に影響を及ぼさないため，親族事例29の解説のとおり，甲家分家においても，E女は継母，C男は継子であり，甲家本家においてC男はE女にとって家附の継子であったところ，この関係は，甲家分家においても変わらない。したがって，一応，甲家においては，E女は婚姻によって他家から入った者であり，甲家分家において戸主として応急措置法を迎え，新民法施行後に死亡したところ，応急措置法施行時に

第3節　戸内婚における家附の継子の相続権に関する事例

おいて家附の継子C男がいるため，新民法附則第26条第1項の適用が問題となる。

　しかしながら，前記要件ⅱの「被相続人が，応急措置法施行の際における戸主であった者であること」の戸主とは，その戸主が，その家において，家督相続によって戸主となった（家を継承した）ことを要するものと考えられており，分家によって戸主となった場合には適用がなく，その戸主であった者が新民法施行後に死亡したとき，その戸主の家附の継子であった者であっても，相続権を有することはない（平3・4・23民三2669号民事第三課長回答）。本編第4章のとおり，同附則は，応急措置法の施行により継親子関係が消滅したため，他家から入って戸主となった者の財産を，以前から，その家にある継子が相続できなくなる結果は，旧民法下では当然に相続することができたことと比較してあまりにも酷であることから，その保護を図るためのであって，分家により一家が創設され，戸主となった者の継子が，その家族となった事案についてまで同様に保護する必要はないと解されている（登研523号132頁）。

　したがって，E女の相続に関してC男には相続権はなく，F女が相続人となる。

第3節　戸内婚における家附の継子の相続権に関する事例

相続事例47	戸内婚による家附の継子と実子がいる戸主であった者の死亡

被相続人C男

明治39・8・5	甲家戸主A男が乙家家族B女と婚姻（B女が甲家の戸籍に入籍）
明治40・10・4	A男とB女に嫡出子C男が誕生（C男は甲家の戸籍に入籍）
明治41・10・14	A男とB女に嫡出子D男が誕生（D男は甲家の戸籍に入籍）

第6章　新民法附則第26条第1項の適用に関する諸事例

昭和10・2・28　D男が丙家家族E女と婚姻（E女が甲家の戸籍に入籍）

昭和13・7・4　D男とE女に嫡出子F男が誕生（F男は甲家の戸籍に入籍）

昭和14・9・7　D男が死亡

昭和15・9・3　C男がE女と婚姻

昭和17・12・3　C男とE女に嫡出子G男が誕生（G男は甲家の戸籍に入籍）

昭和18・1・4　A男が死亡

※　C男の家督相続届によりC男を戸主とする甲家の新戸籍編製（C男，B女，E女，G男，F男が在籍）

昭和30・7・15　C男が死亡

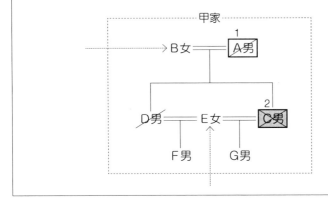

　この事例は，相続事例27で，被相続人Cが新民法施行後に死亡したとする事例である。C男にとってF男は家附の継子であるため，新民法附則第26条第1項の適用が問題となる。

　しかしながら，戸内婚であるため，前記要件ⅲの「当該戸主であった者は，他家から入った者であったこと」に該当せず，その結果，F男は家附の継子であっても，新民法施行後にC男の死亡により開始した相続に関して相続権は有しない（昭和24年10月28日，29日新潟戸籍事務協議会決議に対する民事局長変更指示（戸時510号32頁），最決平12・6・13戸時510号20頁（上告棄却，上告

第4節　他家にある家附の継子の相続権に関する事例

受理申立不受理))。したがって，配偶者Ｅ女，実子Ｇ男が，各々３分の１，３分の２の相続分で相続人となる（新民法900条１号）。

　ただ，この事例では，相続事例27のとおり，Ｃ男が旧民法施行中に死亡していたならばＦ男が家督相続人となったはずのものであり，旧民法中の家督相続であれば相続すべきその家の血統の直系卑属であるＦ男が，まったく権利を取得することができないとすると，著しい不公平が生じる。それを一定程度解消する必要があるために同附則が設けられているとすると，同附則の適用を認めて，Ｆ男にも相続権を認めるべきとする異論もある（『注釈』565頁）。

第4節　他家にある家附の継子の相続権に関する事例

相続事例48	他家にある家附の継子がいる戸主であった者の死亡

被相続人Ｅ男

明治44・8・25	甲家戸主Ａ女が乙家家族Ｂ男と入夫婚姻（Ｂ男が甲家の戸籍に入籍）
	※　入夫が戸主となる旨婚姻届書に記載なし
大正2・10・4	Ａ女とＢ男に嫡出子Ｃ男が誕生（Ｃ男は甲家の戸籍に入籍）
大正4・12・23	Ａ女とＢ男に嫡出子Ｄ女が誕生（Ｄ女は甲家の戸籍に入籍）
大正8・7・14	Ｂ男が死亡
昭和7・12・13	Ａ女が丙家家族Ｅ男と入夫婚姻（Ｅ男が甲家の戸籍に入籍）
	※　入夫が戸主となる旨婚姻届書に記載
	※　Ｅ男を戸主とする甲家の新戸籍編製（Ｅ男，Ａ女，Ｃ男，Ｄ女が在籍）
昭和18・12・2	丁家戸主Ｆ男がＤ女と婚姻（Ｄ女が丁家の戸籍に入籍）

第6章　新民法附則第26条第1項の適用に関する諸事例

昭和20・8・16　C男が死亡
昭和28・6・9　A女が死亡
昭和30・7・15　E男が死亡

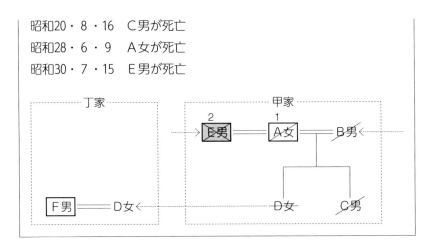

　この事例では，C男及びD女はE男の継子となり，なおかつ，甲家で生まれた家附の継子となったものである。親族事例22のとおり，継子の去家は，継親子関係に影響を及ぼさない。そのため，D女が婚姻により甲家を去ってもE男との継親子関係は継続している。つまり，D女は，依然として甲家の家附の継子であることに変わりはなく，甲家の戸主であったE男の新民法施行後の死亡によって開始した相続については新民法附則第26条第1項の適用によって，相続権を有することになる。したがって，配偶者A女及び他の家附の継子C男は既に死亡しているので，D女が相続人となる。

　なお，E男が，C男の死亡後，旧民法施行中に死亡したとすると，家督相続が開始し，その場合，他家にあるD女は第1種法定家督相続人とはならないため，D女は本来は相続するはずの者ではなかった。しかし，D女は甲家の血統の子であり，同附則が適用されるにしても，あくまでも家督相続ではなく，新民法に基づく相続であるので，家附の継子として相続権を有するといえよう。継親が入籍当時在籍し，婚姻により他家にある者も，家附の継子に該当し（昭33・5・25法曹会決議・曹時10巻6号178頁），もちろん，さらにその後，その夫の死亡により，実家に親族入籍した者も同様に家附に継子に該当する（昭26・12・28民甲2434号民事局長回答）。

206

第4節　他家にある家附の継子の相続権に関する事例

相続事例49　家附の継子と他家にある妻の家附の子がいる戸主であった者の死亡

被相続人Ｅ男

明治44・8・25　甲家戸主Ａ女が乙家家族Ｂ男と入夫婚姻（Ｂ男が甲家の戸籍に入籍）

※　入夫が戸主となる旨婚姻届書に記載なし

大正2・10・4　Ａ女とＢ男に嫡出子Ｃ男が誕生（Ｃ男は甲家の戸籍に入籍）

大正4・12・23　Ａ女とＢ男に嫡出子Ｄ女が誕生（Ｄ女は甲家の戸籍に入籍）

大正7・2・19　Ａ女とＢ男に嫡出子Ｇ男が誕生（Ｇ男は甲家の戸籍に入籍）

大正8・7・14　Ｂ男が死亡

昭和13・12・2　丁家戸主Ｆ男がＤ女と婚姻（Ｄ女が丁家の戸籍に入籍）

昭和17・12・1　Ａ女が丙家家族Ｅ男と入夫婚姻（Ｅ男が甲家の戸籍に入籍）

※　入夫が戸主となる旨婚姻届書に記載

※　Ｅ男を戸主とする甲家の新戸籍編製（Ｅ男、Ａ女、Ｃ男、Ｇ男が在籍）

昭和20・8・16　Ｃ男が死亡
昭和28・6・9　Ａ女が死亡
昭和30・7・15　Ｅ男が死亡

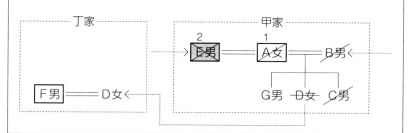

第6章　新民法附則第26条第1項の適用に関する諸事例

　この事例では，Ｃ男及びＧ男はＥ男にとって家附の継子となったが，Ｄ女は，甲家の家附の子ではあるが，Ｅ男とＡ女の入夫婚姻の以前に他家にあるので，そもそもＥ男の継子となってはおらず，新民法附則第26条第1項の適用はなく，これは，入夫婚姻以前にＤ女が分家している場合も同様である（昭26・12・28民甲2434号民事局長回答）。したがって，Ｅ男の新民法施行後の死亡により開始した相続について，Ｃ男は既に死亡しており，結果，家附の継子であるＧ男が相続人となる。

第5節　婚姻又は養子縁組以外の事由で他家から入って戸主となった者の家附の継子の相続権に関する事例

相続事例50	親族入籍によって他家から入って戸主となった者に家附の継子がいる場合の当該戸主であった者の死亡

被相続人Ｄ男

明治39・8・5　甲家戸主Ａ男が乙家家族Ｂ女と婚姻（Ｂ女が甲家の戸籍に入籍）

明治40・10・4　Ａ男とＢ女に嫡出子Ｃ女が誕生（Ｃ女は甲家の戸籍に入籍）

昭和2・6・15　Ａ男が死亡

　　　　※　Ｃ女の家督相続届によりＣ女を戸主とする甲家の新戸籍編製（Ｃ女，Ｂ女が在籍）

昭和10・2・28　丙家家族Ｄ男がＢ女と婚姻（Ｂ女が丙家の戸籍に入籍）

昭和13・12・4　Ｄ男とＢ女が甲家に親族入籍（Ｄ男及びＢ女が甲家の戸籍に入籍）

昭和14・1・7　Ｃ女がＤ男を家督相続人に指定

昭和14・2・7　Ｃ女が隠居

　　　　※　Ｄ男の家督相続届によりＤ男を戸主とする甲家の新戸籍編製（Ｄ男，Ｃ女，Ｂ女が在籍）

昭和30・7・15　Ｄ男が死亡

第5節　婚姻又は養子縁組以外の事由で他家から入って戸主となった者の家附の継子の相続権に関する事例

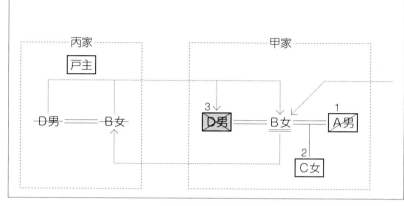

　新民法附則第26条第1項では，応急措置法施行の際における戸主が，「婚姻又は養子縁組」によって，他家から入った者であることが要件ivとされている。

　他家からの入籍の事由として規定されている「婚姻又は養子縁組」は例示であると考えられ，それらと同視されるような事由で他家から入籍した者についても，同附則が適用され得る場合もある。

　この事例では，C女は，D男がB女と婚姻したまま甲家に親族入籍したことによってD男の継子となったもので，甲家で生まれた家附の継子である。また，D男は甲家の戸主となってのち，新民法施行後に死亡した。この場合でも，D男は親族入籍によって甲家に入り，婚姻又は養子縁組によって甲家に入った者ではないものの，他家において，C女の実母B女と婚姻し，B女とともに甲家に入った者であり，婚姻又は養子縁組によって甲家に入ったものと同視することができるため，同附則を類推適用するのが相当とされる（昭32・7・22最高裁家庭局長回答・家月9巻7号116頁）。したがって，配偶者B女，家附の継子であるC女が，各々3分の1，3分の2の相続分で相続人となる。

第6章 新民法附則第26条第1項の適用に関する諸事例

| 相続事例51 | 親族入籍によって分家から入って戸主となった者に家附の継子がいる場合の当該戸主であった者の死亡 |

被相続人D男

明治39・8・5　甲家戸主A男が乙家家族B女と婚姻（B女が甲家の戸籍に入籍）

昭和2・6・15　A男とB女が丙家家族C女を養子とする養子縁組
（C女は甲家の戸籍に入籍）

昭和3・7・7　A男が死亡
※　C女の家督相続届により，C女を甲家の戸主とする新戸籍編製（C女，B女が在籍）

昭和10・2・28　B女が分家（B女を戸主とする甲家分家の新戸籍編製）

昭和10・2・28　B女が丁家家族D男と入夫婚姻（D男が甲家分家の戸籍に入籍）
※　入夫が戸主となる旨婚姻届書に記載なし

昭和12・3・8　B女が甲家分家を廃家し，甲家に親族入籍（B女が甲家の戸籍に入籍，D男はB女に従って甲家に入籍）

昭和14・1・7　C女がD男を家督相続人に指定

昭和14・1・7　C女が隠居
※　D男の家督相続届により，D男を甲家の戸主とする新戸籍編製（D男，C女，B女が在籍）

昭和30・7・15　D男が死亡

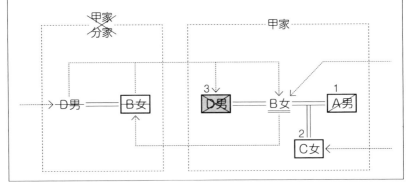

210

第6節　家附の継子が複数いる場合の相続に関する事例

　この事例も，甲家の戸主となったＤ男が婚姻又は養子縁組ではなく，親族入籍によって，他家から入った者であるが，相続事例50と同様，新民法附則第26条第１項が適用され得る。Ｄ男にとって配偶者の養子であるＣ女は継子であり，また，養子であっても家附であることに支障はないため，Ｃ女は家附の継子である（相続事例50）。さらに，Ｄ男は，甲家への入籍の前に，甲家の分家に婚姻（入夫婚姻）により入籍しており，親族事例29のとおり，継親子関係においては，継親がいる分家は本家と同視し得ると見ることができることから，Ｄ男は，広い意味での甲家に，入夫婚姻によって，他家から入った者であるともいえ，その観点からも，同附則が適用されると考える。となると，配偶者Ｂ女，家附の継子であるＣ女が，各々３分の１，３分の２の相続分で相続人となる。

第6節　家附の継子が複数いる場合の相続に関する事例

相続事例52	家附の継子となるべき者が複数いる戸主であった者の死亡

被相続人Ｅ男

明治39・8・5	甲家戸主Ａ女が乙家家族Ｂ男と入夫婚姻（Ｂ男が甲家の戸籍に入籍）
	※　入夫が戸主とならない旨婚姻届書に記載
明治42・6・1	Ａ女とＢ男に嫡出子Ｃ女が誕生（Ｃ女は甲家の戸籍に入籍）
大正4・8・1	Ａ女とＢ男に嫡出子Ｄ男が誕生（Ｄ男は甲家の戸籍に入籍）
昭和3・7・7	Ｂ男が死亡
昭和10・2・28	Ａ女が丙家家族Ｅ男と入夫婚姻（Ｅ男が甲家の戸籍に入籍）
	※　入夫が戸主となる旨婚姻届書に記載
	※　Ｅ男を戸主とする甲家の新戸籍編製（Ｅ男，Ａ女，Ｃ女，Ｄ男が在籍）

第6章　新民法附則第26条第1項の適用に関する諸事例

昭和30・7・15　E男が死亡

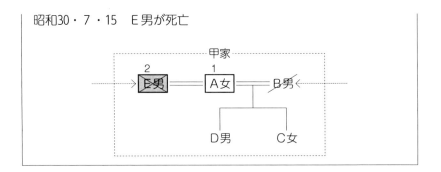

　この事例では，C女，D男ともにE男の継子となり，甲家で生まれたため，ともに家附の継子である。新民法附則第26条第1項が適用される事例であり，なおかつ，その適用となるべき家附の継子が複数ある事例である。結論としては，家附の継子となるべき者が複数ある場合には，その各々が嫡出子と同一の権利義務を有することとなる（昭26・12・28民甲2434号民事局長回答）。したがって，配偶者A女，家附の継子であるC女，D男が，各々3分の1，3分の1，3分の1の相続分で相続する。

　この事例で，E男が旧民法施行中に死亡したとすると，D男が家督相続人となり，C女は相続をなし得ないところ，この事例のようにE男が新民法施行後に死亡したときは，前記先例によれば，同附則が適用されて，C女も相続権を有することとなる。この結果を是とするならば，つまり，家附の継子に新民法施行後の相続権を認める趣旨は，旧民法施行中の家督相続の場合であれば家督相続人となった者にのみ相続を認める趣旨ではなく，旧民法施行中の家附の継子を相続に関しては新民法施行後においても子として取り扱う趣旨であると考えられようか。

第7節　家附の継子の代襲相続に関する事例

第7節　家附の継子の代襲相続に関する事例

相続事例53	家附の亡継子の子がいる戸主であった者の死亡

被相続人E男

明治39・8・5　甲家戸主A女が乙家家族B男と入夫婚姻（B男が甲家の戸籍に入籍）

　　　　　　　※　入夫が戸主とならない旨婚姻届書に記載

明治42・6・1　A女とB男に嫡出子C女が誕生（C女は甲家の戸籍に入籍）

大正4・8・1　A女とB男に嫡出子D男が誕生（D男は甲家の戸籍に入籍）

昭和3・7・7　B男が死亡

昭和10・2・28　A女が丙家家族E男と入夫婚姻（E男が甲家の戸籍に入籍）

　　　　　　　※　入夫が戸主となる旨婚姻届書に記載

　　　　　　　※　E男を戸主とする甲家の新戸籍編製（E男，A女，C女，D男が在籍）

昭和15・8・17　D男が丁家家族F女と婚姻（F女が甲家の戸籍に入籍）

昭和16・1・10　戊家戸主G男がC女と婚姻（C女が戊家の戸籍に入籍）

昭和17・5・21　D男とF女に嫡出子H男が誕生（H男は甲家の戸籍に入籍）

昭和19・2・15　G男とC女に嫡出子I女が誕生（I女は戊家の戸籍に入籍）

昭和21・9・10　D男が死亡

昭和27・7・5　C女が死亡

昭和30・7・15　E男が死亡

213

第6章 新民法附則第26条第1項の適用に関する諸事例

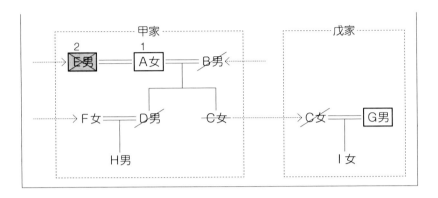

　この事例は，家附の継子に該当すべき者が，新民法施行後に死亡した被相続人より先に死亡していた事例である。ここでは，C女及びD男はE男の継子となり，それは家附の継子であり，C女は婚姻によって他家に入ってもE男にとって家附の継子である関係は継続している。そこで，C女もD男も相続権を有すべきところ，被相続人であるE男が死亡する以前に，子を遺して死亡している。

　結論としては，新民法附則第26条第1項が適用される場合にあっても代襲相続が適用され，その家附の継子の直系卑属（子）であり，被相続人の直系卑属（孫）であれば代襲相続人となり，それは，家附の継子の子であって，被相続人と家附の継子との間に継親子関係が発生した後に生まれた者であれば代襲相続人となることを意味する（登研115号43頁，昭32・12・14民甲2371号民事局長回答）。親族事例23，24のとおり，継親子関係が発生した後に生まれた継子の子は継親の孫になるが，継親子関係が発生する前に生まれた継子の子は継親の孫には当たらないからである。

　したがって，配偶者A女，家附の継子である亡D男を代襲してその子であるH男，同亡C女を代襲してその子であるI女が，各々3分の1，3分の1，3分の1の相続分で相続人となる。

第4編 相続に関連するその他の新民法附則の規定

第1章 日本国憲法公布後，応急措置法施行前に生じた事由に関する規定―相続財産の一部分配請求権：新民法附則第27条第1項

新民法附則第27条の条文は，次のとおりである。

新民法附則

第27条　第25条第2項本文の場合を除いて，日本国憲法公布の日以後に戸主の死亡による家督相続が開始した場合には，新法によれば共同相続人となるはずであつた者は，家督相続人に対して相続財産の一部の分配を請求することができる。

2　前項の規定による相続財産の分配について，当事者間に協議が調わないとき，又は協議をすることができないときは，当事者は，家事審判所に対し協議に代わる処分を請求することができる。但し，新法施行の日から1年を経過したときは，この限りでない。

3　前項の場合には，家事審判所は，相続財産の状態，分配を受ける者の員数及び資力，被相続人の生前行為又は遺言によつて財産の分配を受けたかどうかその他一切の事情を考慮して，分配をさせるべきかどうか並びに分配の額及び方法を定める。

日本国憲法は昭和21年11月3日に公布され，昭和22年5月3日に施行された。日本国憲法の施行と同時に応急措置法も施行され，以後，家督相続制度の適用はなくなった。ゆえに，日本国憲法公布後であっても，応急措

第1章　日本国憲法公布後，応急措置法施行前に生じた事由に関する規定
　　　―相続財産の一部分配請求権：新民法附則第27条第1項

置法施行前であれば，この間は，戸主の死亡によって家督相続が開始した。

しかしながら，日本国憲法が施行されていないとはいえ，日本国憲法が公布された以上，できるだけ日本国憲法に基づく新民法の考え方にも適合されるため，この規定が設けられたものと思われる。

これにより，旧民法に基づいた家督相続であること自体は否定されないものの，新民法によれば共同相続人となるはずであった者は，家督相続人に対して相続財産の一部の分配を請求することができるとされた。

| 相続事例54 | 日本国憲法公布後の戸主の死亡 |

被相続人Ａ男
大正5・8・15　甲家戸主Ａ男が乙家家族Ｂ女と婚姻（Ｂ女が甲家の戸籍に入籍）
大正6・10・14　Ａ男とＢ女に嫡出子Ｃ男が誕生（Ｃ男は甲家の戸籍に入籍）
大正8・7・17　Ａ男とＢ女に嫡出子Ｄ女が誕生（Ｄ女は甲家の戸籍に入籍）
大正12・9・1　Ａ男とＢ女に嫡出子Ｅ男が誕生（Ｅ男は甲家の戸籍に入籍）
昭和7・7・14　Ｂ女が死亡
昭和18・2・23　丙家家族Ｆ男がＤ女と婚姻（Ｄ女が丙家の戸籍に入籍）
昭和21・12・20　Ａ男が死亡

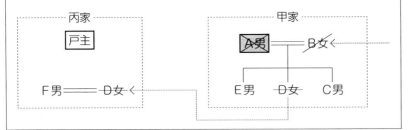

第1章 日本国憲法公布後，応急措置法施行前に生じた事由に関する規定
　　　—相続財産の一部分配請求権：新民法附則第27条第1項

　この事例では，戸主Ａが旧民法施行中に死亡し，家督相続が開始したため，長男で第1種法定家督相続人であるＣ男が家督相続人となった。ただ，その死亡が，日本国憲法公布後であるため，新民法附則第27条第1項の適用がある。そのため，新民法によれば共同相続人となるはずの長女Ｄ女，二男Ｅ男は，家督相続届の有無に関わらず，Ｃ男に対して，その相続財産の一部の分配を請求することができた。

　この場合，相続財産の一部の分配によって所有権の移転の登記を申請する場合の登記原因は，「年月日相続財産の分配」となる（昭45・9・21民三359号民事第三課長回答）。

　同附則が適用されるのは，戸主の死亡により開始した家督相続に限られ，死亡以外の隠居その他の事由によって開始した家督相続については適用されず，また，家族の死亡による遺産相続についても適用されない。

　相続登記においては，分配請求の有無に関わらず，家督相続による相続登記をすることになる。

　相続財産の一部の分配が請求されると，当事者間で協議をすることができることを前提に，任意の協議の不調，不能の場合には，新民法施行の日から1年以内であれば，家事審判所（家庭裁判所）に対して処分を求めることができるとされている。

　ここで，「1年以内」とは，家事審判所（家庭裁判所）に対して処分を請求し得る期間であり，分配の期限ではないため，前述の「年月日相続財産の分配」の日付「年月日」は，新民法施行後1年を経過した日であっても差し支えない（昭45・9・21民三359号民事第三課長回答）。

　処分を求められた家事審判所（家庭裁判所）は，相続財産の状態，分配を受ける者の員数及び資力，被相続人の生前行為又は遺言によって財産の分配を受けたかどうかその他一切の事情を考慮して，分配をさせるべきかどうか並びに分配の額及び方法を定めた。

第2章　応急措置法施行後に生じた事由に関する規定
　　　―改氏による財産の一部分配請求権

第2章　応急措置法施行後に生じた事由に関する規定 ―改氏による財産の一部分配請求権

第1節　新民法附則第28条

新民法附則

第28条　応急措置法施行の際戸主であつた者が応急措置法施行後に婚姻の取消若しくは離婚又は養子縁組の取消若しくは離縁によつて氏を改めた場合には，配偶者又は養親，若し配偶者又は養親がないときは新法によるその相続人は，その者に対し財産の一部の分配を請求することができる。この場合には，前条第2項及び第3項の規定を準用する。

　これは，旧民法施行中に，旧民法第964条第2号，第3号の「戸主カ婚姻又ハ養子縁組ノ取消ニ因リテ其家ヲ去リタルトキ」，「……入夫ノ離婚」によって家督相続が開始した場合に相当する。戸主が婚姻又は縁組の取消しによって去家したとき，あるいは入夫離婚したときは，通常，その戸主が有している財産の大半は婚家，養家の祖先から承継したものであるため，このような事由が生じた場合には，婚家，養家に財産を残す（戻す）べく，家督相続が開始し，婚家，養家にいる直系卑属がまず家督相続人となるとされていた。

　このような戸主は，通常は，前戸主の養子，入夫であり，実質上，婚家，養家の財産を承継したまま応急措置法の施行を迎えると，もはや家制度や家督相続制度はないため，旧民法第964条第2号，第3号に相当する事由が生じても，相続が開始することはない。例えば，旧民法施行中に入夫婚姻をして戸主となった入夫が，前戸主である妻の財産を家督相続し，そのまま応急措置法の施行を迎えた後，その夫婦が離婚しても，特段，相続が開始することはない（入夫であった夫が財産を有しているまま）。その後，入夫であった元夫が死亡することによって相続が開始するが，その際は，その

218

夫婦は既に離婚しているため，元妻は相続人とはならない。あるいは，戸主を養親とする養子縁組のあと，その戸主が隠居し，戸主となった養子が，前戸主である養親の財産を家督相続し，そのまま応急措置法の施行を迎えた後，その養親子が離縁しても，特段，相続が開始することはない（養子が財産を有しているまま）。その後，元養子が死亡することによって相続が開始するが，その際は，その元養親は相続人とはならない。これらの結果は，旧民法下における結果と比して著しく不公平になると考えられる。

　そこで，このような場合には，新民法附則第28条前段の適用によって，一定の配慮がなされている。応急措置法施行後に婚姻の取消し若しくは離婚又は養子縁組の取消し若しくは離縁によって氏を改めた場合には，配偶者又は養親は，その戸主であった者（氏を改めた者）に対して，財産の一部の分配を請求することができることとされた。応急措置法施行後は，家という概念がない以上，家を去るという概念もないこととなったが，婚姻の取消し若しくは離婚又は養子縁組の取消し若しくは離縁によって氏を改めることは，事実上，家を去ることと同じ意味をもつため，その離婚，婚姻の取消しの場合はその配偶者，養子の離縁，縁組の取消しの場合はその養親に財産分配請求が認められたものである。なお，同附則には離縁が規定され，旧民法964条には離縁が規定されていないが，これは，旧民法施行中は，養子が戸主となった後は，隠居しない限り，離縁することができなかったことによる（旧民法874条）。

　氏を改めた者が祭祀財産を承継していたときは，新民法第769条等の規定に基づいて，祭祀承継者を定めるべきであろうとされる（『注釈』568頁）。

　財産の一部の分配が請求されると，当事者間で協議をすることができることを前提に，任意の協議の不調，不能の場合には，新民法施行の日から1年以内であれば，家事審判所（家庭裁判所）に対して処分を求めることができること，及び，その決すべき処分の基準は，新民法附則第27条第2項及び第3項の規定が準用されている。

第2章　応急措置法施行後に生じた事由に関する規定
　　—改氏による財産の一部分配請求権

第2節　新民法附則第26条第3項

新民法附則

第26条　（省略）

2　（省略）

3　前二項の規定は，第1項の戸主であつた者が応急措置法施行後に
　婚姻の取消若しくは離婚又は縁組の取消若しくは離縁によつて氏を
　改めた場合には，これを適用しない。

　「第1項の戸主であつた者」とは，応急措置法施行の際における戸主で
あって，婚姻又は養子縁組によって他家から入った者をいうが，その者が
応急措置法施行後に婚姻の取消し若しくは離婚又は縁組の取消し若しくは
離縁によって氏を改めた場合は，第3編の家附の継子の相続権（新民法附
則26条1項），本編第3章の相続財産の一部の分配請求権（新民法附則26条2
項）は認められない。

　このような場合には，本章第1節のとおり，既に，配偶者又は養親（配
偶者又は養親がないときは新民法によるその相続人）に，財産の一部の分配請求
権（新民法附則28条前段）が認められ，旧民法下における結果との不公平は
解消されているため，家附の継子には相続権も，財産の一部の分配請求権
も認められない。

220

第3章　応急措置法施行後，新民法施行前に生じた事由に関する規定
　　　──家附の継子の相続財産の一部分配請求権：新民法附則第26条第2項

第3章　応急措置法施行後，新民法施行前に生じた事由に関する規定──家附の継子の相続財産の一部分配請求権：新民法附則第26条第2項

> **新民法附則**
>
> 第26条　（省略）
>
> 2　前項の戸主であつた者について応急措置法施行後新法施行前に相続が開始した場合には，前項の継子は，相続人に対して相続財産の一部の分配を請求することができる。この場合には，第27条第2項及び第3項の規定を準用する。
>
> 3　（省略）

「前項の戸主であつた者」とは，応急措置法施行の際における戸主であって，婚姻又は養子縁組によって他家から入った者をいい，「前項の継子」とは，その家の家附の継子をいうが，その戸主が新民法施行後に死亡すると新民法附則第26条第1項が適用され，その家附の継子は，嫡出子と同一の権利義務を有するところ，その戸主が応急措置法施行後，新民法施行前に死亡した場合に，新民法附則第26条第2項前段が適用される。

　この場合は，家附の継子が相続権を有することにはならず，代わりに，相続人に対して相続財産の一部の分配請求権を有することになるのである。これは，応急措置法には，この附則に相当する規定が置かれなかったため，新民法施行時において，既に，家附の継子を除外した相続が開始していることから，その不公平を調整するため，家附の継子に相続財産の一部の分配請求権が認められたものと思われる。

　もちろん，相続登記においては，分配請求の有無に関わらず，相続登記をすることになる。

　相続財産の一部の分配が請求されると，当事者間で協議をすることができることを前提に，任意の協議の不調，不能の場合には，新民法施行の日から1年以内であれば，家事審判所（家庭裁判所）に対して処分を求めるこ

第3章　応急措置法施行後，新民法施行前に生じた事由に関する規定
　　―家附の継子の相続財産の一部分配請求権：新民法附則第26条第2項

とができること，及び，その決すべき処分の基準は，新民法附則第27条第
2項及び第3項の規定が準用されている。

　なお，当該戸主であった者が，応急措置法施行後に，婚姻の取消し若し
くは離婚又は縁組の取消し若しくは離縁によって氏を改めた場合には（当
然，死亡までに），同附則の適用がないことは（家附の継子の相続財産の一部の分
配請求権が認められない。），第4編第2章第2節で解説している。

222

第4章　応急措置法施行前に生じた事由に関する規定
―家督相続の不開始：新民法附則第25条第2項ただし書

第4章　応急措置法施行前に生じた事由に関する規定―家督相続の不開始：新民法附則第25条第2項ただし書

> 新民法附則
>
> 第25条　（省略）
>
> 　2　（省略）　但し，その相続の開始が入夫婚姻の取消，入夫の離婚又は養子縁組の取消によるときは，その相続は，財産の相続に関しては開始しなかつたものとみなし，第28条の規定を準用する。

「その相続」とは，応急措置法施行前に開始した家督相続であって，新民法施行後に，旧民法によれば家督相続人を選定しなければならない場合の相続をいうが，新民法附則第25条第2項本文が適用されるとすると，相続の開始に遡って新民法が適用される。しかし，その場合であっても，その相続の開始が入夫婚姻の取消し，入夫の離婚又は養子縁組の取消しによるときは，新民法の遡及適用はない。この場合は，財産の相続に関しては，相続が開始しなかったものとみなされ，新民法附則第28条の規定が準用される。

　つまり，旧民法施行中に，入夫婚姻の取消し，入夫の離婚又は養子縁組の取消しによって家督相続が開始し，家督相続人不選定のまま，新民法の施行を迎えたときは，そもそも，家督相続も，新民法による相続も開始していないとして取り扱われることとなる（被相続人は，家督相続開始時に生存している。）。このような場合には，家督相続が開始したにもかかわらず，被相続人である元戸主が，依然として，自分が有していた財産を引き続き有していることになるのである。

　例えば，入夫婚姻によって甲家の戸主となった入夫が，前戸主である妻と入夫離婚したときは家督相続が開始し，その家督相続人は，前戸主である妻ではなく，第1種法定家督相続人となる（第2編第2章第3節）。その際，第1種法定家督相続人となるべき家族である直系卑属がないと，家女である妻が第1種選定家督相続人として選定されるべき者となり（入夫離婚に

第4章　応急措置法施行前に生じた事由に関する規定
──家督相続の不開始：新民法附則第25条第2項ただし書

よって，自動的に，妻が家督相続人になるわけではない。），家督相続人が選定され
ないまま，新民法の施行を迎えたときは，家督相続が開始しなかったこと
となり，結局，入夫離婚以前から入夫が有している財産は（入夫婚姻によっ
て前戸主である妻から家督相続によって取得したものも含む。），そのまま，元入夫
の所有であるとして取り扱われることとなる。

　しかしながら，入夫離婚以前から入夫が有している財産は，その多くは，
妻の家の財産として，入夫婚姻の際に，前戸主である妻から家督相続に
よって受け継いだものであろうことから，入夫がその家を去る以上，その
財産は，その家の属する者に承継させるべきであると観念されていた。そ
のため，入夫離婚によってその家の家督相続人があれば（又は，定まれば），
その者に承継させるところ（一部の財産を留保することはできた（旧民法988
条）。），その法定家督相続人がなく，その選定もなかったことにより，相
続がなかったことになるとはいえ，本来，承継を受けるべき者にも，その
財産に対する権利を有させることが望ましいと思われる。そこで，その妻
は，元夫の有する財産の一部の分配を請求することができるようにされた
と考えられている。

　新民法附則第25条第2項ただし書が適用されることによって，応急措置
法施行の際に戸主であった者に対して，財産の一部の分配を請求すること
ができるものは，配偶者又は養親，もし配偶者又は養親がないときは新民
法によるその相続人である。

　ただ，旧民法施行中の入夫婚姻の取消し，入夫の離婚又は養子縁組の取
消しによって家督相続が開始した場合，「実際上も，婚家・養家に財産を
残して帰る例が多いところから，このような取り扱いには疑問がもたれて
いる。」との見解もある（『注釈』564頁）。

　新民法附則第25条第2項ただし書が適用されるときは，家督相続が開始
したことをもって，相続登記をすることはできない。

第1節　旧民法施行中に廃除された推定相続人：新民法附則第29条

第5章　その他の規定

第1節　旧民法施行中に廃除された推定相続人：新民法附則第29条

> **新民法附則**
>
> 第29条　推定の家督相続人又は遺産相続人が旧法第975条第1項第1
> 号又は第998条の規定によつて廃除されたときは，新法の適用につ
> いては，新法第892条の規定によつて廃除されたものとみなす。

　新民法施行後は，遺留分を有する推定相続人が，被相続人に対して虐待
をし，若しくはこれに重大な侮辱を加えたとき，又は推定相続人にその他
の著しい非行があったときは，被相続人は，その推定相続人の廃除を家事
審判所に請求することができるとされたが（新民法892条），旧民法では，廃
除事由は次のようになっていた。

```
── 法定の推定家督相続人について（旧民法975条）──────
　　　一　被相続人に対して虐待をなし，又は重大な侮辱を加えたこと
　　　二　疾病その他身体又は精神の状況によって家政を執るに堪える
　　　　ことができないこと
　　　三　家名に汚辱を及ぼすべき罪によって刑に処せられたこと
　　　四　浪費者として準禁治産の宣告を受け改悛の望がないこと
　　　　その他，正当事由があるとき（この場合は親族会の同意を要する。）
```

```
── 推定遺産相続人について（旧民法998条）──────
　　　被相続人に対して虐待をなし，又は重大な侮辱を加えたこと
```

　旧民法施行中に，法定の推定の家督相続人（第1種法定家督相続人）が廃
除され，あるいは推定の遺産相続人が廃除された場合，その被相続人につ
いて新民法施行後に相続が開始したときは，新民法においても廃除事由と

第4編　相続に関連するその他の新民法附則の規定

225

第5章　その他の規定

されている事由（被相続人に対する虐待，重大な侮辱）によって廃除されている者は，当該被相続人の新民法施行後の死亡により開始した相続に対しても，そのまま，廃除されたものとみなされ，相続人ではないこととなる。

　一方，旧民法施行中に，その他の事由によって廃除された法定の推定の家督相続人（であった者）は，当該被相続人の新民法施行後の死亡により開始した相続に対しては，もはや，廃除されていることにはならず，相続人となる（登研194号73頁）。

　ただ，それらの事由が戸籍に記載されていないことがあるため，相続登記の実務においては，その確認ができないことがある。

　まず，旧民法施行中は，法定の推定家督相続人が廃除されたときは，その戸籍に，廃除の旨及び廃除の事由が記載されていたが，後に，廃除の事由は戸籍への記載を省略して差し支えないとされた（昭2・8・2民3105号民事局長回答）。そこで，廃除の事由が戸籍上（除籍又は改製原戸籍の謄本等）で判明し，それが被相続人に対する虐待，重大な侮辱であれば，新民法施行後に開始した相続に対しても引き続き相続人とはなり得ず，他方，それ以外の事由であれば，相続人であると認めることができるが，どのような事由によって廃除されたのか不明である場合には，結局，新民法施行後に開始した相続に対して相続人となるか否かが不明であることとなる。このような場合は，廃除の判決の謄本（一般には，廃除に関する戸籍届書に添付した判決謄本の写）を添付して，廃除の事由が被相続人に対する虐待，重大な侮辱ではないことを明らかにすることによって，当該被廃除者を相続人（の一人）とする相続登記を申請することとなる。ただ，それらの謄本を入手することが困難である場合には，遺産分割協議書を添付する場合を除いて，被廃除者が新民法による相続人であることにつき，被廃除者を除く他の相続人全員の署名押印がある証明書（印鑑証明書添付）を添付して，申請することとなる（昭36・6・8民甲1352号民事局長回答）。なお，旧民法施行中，戸主と，その長女だけの家において，その長女が廃除され（事由の記載はない。），新民法施行後に，その戸主（であった者）が死亡し，その長女の他に相続人がいない場合には，それらの謄本，証明書の添付がなくても，当該

226

第1節　旧民法施行中に廃除された推定相続人：新民法附則第29条

長女を相続人とする相続登記は，便宜，受理される（登研124号37頁，昭36・8・16民甲2034号民事局長回答）。

　旧民法下の戸籍に記載されている廃除の旨，廃除の事由は，新民法附則第29条の適用の有無に関わらず，新民法下の新戸籍には移記されておらず（昭23・7・1民甲1788号民事局長通達。），また，旧民法下の戸籍に記載されている廃除の旨，廃除の事由は，その戸籍の記載又は裁判の謄本等によって同附則の適用がないこと（新民法施行後は廃除とされないこと）が明らかであれば，新民法施行後において，生存している当時の戸主，又は被廃除者の申出によって消除することができる（昭31・2・15民甲297号民事局長回答，昭33・6・10民甲1191号民事局長心得回答）。

　旧民法施行中に推定遺産相続人が廃除されたときは，新民法施行後における戸籍の取扱いと異なり，そもそも，廃除されたことが戸籍には記載されていないため，戸籍からは廃除の有無は分からない。仮に，旧民法施行中に推定の遺産相続人であることを廃除された場合は，遺産相続の廃除事由は被相続人に対する虐待，重大な侮辱に限られているため，同附則の適用によって，新民法施行後に開始した相続についても廃除されていることとなる。ただ，実務上は，通常の相続登記における手続と変わらない処理をすることとなるが，共同相続人のうちに廃除された者がいるとして処理する場合は，その廃除の判決の謄本等を添付することとなろう（『見方』382頁）。

　新民法附則第29条は，応急措置法施行中に開始した相続についても適用されるべきであろうが（『注釈』569頁），応急措置法施行前，既に旧民法施行中に開始している家督相続及び遺産相続に適用されないことはいうまでもない。

第5章　その他の規定

第2節　旧民法施行中に廃除に関連してなされた遺産の管理についての裁判所の処分：新民法附則第30条

> **新民法附則**
>
> **第30条**　旧法第978条（旧法第1000条において準用する場合を含む。）の規定によつて遺産の管理についてした処分は，相続が第25条第2項本文の規定によつて新法の適用を受ける場合には，これを新法第895条の規定によつてした処分とみなす。

　新民法施行後は，推定相続人の廃除又はその取消しの請求があつた後（廃除の遺言があつたときも），その審判が確定する前に相続が開始したときは，家事審判所は，親族，利害関係人又は検察官の請求によつて，遺産の管理について必要な処分を命ずることができるとされているが（新民法895条1項），旧民法施行中に開始した家督相続又は遺産相続についても，次のとおり，同様の規定があつた（旧民法978条・1000条）。

　旧民法の規定により，家督相続又は遺産相続に係る遺産の管理について，裁判所がなした処分は，新民法における当該処分とみなされるため，新民法施行後に家庭裁判所が新たに当該処分をし直さなくても，有効な処分として継続する。

第3節　旧民法施行中になされた分家・廃絶家再興のための贈与の特別受益：新民法附則第31条

> **新民法附則**
>
> **第31条**　応急措置法施行前に分家又は廃絶家再興のため贈与された財産は，新法第903条の規定の適用については，これを生計の資本として贈与された財産とみなす。

　新民法施行後に開始した相続については，共同相続人中に，被相続人か

ら，遺贈を受け，又は婚姻，養子縁組のため若しくは生計の資本として贈与を受けた者があるときは，被相続人が相続開始の時において有した財産の価額にその贈与の価額を加えたものを相続財産とみなし，その相続分の中からその遺贈又は贈与の価額を控除し，その残額をもって，その者（特別受益者）の相続分とされるが（新民法903条１項），旧民法施行中に開始した遺産相続についても，次のとおり，概ね同様の規定があった（旧民法1007条）。ただ，旧民法では，分家，廃絶家再興のための贈与についても，特別受益の対象とされていたが，新民法では当然，規定されていない。しかし，新民法附則第31条の適用によって，旧民法施行中なされた分家廃絶家再興のための贈与は，新民法施行後に開始した相続に対しても，特別受益であるとみなされる。

　例えば，旧民法施行中に分家した本家の戸主の子は，旧民法施行中に本家の戸主が死亡したとしても家督相続人とはなり得なかったところ，その本家の戸主（であった者）が新民法施行後に死亡したとすると相続人となるが，その分家の際に，分家のための贈与を受けていたときは，その贈与された財産は，新民法施行後に開始した相続について，生計の資本として贈与された財産であるとみなされ，特別受益として算入される。

第４節　旧民法施行中に開始した遺産相続についての新民法施行後の遺産分割：新民法附則第32条

> **新民法附則**
>
> **第32条**　新法第906条及び第907条の規定は，第25条第１項の規定によつて遺産相続に関し旧法を適用する場合にこれを準用する。

　旧民法施行中に共同で遺産相続が開始したとき，遺産分割をなすことができることは，新民法施行後と変わりはなく，旧民法でも，被相続人は遺言をもって分割の方法を定め，又は定めることを第三者に委託することができ（旧民法1010条，新民法908条前段），被相続人は遺言をもって相続開始の

第5章　その他の規定

時より5年を超えない期間内分割を禁ずることができ（旧民法1011条，新民法908条後段），遺産の分割は相続開始の時に遡って効力を生ずる（旧民法1012条，新民法909条前段）という規定は設けられていたが，新民法にある，遺産の分割は，遺産に属する物又は権利の種類及び性質，各相続人の職業（現行の民法では，年齢，職業，心身の状態及び生活の状況）その他一切の事情を考慮してこれをする（新民法906条），共同相続人は，被相続人が遺言で禁じた場合を除く外，何時でも，その協議で，遺産の分割をすることができ（新民法907条1項），遺産の分割について，共同相続人間に協議が調わないとき，又は協議をすることができないときは，各共同相続人は，その分割を家事審判所（現行の民法では，家庭裁判所）に請求することができ（新民法907条2項），その場合において特別の事由があるときは，家事審判所（現行の民法では，家庭裁判所）は，期間を定めて，遺産の全部又は一部について，分割を禁ずることができる（新民法907条3項）との規定は設けられていなかった。ただ，旧民法施行中の遺産分割は，旧民法第1010条〜第1012条等の規定のほか，民法第256条以下の共有物の分割請求に関する規定に従って，共同遺産相続人は遺産の分割を請求することができ，協議が調わない場合には，裁判所に請求し，判決によって分割方法を決定することができた（『大意』80頁〜82頁）。

　そこで，旧民法施行中に開始した共同の遺産相続について，遺産分割未了のまま，新民法の施行を迎えた場合は，新民法附則第32条によって，新民法第906条及び第907条の規定が適用され，その分割の基準に基づいて（浦和家熊谷支審昭38・2・26家月15巻6号82頁），協議又は審判をもって遺産分割がなされることとなる。

230

第5節　旧民法施行中にした遺言の新民法施行後の確認：新民法附則
　　　　第33条

> 新民法附則
> 第33条　新法施行前に旧法第1079条第1項の規定に従つてした遺言で，
> 　同条第2項の規定による確認を得ないものについては，新法第979
> 　条第2項及び第3項の規定を準用する。
> 2　　新法施行前に海軍所属の艦船遭難の場合に旧法第1081条において
> 　準用する旧法第1079条第1項の規定に従つてした遺言で，同条第2
> 　項の規定による確認を得ないものについても，前項と同様である。

　旧民法施行中は，従軍中，疾病，傷痍その他の事由によって死亡の危急
に迫った軍人及び軍属は，証人二人以上の立会をもって，口頭にて遺言を
することができ（旧民法1079条1項），この遺言は，証人が，その趣旨を筆
記して，これに署名，捺印し，かつ証人の一人又は利害関係人より，遅滞
なく理事又は主理に請求して確認を得なければ効力がなく（旧民法1079条2
項），これらの規定は，艦船遭難の場合に準用され，ただし，海軍に所属
しない船舶中にある者が遺言をした場合においては，その確認は，裁判所
に請求しなければならないとされていた（旧民法1081条）。なお，陸軍の軍
人，軍属にあっては理事に，海軍の軍人，軍属にあっては主理に確認の請
求をすることになるが，これらの者は，所属する軍人，軍属に対する裁判
官の職務を執行する者であった（『注釈』569頁）。

　そこで，その遺言が確認されないまま，新民法の施行を迎えたときは，
この附則の適用に伴い，遅滞なく，家事審判所（現行の民法では，家庭裁判
所）に請求して，その確認を得なければ，その効力がなく（新民法979条2項
（現行の民法では979条3項）），家事審判所（現行の民法では，家庭裁判所）は，遺
言が遺言者の真意に出たものであるとの心証を得なければ，これを確認す
ることができないとされた（新民法979条3項（現行の民法では979条4項），976
条3項（現行の民法では976条5項））。

第5章　その他の規定

　今日では，新民法附則第33条の規定は，意味を失っているといえる（『詳釋』375頁）。

第5編 | 南西諸島と新民法附則

　これまで，我が国において応急措置法を挟んで旧民法と新民法が交錯する相続に関して，新民法附則の規定に基づいて解説してきた。しかし，南西諸島（九州の南端から南西に向けて弧状に列をなす，鹿児島県，沖縄県にわたって，太平洋，東シナ海に浮かぶ日本の島々。最南端は波照間島，最西端は台湾の北東約100kmに位置する与那国島である。）にあっては，その適用については，様相を異にしている。

　それは，太平洋戦争の終戦，米軍による南西諸島の占領と連合国による我が国（本土）の占領，戦争状態の終結，本土復帰という時系列の中で，我が国（本土）において公布，施行された新民法が，北緯30度以南の南西諸島においては適用されなかったことによる（北緯30度以北の南西諸島，つまり，屋久島以北の島々は本土として，当初から新民法が適用されている。）。

　北緯30度以南の南西諸島以外の本土においては，応急措置法が昭和22年5月3日に，新民法が昭和23年1月1日に施行されたが，北緯30度以南の南西諸島（その最北端はトカラ列島の口之島）では，その日に各法律は施行されず（本土において制定，施行された法律は適用されず，その効力が及ばなかった。），相続に関しては，それまでに施行されていた法律，すなわち旧民法が，その日以後も適用されていたのである。占領下にあっても，制限されていたとはいえ，主権を放棄した地域を除いて，引き続き主権は我が国にあり，占領下の住民が日本国籍から離脱したわけではない（例えば，米軍占領下にあっても，日本国籍である沖縄県の住民がアメリカ国籍を取得していたわけではない。）。つまり，連合国による占領後の本土において，国会の議決によって成立し，施行された法律が，米軍占領下の地域において適用されないとする取扱いは，相続については属人的に適用されることとなる我が国の法体制からす

第5編　南西諸島と新民法附則

ると，是とすることはできない。相続に関しては，主権が制限された地域
があったとしても，日本人であれば，その所在場所に関わらず，本来は，
すべて新民法が適用されたと考えるべきである。しかしながら，北緯30度
以南の南西諸島の実情は，旧民法が現地の法令として適用され，処理され
ていたことを踏まえ，本土の復帰に伴う混乱を防ぐため，その現地の法令
によってすでに生じた効力は，本土復帰後もなお存続するものとし，復帰
の時期を境として，新民法及び新民法の附則を適用して処理するとされた
ものである（昭28・12・23民甲2524号民事局長通達）。一例として，奄美大島に
本籍がある法定推定家督相続人については，本土復帰前にあっては，家督
相続の適用があるとされている（昭29・1・18民甲94号民事局長電報回答・『訓
令』）。ただ，現在の相続登記の実務において，本土復帰前（沖縄にあっては
後述する沖縄新民法の施行前）に開始した相続に対して新民法と本土復帰前の
旧民法のどちらを適用するのかということについては，当該不動産の所在，
被相続人の本籍地，被相続人の住所地のいずれを基準として処理するのか，
難しい問題がある。この問題については，「復帰前の（奄美）大島籍人に
ついてのみその例外を認めるべき法律上の根拠は見当らない。……（復帰
前の奄美大島籍人である被相続人）は昭和13年頃から死亡の時まで引き続
き日本々土内に住所を所していたことが明白であるから，結局，同人の相
続関係に適用すべきは死亡当時本土内に施行されていた新民法であるとい
わなければならない」（鹿児島地判昭39・10・28家月17巻11号109頁），「沖縄に本
籍及び住所を兼ね有する場合についてのみ止むなく適用すべきものと解す
べく」（横浜地判昭47・10・17判時694号83頁）とする下級審の判例がある。

　太平洋戦争末期，米軍が昭和20年3月26日に慶良間諸島に，4月1日に
沖縄本島に上陸し，以後，米軍による本格的な占領が始まった。米国海軍
軍政府からは，相次いで布告（ニミッツ布告）が発せられたが，その第1号
で，北緯30度以南の南西諸島において日本の施政権が停止された。その際，
同布告によって，住民の風習並びに財産権が尊重され，現行法規の施行が
持続された。

　我が国は，8月14日にポツダム宣言の受諾を連合国に通告し，翌15日に

234

終戦の詔書が発せられ，9月2日に降伏文書へ調印した。連合国の占領下，我が国の政府その他の統治機構は，連合国軍最高司令官総司令部（GHQ）の下で存続を認められ，制限付きではあるものの，日本本土において施政権を行使することができた。しかし，1946年（昭和21年）1月29日連合国最高司令官指令（SCAPIN）第677号によって，北緯30度以南の南西諸島が日本の施政権の及ぶ範囲から除かれ，米軍の施政下に入った（他の地域に関する同様の問題は，本書では言及しない。）。そのため，以後，この地域においては，日本の国会によって制定，改正された法令の適用も含み，日本の施政権は及ばなくなったのである。もちろん，北緯30度以南の南西諸島においても引き続き，日本に主権があったことは前述のとおりである。

　応急措置法，新民法については，各々，昭和22年5月3日，昭和23年1月1日に本土において施行された後，まず，北緯30度以南の南西諸島のうち，鹿児島県のトカラ列島（下七島：旧十島村のうち上三島を除いた島々で，北緯30度以南のトカラ列島。その最北端は口之島。以下，同様。）が昭和26年12月5日に本土復帰（日本の施政下に回復）した。これに伴い，昭和26年12月21日政令第380号「鹿児島県大島郡十島村の区域に適用されるべき法令の暫定措置に関する政令」，昭和27年2月9日政令第15号「親族，相続等につき鹿児島県大島郡十島村に関する暫定措置の特例を定める政令」，昭和27年10月24日政令第446号「鹿児島県大島郡十島村の区域に関する法令の適用の経過措置に関する政令」が公布され，その結果，昭和26年12月5日以後，トカラ列島においては新民法が適用されることとなり，その適用についての経過措置は，新民附則に定める経過措置の例によることとされた（昭27・2・4民甲126号民事局長通知「親族，相続等につき鹿児島県大島郡十島村に関する暫定措置の特例を定める政令に関する件」・『訓令』）。

　連合国（ソビエト連邦，中華民国等を除く。）と我が国の戦争状態を終結させるため，日本国との平和条約，いわゆるサンフランシスコ講和条約が昭和26年9月8日に締結され，昭和27年4月28日午後10時30分発効し，本土における日本の施政権が完全に回復した。ついで，昭和28年12月25日には，奄美群島が本土復帰した。これに伴い，昭和28年11月16日法律第267号

第5編　南西諸島と新民法附則

「奄美群島の復帰に伴う法令の適用の暫定措置等に関する法律」，昭和28年12月24日政令「第404号奄美群島の復帰に伴う法務省関係法令の適用の経過措置等に関する政令」が公布され，その結果，昭和28年12月25日以後，奄美群島においては新民法及び新民附則が適用されることとなった（昭28・12・23民甲2524号民事局長通達・『訓令』）。

　沖縄県では，いまだ米軍占領下にあって，旧民法が適用されていたが，1955年（昭和30年）12月31日琉球政府立法院立法第84号「民法の一部を改正する立法」が公布され，1957年（昭和32年）1月1日から施行された。これは，いわば沖縄新民法と呼ぶことができる法令で，その内容は，本土の新民法と同じである。この結果，適用される法令の制定根拠は異なるものの，本土，沖縄を問わず，日本国全土において，同じ内容の新民法が適用されることとなった。家附の継子の相続権や，家督相続人の不選定の場合等に対応するため，沖縄新民法においても附則が設けられている。条文番号が異なることと，沖縄県においては応急措置法を経ずして沖縄新民法が適用されること，この時点では沖縄県においては日本国憲法が適用されていないことによる文言の調整等はあるものの，次のとおり，その内容は，本土の新民法附則とほぼ同一である（昭32・4・18民甲680号民事局長通達・『訓令』）。

民法の一部を改正する立法（沖縄新民法）

◎　本土の新民法附則第25条相当

（相続）

オ23条　新法施行前に開始した相続に関しては，オ2項の場合を除いて，なお，旧法を適用する。

2　新法施行前に家督相続が開始し，新法施行後に旧法によれば家督相続人を選定しなければならない場合には，その相続に関しては，新法を適用する。但し，その相続の開始が入夫婚姻の取消，入夫の離婚又は養子縁組の取消によるときは，その相続は，財産の相続に

関しては開始しなかつたものとみなし，オ26条の規定を準用する。

◎　本土の新民法附則第26条相当

（家附の継子）

オ24条　新法施行の際における戸主が婚姻又は養子縁組によつて他家から入つた者である場合には，その家の家附の継子は，新法施行後に開始する相続に関しては，嫡出である子と同一の権利義務を有する。

2　前項の規定は，同項の戸主であつた者が新法施行後に婚姻の取消若しくは離婚又は縁組の取消若しくは離縁によつて氏を改めた場合には，これを適用しない。

◎　本土の新民法附則第27条相当

（新法公布後の家督相続の場合の財産分配請求権）

オ25条　オ23条オ2項本文の場合を除いて，新法公布の日以後に戸主の死亡による家督相続が開始した場合には，新法によれば共同相続人となるばずであつた者は，家督相続人に対して相続財産の一部の分配を請求することができる。

2　前項の規定による相続財産の分配について，当事者間に協議が調わないとき，又は協議をすることができないときは，当事者は，家庭裁判所に対し協議に代わる処分を請求することができる。但し，新法施行の日から1年を経過したときは，この限りでない。

3　前項の場合には，家庭裁判所は，相続財産の状態，分配を受ける者の員数及び資力，被相続人の生前行為又は遺言によつて財産の分配を受けたかどうかその他一切の事情を考慮して，分配をさせるべきかどうか並びに分配の額及び方法を定める。

第5編　南西諸島と新民法附則

◎　本土の新民法附則第28条相当
（戸主であつた者の離婚離縁等による復氏の場合の財産分配請求権）

オ26条　新法施行の際戸主であつた者が新法施行後に婚姻の取消若し
　　くは離婚又は養子縁組の取消若しくは離縁によつて氏を改めた場合
　　には，配偶者又は養親，若し配偶者又は養親がないときは新法によ
　　るその相続人は，その者に対し財産の一部の分配を請求することが
　　できる。この場合には，前条オ2項及びオ3項の規定を準用する。

◎　本土の新民法附則第29条相当
（相続人の廃除）

オ27条　推定の家督相続人又は遺産相続人が旧法オ975条オ1項オ1
　　号又はオ998条の規定によつて廃除されたときは，新法の適用につ
　　いては，新法オ892条の規定によつて廃除されたものとみなす。

◎　本土の新民法附則第30条相当
（遺産管理について処分）

オ28条　旧法オ978条（旧法オ1000条において準用する場合を含む。）の規定
　　によつて遺産の管理についてした処分は，相続がオ23条オ2項本文
　　の規定によつて新法の適用を受ける場合には，これを新法オ895条
　　の規定によつてした処分とみなす。

◎　本土の新民法附則第31条相当
（分家等のための贈与）

オ29条　新法施行前に分家又は廃絶家再興のため贈与された財産は，
　　新法オ903条の規定の適用については，これを生計の資本として贈
　　与された財産とみなす。

◎ **本土の新民法附則第32条相当**

（遺産の分割）

オ30条　新法オ906条及びオ907条の規定は，オ23条オ1項の規定によつて遺産相続に関し旧法を適用する場合にこれを準用する。

◎ **本土の新民法附則第33条相当**

（遺言の確認）

オ31条　新法施行前に旧法オ1079条オ1項の規定に従つてした遺言で，同条オ2項の規定による確認を得ないものについては，新法オ979条オ2項及びオ3項の規定を準用する。

2　新法施行前に海軍所属の艦船遭難の場合に旧法オ1081条において準用する旧法オ1079条オ1項の規定に従つてした遺言で，同条オ2項の規定による確認を得ないものについても，前項と同様である。

　そして，昭和47年5月15日，沖縄県が本土に復帰した。昭和46年12月31日法律第129号「沖縄の復帰に伴う特別措置に関する法律」，昭和47年4月27日政令第95号「沖縄の復帰に伴う法務省関係法令の適用の特別措置等に関する政令」が公布，施行され，さらに「沖縄の復帰に伴う民事行政事務の取扱いについて」（昭47・5・15民事甲1783号民事局長通達）が発出された。既に，相続に関し，本土の新民法と同じ内容の新民法が適用されていたところ，この結果，形式的にも，昭和47年5月15日以後，沖縄県においても，本土の新民法が適用され，今日に至っている。

　本土に本籍を有する者が沖縄県に本籍を置いて分家した後，沖縄新民法施行前に死亡し，沖縄の旧民法による第4順位までの家督相続人がなく，第2種選定家督相続人を選定すべき場合に当たるところ，沖縄の新民法施行前にその選定もなされなかったことによって，沖縄の新民法附則第23条第2項により沖縄の新民法が適用されて，相続人を認定した判例がある（福岡高那覇支判昭56・2・17金融・商事判例638号6頁）。

付　録

索　引

資　料

付
録

事　項　索　引

【あ】

家 ································· 15
家附 ················· 76, 101, 149〜151, 153
──の継子 ········· 76, 77, 101, 154, 155,
　　159〜162, 165, 167, 170〜173,
　　186〜189, 192〜214, 221, 236, 237
遺産相続 ················· 31〜33, 38, 149,
　　172, 228〜230, 239
遺産分割 ············· 10, 63, 191, 229, 230
一家創立(一家を創立) ········· 17, 19, 22, 42,
　　43, 86〜88, 91, 92, 121
隠居 ····················· 21〜23, 38, 49, 62,
　　71〜73, 88, 210, 217, 219
氏 ··············· 16, 188, 218〜220, 237
応急措置法 ············ 21, 22, 56〜58, 81, 98,
　　147, 173, 185〜191, 215, 218

【か】

華士族家督法 ························· 27
家督相続 ········· 3, 14, 24, 26〜28, 38, 149
───届 ············· 44, 51, 53, 54, 60
────人の選定 ·············· 56, 63, 98
────人の不選定 ················ 37, 236
────の開始 ······· 38, 44, 49, 57, 62, 91
旧々民法 ················· 5, 25, 95, 147
旧民法 ················ 5, 13, 15, 26, 37
兄弟姉妹 ················ 6, 13, 50, 56
去家(家を去る) ··············· 16, 22, 24, 54,
　　62, 130〜132, 219, 224

──の制限 ························· 30
継子 ························· 104, 145
──の相続権 ········· 149, 186, 201〜205
継親(継父母) ············· 105, 124, 126
継親子関係 ············ 22, 75, 76, 103
継親子制度の廃止 ··················· 147
継親の去家による継親子関係の消滅 ····· 136
携帯入籍 ·········· 46, 150, 170, 171, 202
戸主 ························· 16, 203
──の権利 ···················· 16, 96
戸内婚 ········· 111, 113, 159, 165, 167, 203
婚姻 ························· 19, 23

【さ】

再継親子関係 ··················· 111, 131
再興 ··············· 18, 19, 23, 228
私生子 ···················· 19, 41〜43
指定家督相続人 ··············· 39, 48, 51
庶子 ·········· 19, 41〜43, 146, 153, 177
親族会 ··················· 50, 54, 225
親族入籍 ························· 45, 46
新民法 ···················· 6, 37, 57〜65
推定遺産相続人 ···················· 225, 227
推定家督相続人 ·············· 20, 22, 23,
　　46〜49, 170, 225
推定相続人 ···················· 225, 228
生存配偶者の去家による継親子関係の
　　消滅 ············· 131, 133, 135, 138
絶家 ························· 88〜93
(家督相続人の)選定 ·········· 50, 56, 63, 98

事項索引

(第1種, 第2種)選定家督相続人
　　　　　　　39, 49, 53, 58～61, 66
相続回復請求権 ························· 64
相続財産管理人 ········· 87, 93, 95, 99

【た】

胎児 ················· 39, 48, 172, 173
代襲相続 ········· 47, 48, 82, 92, 170
太政官布告・達等 ····· 3, 26～28, 93, 148
男子養子の制限 ·························· 46
嫡出子 ································· 6, 41
嫡母庶子 ··· 129, 131, 142～146, 178
直系尊属 ······· 52, 53, 58, 60, 76, 181
直系卑属 ················ 6, 7, 40, 172, 173
同時死亡 ··································· 61

【な】

入夫婚姻 ···························· 19, 39
認知 ············· 19, 20, 60, 143, 154
女戸主 ········· 17, 19, 23, 38, 40, 51, 59,
　　　62, 71, 73, 74, 88, 114～116

【は】

廃家 ··········· 17, 18, 45, 106, 163
廃除 ············· 16, 225～228, 238
引取入籍 ······ 16, 45, 46, 105, 125, 150
非嫡出子 ············· 6, 8～12, 15, 17, 20,
　　　41, 43, 44, 142, 143, 172, 173, 178
復籍 ··········· 16, 17, 19, 21, 45, 46, 60, 89,
　　122, 123, 138, 139, 141, 150, 161, 162, 201
分家 ··········· 17, 44～46, 54, 70, 87,
　　91, 121, 123, 133, 134, 138, 148, 150, 163,
　　171, 201, 202, 203, 211, 228, 229, 238, 239

法定隠居 ····················· 62, 71, 88
法定相続情報 ············· 29～30, 32～36,
　　　　　　　　　　　　253～266
法定の推定家督相続人 ··········· 22, 23,
　　　46～49, 170, 225, 226
本家 ··········· 14, 17～19, 22, 23, 45, 54,
　　87, 121, 133, 134, 150, 171, 202, 211, 229

【ま】

婿養子縁組 ···························· 19, 46

【や】

養子縁組 ········· 20～22, 24, 38, 44～47,
　　57, 62, 120, 123, 124, 127, 128, 136,
　　159, 176, 187, 190, 194, 201, 209,
　　211, 218, 221, 223, 224, 229, 236
養親の去家による養親子関係の消滅
　　　　　　　　　　　　2, 21, 22

【ら】

離縁 ·· 21
離婚 ············· 19, 21, 24, 38, 39, 53, 57,
　　62, 89, 104, 108, 129～132, 139～141, 150,
　　180, 188, 191, 218～220, 222～224, 237
離籍 ··············· 16, 17, 121, 132
留保財産 ··································· 24

条 文 索 引

◎応急措置法
7条 13
8条 82

◎沖縄新民法
23条 236
31条 239

◎旧々民法
315条 95
342条 95

◎旧民法
729条2項 131, 135
731条 22, 133
732条 16, 38
735条 16, 17, 42
737条 45, 131
738条 16, 45
743条 17, 19, 46, 133
746条 16
750条 16, 19, 132
752条 16, 23, 62
755条 23
763条 16, 18
764条 17, 18, 55, 92
770条 120
773条 19
827条 19, 41
832条 154

◎新民法
838条 20, 103
839条 20, 46
841条 20
874条 21, 219
875条 21, 46, 123, 150, 162, 201
944条 22, 50
964条 24, 38, 55, 218, 219
966条 64
968条 39, 48, 172
970条 40, 44, 47
973条 47
975条 17, 225
981条 49
982条 50
992条 24, 38, 172
994条 79, 172, 173, 181
998条 225
1017条 44, 49, 53
1020条 44

887条 58, 69, 188
889条 67, 68, 83
附則4条 1, 98
附則25条 .... 1, 57, 58〜60, 62,
 66, 74, 78, 83〜85
附則26条 220
附則28条 218, 219, 220, 223
附則29条 225, 227
附則30条 228

条文索引

附則31条	228	

附則31条 ………………………… 228

附則32条 ……………………… 229, 230

附則33条 ………………………… 231

◎**不動産登記規則**

28条の2 …………………………… 35

37条の3 …………………………… 36

247条 …………………………… 29〜36

248条 ……………………………… 35

◎**日本国憲法**

39条 ……………………………………… 1

◎**民法施行法**

1条 ……………………………………… 1

62条 ………………………………… 16

判 例 索 引

大判明37・5・23 ················ 145, 148

東京控判明42・8・20 ················ 112

大決明42・12・13 ················ 112

大判明43・2・10 ················ 112

大判大2・7・7 ················ 96

大判大4・4・24 ················ 148

大判大4・5・24 ················ 127

大阪控判大5・5・19 ················ 116

大決大6・8・22 ················ 104, 111

大阪控判大8・9・22 ················ 120

大決大9・4・8 ················ 119

大判大9・4・8 ················ 104, 124, 131

大判大10・3・8 ················ 94

大判大11・6・27 ················ 39

大判大13・10・15 ················ 54

大判大14・5・22 ················ 125, 159

大判大15・7・17 ················ 148

大判昭6・12・23 ················ 125

大判昭15・1・23 ················ 41

最二小判昭23・11・6 ················ 64

最三小判昭30・9・27 ················ 135

福島地平支判昭31・3・30 ················ 2, 3, 98

高松高判昭32・12・11 ················ 74, 87, 92

最二小判昭37・4・27 ················ 41

高松高判昭37・5・22 ················ 79

最二小判昭38・4・19 ················ 79

最一小判昭39・2・27 ················ 64

鹿児島地判昭39・10・28 ················ 234

最二小判昭42・4・28 ················ 61, 64

横浜地判昭47・10・17 ················ 234

福岡高那覇支判昭56・2・17 ················ 239

東京地判昭59・1・25 ················ 92

前橋家審昭59・3・22 ················ 98

最決平12・6・13 ················ 204

最二小判平21・12・4 ················ 2, 22

最大決平25・9・4 ················ 6, 9, 10

先 例 索 引

明31・9・16民刑1336号民刑局長回答
　　　　　　　　　　　　　　　51

明31・10・15民刑959号民刑局長回答……87

明31・10・15民刑1679号民刑局長回答
　　　　　　　　　　　　　　　51

明31・10・20民刑1684号民刑局長回答
　　　　　　　　　　　　　　　95

明31・10・25民刑1489号民刑局長回答
　　　　　　　　　　　　　　　42

明31・12・5民刑1274号民刑局長回答
　　　　　　　　　　　　　　　87

明31・12・16民刑2064号民刑局長回答
　　　　　　　　　　　　　　　107

明31・12・26民刑2303号民刑局長回答
　　　　　　　　　　　　　　　87

明32・1・19民刑1781号民刑局長回答
　　　　　　　　　　　　　　　127

明32・2・13民刑89号民刑局長回答………95

明32・2・17民刑2425号民刑局長回答
　　　　　　　　　　　　　　　49

明32・3・7民刑局長回答………63

明32・4・18民刑422号民刑局長回答
　　　　　　　　　　　　　　　112

明32・5・9民刑41号民刑局長回答……127

明32・7・29民刑1400号民刑局長回答
　　　　　　　　　　　　　116, 161

明32・12・12民刑2065号民刑局長回答
　　　　　　　　　　　　　　　128

明33・12・14民刑1673号民刑局長回答
　　　　　　　　　　　　　　　95

明33・12・17民刑1640号民刑局長回答
　　　　　　　　　　　　　　　96

明36・1・10民刑734号民刑局長回答
　　　　　　　　　　　　　　　127

明37・12・14民刑952号民刑局長回答
　　　　　　　　　　　　　　　146

明40・5・7民刑480号民刑局長回答……96

明41・1・9民刑480号民刑局長回答……96

明41・1・9民刑1324号民刑局長回答
　　　　　　　　　　　　　　　50

明41・5・2民刑1562号民刑局長回答
　　　　　　　　　　　　　　　125

明42・8・23民刑824号民刑局長回答……96

明43・11・22民刑906号民刑局長回答……93

明43・12・2民刑局長電報回答……93

明44・2・14民刑24号民刑局長回答
　　　　　　　　　　　　　114, 136

明44・2・18民刑120号民刑局長回答……47

明44・5・2民112号民事局長回答……96

明44・5・24民184号民事局長回答……116

明45・4・15民602号民事局長回答……143

大元・9・11民363号民事局長回答……52

大2・1・9民840号民事局長回答……128

大2・2・26民89号民事局長回答
　　　　　　　　　　　　　120, 144

大2・6・30民132号法務局長回答……24

大2・8・12民452号民事局長回答……120

大2・9・30民719号法務局長回答……113

大2・10・29民1005号法務局長通牒……118

大2・10・30民1007号法務局長通牒……88

先例索引

大 3 ・ 1 ・14民17号法務局長回答 ……… 132

大 3 ・12・26民1400号法務局長回答 ……88

大 3 ・12・28民1303号法務局長回答 ……88

大 5 ・ 3 ・18民361号法務局長回答 ………89

大 5 ・11・10民1420号法務局長回答 …135

大 6 ・ 1 ・20民1997号法務局長回答 ……88

大 6 ・ 6 ・22民1180号法務局長回答 …120

大 6 ・ 9 ・26民1779号法務局長回答 ……88

大 7 ・ 2 ・ 8 民234号法務局長回答 ……88

大 7 ・ 5 ・30民1159号法務局長回答

　　　　　　　　　　　　　　　116, 145

大 7 ・ 6 ・15民1333号法務局長回答 …143

大 7 ・ 7 ・12民1984号民事局長回答 ……89

大 8 ・ 5 ・28民1226号民事局長回答 ……49

大 8 ・ 6 ・14民1490号民事局長回答 …167

大 8 ・ 6 ・26民841号民事局長回答

　　　　　　　88, 89, 120, 121, 126, 164

大 9 ・ 3 ・ 2 民178号民事局長回答 …139

大 9 ・ 5 ・31民1553号民事局長回答 ……88

大10・ 2 ・ 8 民522号民事局長回答 …145

大10・ 7 ・13民2887号民事局長回答 ……51

大11・ 5 ・16民2461号民事局長回答 …128

大11・ 5 ・16民3790号民事局長回答 …107

大11・ 7 ・ 8 民2586号民事局長回答

　　　　　　　　　　　　　　　114, 127

大11・ 7 ・14民1817号民事局長通牒 …151

大11・ 7 ・14民2397号民事局長通牒 …149

大11・ 8 ・18民3080号民事局長回答 …165

大11・10・18民3759号民事局長回答 …155

大11・11・28民4296号民事局長回答 ……89

大11・11・29民4186号民事局長回答 …165

大14・ 1 ・12民12405号民事局長回答

　　　　　　　　　　　　　　　　　127

大14・ 8 ・ 1 民7271号民事局長回答 …127

昭 2 ・ 4 ・ 4 民1147号民事局長回答 …172

昭 2 ・ 8 ・ 2 民3105号民事局長回答 …226

昭 2 ・ 9 ・29民6954号民事局長回答 …39

昭 4 ・ 7 ・19民6273号民事局長回答 ……89

昭 4 ・12・14民10613号民事局長回答

　　　　　　　　　　　　　　　　　139

昭 5 ・ 8 ・27民802号民事局長回答

　　　　　　　　　　　　　　165, 167

昭 5 ・12・ 9 民1182号民事局長回答 …129

昭 6 ・ 5 ・27民567号民事局長回答 ……89

昭 6 ・ 7 ・ 7 民496号民事局長回答 ……89

昭 6 ・10・ 2 民986号民事局長回答 ……88

昭 7 ・ 3 ・18民甲216号民事局長回答 …97

昭 8 ・ 2 ・13民甲174号民事局長回答 …87

昭 9 ・12・28民1467号民事局長回答 …146

昭10・ 3 ・ 2 民212号民事局長回答 …105

昭10・ 9 ・26民甲949号民事局長回答

　　　　　　　　　　　　　　　　　154

昭11・ 3 ・ 9 民甲238号民事局長回答

　　　　　　　　　　　　　　　88, 89

昭11・ 4 ・11民甲371号民事局長回答

　　　　　　　　　　　　　　　　　129

昭11・ 5 ・ 4 民甲471号民事局長変更通

　牒 …………………………………139

昭11・11・21民甲1457号民事局長回答

　　　　　　　　　　　　　　　　　118

昭12・ 4 ・ 7 民甲371号民事局長回答

　　　　　　　　　　　　　　89, 165

昭12・ 4 ・23民甲519号民事局長通 …139

昭13・ 3 ・ 1 民甲1728号民事局長回答

　　　　　　　　　　　　　　　　　168

昭13・ 8 ・ 5 民甲887号民事局長回答 …89

先例索引

昭13・8・8民甲895号民事局長回答
　　　　　　　　　　　　　108

昭14・4・14民甲417号民事局長回答……53

昭15・4・8民甲432号民事局長通牒……41

昭19・10・9民甲692号民事局長回答……63

昭22・4・16民甲317号民事局長通達
　　　　　　　　　　　　　2, 147

昭22・5・29民甲445号民事局長通達
　　　　　　　　　　　　　275

昭22・6・23民甲560号民事局長通達
　　　　　　　　　　　　　2, 278

昭22・7・28民甲664号民事局長通達
　　　　　　　　　　　　　280

昭22・9・27民甲1023号民事局長回答
　　　　　　　　　　　　　283

昭22・10・14民甲1263号民事局長通達
　　　　　　　　　　　　　284

昭22・11・26民甲1506号民事局長回答
　　　　　　　　　　　　　285

昭23・3・12民甲182号民事局長回答
　　　　　　　　　　　　　286

昭23・4・21民甲54号民事局長回答
　　　　　　　　　　　　　287

昭23・5・20民甲1186号民事局長回答
　　　　　　　　　　　　　289

昭23・6・9民甲1663号民事局長回答
　　　　　　　　　　　　　79, 291

昭23・7・1民甲1788号民事局長回答
　　　　　　　　　　　　　227

昭23・7・1民甲2057号民事局長回答
　　　　　　　　　　　　　56, 61, 64, 292

昭23・12・27民甲3683号民事局長回答
　　　　　　　　　　　　　293

昭24・2・4民甲3876号民事局長回答
　　　　　　　　　　　　　62

昭24・5・6民甲977号民事局長回答……58

昭25・10・7民甲2682号民事局長回答
　　　　　　　　　　　　　62, 79

昭26・6・1民甲1136号民事局長回答
　　　　　　　　　　　　　76

昭26・12・28民甲2434号民事局長回答
　　　　　　123, 201, 206, 208, 212

昭27・9・18民甲245号民事局長回答……97

昭27・12・24民甲885号民事局長回答……91

昭28・11・14民甲2073号民事局長回答
　　　　　　123, 129, 141, 180

昭28・12・23民甲2524号民事局長通達
　　　　　　　　　　　　　234, 236

昭29・1・18民甲94号民事局長電報回答
　　　　　　　　　　　　　234

昭30・5・28民甲1047号民事局長回答
　　　　　　　　　　　　　88

昭31・2・15民甲297号民事局長回答
　　　　　　　　　　　　　227

昭31・9・25民甲2206号民事局長通達
　　　　　　　　　　　　　63

昭32・5・31民甲1001号民事局長回答
　　　　　　　　　　　　　39

昭32・7・22最高裁家庭局長回答………209

昭32・12・14民甲2371号民事局長回答
　　　　　　　　　　　　　214

昭33・6・10民甲1191号民事局長心得回
答　　　　　　　　　　　　227

昭33・11・1民甲2217号民事局長回答
　　　　　　　　　　　　　59, 72

250

先例索引

昭34・1・29民甲150号民事局長回答
　　　　　　　　　　　　　53, 61
昭35・2・3民甲259号民事局長回答……99
昭36・6・8民甲1352号民事局長回答
　　　　　　　　　　　　　　　226
昭36・8・16民甲2034号民事局長回答
　　　　　　　　　　　　　　　227
昭37・10・26民甲3069号民事局長回答
　　　　　　　　　　　　　　　60
昭38・9・5民甲2557号民事局長回答
　　　　　　　　　　　　　　　60
昭40・1・14民三56号民事第三課長回答
　　　　　　　　　　　　　　　190
昭40・2・15民甲325号民事局長回答……43
昭44・3・3民甲373号民事局長回答……64
昭45・9・21民三359号民事第三課長回
　　答……………………………217
昭47・5・15民事甲1783号民事局長通達
　　　　　　　　　　　　　　　239

昭56・5・19民三3122号民事第三課長回
　　答……………………………97
平3・4・23民三2669号民事第三課長回
　　答……………………………203
平25・12・11民二781号民事局長通達……10
平27・9・2民二363号民事第二課長通
　　知……………………………273
平28・3・2民二154号民事第二課長通
　　知……………………………271
平28・3・11民二219号民事局長通達
　　　　　　　　　　　　　64, 270
平29・3・23民二175号民事第二課長通
　　知……………………………269
平29・3・30民二237号民事第二課長通
　　知……………………………267
平29・4・17民二292号民事局長通達
　　　　　　　　　　　　　　　253

付録

251

資料1(1)　不動産登記規則の一部を改正する省令の施行に
　　　　　伴う不動産登記事務等の取扱いについて

資料1(1)

不動産登記規則の一部を改正する省令の施行に伴う不動産登記事務等の取扱いについて（通達）

$$\left(\begin{array}{l} \text{平成29年 4 月17日民二} \\ \text{第292号民事局長通達} \end{array} \right)$$

　不動産登記規則の一部を改正する省令（平成29年法務省令第20号。以下「改正省令」という。）が，本年 5 月29日から施行されることとなりましたが，その事務の取扱いについては，下記の点に留意し，事務処理に遺憾のないよう，貴管下登記官に周知方お取り計らい願います。

　なお，本通達中，「法」とあるのは不動産登記法（平成16年法律第123号）を，「令」とあるのは不動産登記令（平成16年政令第379号）を，「規則」とあるのは改正省令による改正後の不動産登記規則（平成17年法務省令第18号）を，「準則」とあるのは不動産登記事務取扱手続準則（平成17年 2 月25日付け法務省民二第456号当職通達）をいいます。

記

第1　改正の趣旨

　相続登記が未了のまま放置されることは，いわゆる所有者不明土地問題や空き家問題を生じさせる大きな要因の一つであるとされ，平成28年 6 月に閣議決定された「経済財政運営と改革の基本方針2016」において相続登記の促進に取り組むとともに，同年 6 月に閣議決定された「日本再興戦略2016」及び「ニッポン一億総活躍プラン」において相続登記の促進のための制度を検討することとされた。これを受け，相続人の相続手続における手続的な負担軽減と新たな制度を利用する相続人に相続登記の直接的な促しの契機を創出することにより，今後生じる相続に係る相続登記について，これが未了のまま放置されることを抑止し，相続登記を促進するため，不動産登記規則を改正し，法定相続情報証明制度を創設したものである。

252

資料1(1)　不動産登記規則の一部を改正する省令の施行に
伴う不動産登記事務等の取扱いについて

第2　改正省令の施行に伴う事務の取扱い

1　法定相続情報一覧図つづり込み帳及びその保存期間

(1)　登記所には，法定相続情報一覧図つづり込み帳を備えることとされた（規則第18条第35号）。また，法定相続情報一覧図つづり込み帳には，法定相続情報一覧図及びその保管の申出に関する書類をつづり込むこととされた（規則第27条の6）。法定相続情報一覧図を適正に保管するためには，法定相続情報一覧図つづり込み帳を備える必要がある。この法定相続情報一覧図つづり込み帳につづり込む書類としては，法定相続情報一覧図のほか，申出書，申出書に記載されている申出人の氏名及び住所と同一の氏名及び住所が記載されている市町村長その他公務員が職務上作成した証明書（当該申出人が原本と相違ない旨を記載した謄本を含む。）及び代理人の権限を証する書面が該当する。

(2)　法定相続情報一覧図つづり込み帳の保存期間は，作成の年の翌年から5年間とされた（規則第28条の2第6号）。

そのため，保存期間を経過した場合には，他の帳簿と同様に廃棄をすることとなる。

2　不動産登記の申請等における添付情報の取扱い

登記名義人等の相続人が登記の申請をする場合において，法定相続情報一覧図の写し（以下「一覧図の写し」という。）を提供したときは，その一覧図の写しの提供をもって，相続があったことを証する市町村長その他の公務員が職務上作成した情報の提供に代えることができるとされた（規則第37条の3）。

この取扱いにより，登記の申請やその他の不動産登記法令上の手続において，一覧図の写しの提供を相続があったことを証する市町村長その他の公務員が職務上作成した情報の提供に代えることができることとなるところ，具体的な申請・手続は主に次のものが該当する。

(1)　一般承継人による表示に関する登記の申請（法第30条）

(2)　区分建物の表題登記の申請（法第47条第2項）

(3)　一般承継人による権利に関する登記の申請（法第62条）

(4)　相続による権利の移転の登記（法第63条第2項）

(5)　権利の変更等の登記（債務者の相続）（法第66条）

(6)　所有権の保存の登記（法第74条第1項第1号）

(7)　筆界特定の申請（法第131条第1項）

(8)　地図等の訂正（規則第16条第1項）

資料1(1)　不動産登記規則の一部を改正する省令の施行に
　　　　　伴う不動産登記事務等の取扱いについて

(9)　登記識別情報の失効の申出（規則第65条第1項）

(10)　登記識別情報に関する証明（規則第68条第1項）

(11)　土地所在図の訂正等（規則第88条第1項）

(12)　不正登記防止申出（準則第35条）

(13)　事前通知に係る相続人からの申出（準則第46条）

　なお，申請人から添付した一覧図の写しの原本還付の請求があった場合は，規則第55条の規定により原本を還付することができる。この場合に，いわゆる相続関係説明図が提出されたときは，当該相続関係説明図を一覧図の写しの謄本として取り扱い，一覧図の写しについては還付することとして差し支えない。

　おって，一覧図の写しは飽くまで相続があったことを証する市町村長その他の公務員が職務上作成した情報を代替するものであり，遺産分割協議書や相続放棄申述受理証明書等までをも代替するものではない。

3　法定相続情報一覧図

(1)　登記名義人等について相続が開始した場合において，その相続に起因する登記その他の手続のために必要があるときは，その相続人（規則第247条第3項第2号に掲げる書面の記載により確認することができる者に限る。以下本通達において同じ。）又は当該相続人の地位を相続により承継した者は，法定相続情報一覧図の保管及び一覧図の写しの交付を申し出ることができるとされた（規則第247条第1項）。

　その他の手続とは，その手続の過程において相続人を確認するために規則第247条第3項第2号及び同項第4号に掲げる書面（以下「戸除籍謄抄本」という。）の提出が求められるものをいい，例えば筆界特定の申請や地図等の訂正の申出のみならず，金融機関における預貯金の払戻し手続等も想定している。

　また，当該相続人の地位を相続により承継した者とは，いわゆる数次相続が生じている場合の相続人が該当する。

(2)　法定相続情報一覧図の保管及び一覧図の写しの交付の申出は，被相続人の本籍地若しくは最後の住所地，申出人の住所地又は被相続人を表題部所有者若しくは所有権の登記名義人とする不動産の所在地を管轄する登記所の登記官に対してすることができるとされた（規則第247条第1項）。

　これらの登記所は，申出人の利便性も考慮して申出先登記所の選択肢を示したものである。

　登記官は，専ら申出書に記載された情報や添付書面に基づき，これらの

資料1(1)　不動産登記規則の一部を改正する省令の施行に
伴う不動産登記事務等の取扱いについて

登記所のいずれかに該当することを確認することで足りる。

　　なお，法定相続情報一覧図の保管及び一覧図の写しの交付の申出は，こ
れらの登記所に出頭してするほか，送付の方法によってすることもできる。

(3)　法定相続情報一覧図には，被相続人に関しては，その氏名，生年月日，
最後の住所及び死亡の年月日を，相続人に関しては，相続開始の時におけ
る同順位の相続人の氏名，生年月日及び被相続人との続柄を記載すること
とされた（規則第247条第1項第1号及び第2号）。

　　また，法定相続情報一覧図には，作成の年月日を記載し，申出人が記名
するとともに，法定相続情報一覧図を作成した申出人又はその代理人が署
名し，又は記名押印することとされた（規則第247条第3項第1号）。

　　法定相続情報一覧図の作成にあっては，次の事項を踏まえる必要がある。

ア　被相続人と相続人とを線で結ぶなどし，被相続人を起点として相続人
との関係性が一見して明瞭な図による記載とする。ただし，被相続人及
び相続人を単に列挙する記載としても差し支えない。

イ　被相続人の氏名には「被相続人」と併記する。

ウ　被相続人との続柄の表記については，例えば被相続人の配偶者であれ
ば「配偶者」，子であれば「子」などとする。

エ　申出人が相続人として記載される場合，法定相続情報一覧図への申出
人の記名は，当該相続人の氏名に「申出人」と併記することに代えて差
し支えない。

オ　法定相続情報一覧図の作成をした申出人又は代理人の署名等には，住
所を併記する。なお，作成者が戸籍法（昭和22年法律第224号）第10条
の2第3項に掲げる者である場合は，住所については事務所所在地とし，
併せてその資格の名称をも記載する。

カ　相続人の住所を記載する場合は，当該相続人の氏名に当該住所を併記
する。

キ　推定相続人の廃除がある場合，その廃除された推定相続人の氏名，生
年月日及び被相続人との続柄の記載は要しない。

ク　代襲相続がある場合，代襲した相続人の氏名に「代襲者」と併記する。
この場合，被相続人と代襲者の間に被代襲者がいることを表すこととな
るが，その表記は例えば「被代襲者（何年何月何日死亡）」とすること
で足りる。

ケ　法定相続情報一覧図は，日本工業規格A列4番の丈夫な用紙をもって
作成し，記載に関しては明瞭に判読することができるものとする。

255

資料1(1)　不動産登記規則の一部を改正する省令の施行に
　　　　　伴う不動産登記事務等の取扱いについて

⑷　なお，法定相続情報一覧図には，相続開始の時における同順位の相続人
　　の氏名等が記載される。したがって，数次相続が生じている場合は，被相
　　続人一人につき一つの申出書及び法定相続情報一覧図が提供及び添付され
　　ることとなる。
4　法定相続情報一覧図の保管及び一覧図の写しの交付の申出
　⑴　法定相続情報一覧図の保管及び一覧図の写しの交付の申出は，規則第
　　247条第2項各号に掲げる事項を記載した申出書を提供してしなければな
　　らないとされた（規則第247条第2項）。
　　　　この申出書は，別記第1号様式又はこれに準ずる様式によるものとする。
　⑵　申出書には，申出人の氏名，住所，連絡先及び被相続人との続柄を記載
　　することとされた（規則第247条第2項第1号）。
　⑶　法定相続情報一覧図の保管及び一賞図の写しの交付の申出を代理人に
　　よってする場合は当該代理人の氏名文は名称，住所及び連絡先並びに代理
　　人が法人であるときはその代表者の氏名を記載することとされた。また，
　　申出人の法定代理人又はその委任による代理人にあってはその親族若しく
　　は戸籍法第10条の2第3項に掲げる者に限るとされた（規則第247条第2
　　項第2号）。
　　　　戸籍法第10条の2第3項に掲げる者とは，具体的には，弁護士，司法書
　　士，土地家屋調査士，税理士，社会保険労務士，弁理士，海事代理士及び
　　行政書士である（各士業法の規定を根拠に設立される法人を含む。）。
　⑷　申出書には，利用目的及び交付を求める通数を記載することとされた
　　（規則第247条第2項第3号，第4号）。
　　　　登記官は，申出書に記載された利用目的が相続手続に係るものであり，
　　その提出先が推認できることを確認するものとする。また，その利用目的
　　に鑑みて交付を求める通数が合理的な範囲内であることも確認するものと
　　する。
　⑸　申出書には，被相続人を表題部所有者文は所有権の登記名義人とする不
　　動産があるときは，不動産所在事項又は不動産番号を記載することとされ
　　た（規則第247条第2項第5号）。
　　　　被相続人を表題部所有者又は所有権の登記名義人とする不動産が複数あ
　　る場合には，そのうちの任意の一つを記載することで足りるが，被相続人
　　を表題部所有者又は所有権の登記名義人とする不動産の所在地を管轄する
　　登記所に申出をする場合には，当該登記所の管轄区域内の不動産所在事項
　　又は不動産番号を記載する必要がある。

256

資料1⑴　不動産登記規則の一部を改正する省令の施行に
伴う不動産登記事務等の取扱いについて

⑹　申出書には，申出の年月日を記載することとされた（規則第247条第2
項第6号）。

⑺　申出書には，送付の方法により一覧図の写しの交付及び規則第247条第
6項の規定による書面の返却を求めるときは，その旨を記載することとさ
れた（規則第247条第2項第7号）。

5　添付書面について

申出書には，申出人文はその代理人が記名押印するとともに，前記3に示
す法定相続情報一覧図をはじめ，規則第247条第3項各号に掲げる書面を添
付しなければならないとされた。

⑴　申出書には，被相続人（代襲相続がある場合には，被代襲者を含む。）
の出生時から死亡時までの戸籍及び除かれた戸籍の謄本又は全部事項証明
書を添付することとされた。また，規則第247条第1項第2号の相続人の
戸籍の謄本，抄本又は記載事項証明書を添付することとされた（規則第
247条第3項第2号，第4号）。

除籍又は改製原戸籍の一部が滅失等していることにより，その謄本が添
付されない場合は，当該謄本に代えて，「除籍等の謄本を交付することが
できない旨の市町村長の証明書を添付することで差し支えない。

これに対し，例えば被相続人が日本国籍を有しないなど戸除籍謄抄本の
全部又は一部を添付することができない場合は，登記官は，法定相続情報
一覧図の保管及び一覧図の写しの交付をすることができない。

⑵　申出書には，被相続人の最後の住所を証する書面を添付することとされ
た（規則第247条第3項第3号）。

被相続人の最後の住所を証する書面とは，被相続人に係る住民票の除票
や戸籍の附票が当たる。

これらの書面が市町村において廃棄されているため発行されないときは，
申出書への添付を要しない。この場合は，申出書及び法定相続情報一覧図
には，被相続人の最後の住所の記載に代えて被相続人の最後の本籍を記載
するものとする。

⑶　申出人が相続人の地位を相続により承継した者であるときは，これを証
する書面を添付することとされた（規則第247条第3項第5号）。

この書面には，当該申出人の戸籍の謄抄本又は記載事項証明書が該当す
るが，規則第247条第3項第2号及び第4号の書面により申出人が相続人
の地位を相続により承継したことを確認することができるときは，添付を
要しない。

資料1⑴　不動産登記規則の一部を改正する省令の施行に
　　　　伴う不動産登記事務等の取扱いについて

⑷　申出書には，申出書に記載されている申出人の氏名及び住所と同一の氏名及び住所が記載されている市町村長その他の公務員が職務上作成した証明書（当該申出人が原本と相違がない旨を記載した謄本を含む。）を添付することとされた（規則第247条第3項第6号）。

　　　当該証明書には，例えば住民票記載事項証明書や運転免許証の写し（申出人が原本と相違がない旨を記載したもの。なお，この場合には，申出人の署名又は記名押印を要する。）が該当するところ，登記官はこれらの書面によって申出人の本人確認を行うものとする。

⑸　代理人によって申出をするときは，代理人の権限を証する書面を添付することとされた（規則第247条第3項第7号）。

　ア　法定代理人の場合，代理人の権限を証する書面は，法定代理人それぞれの類型に応じ，次に掲げるものが該当する。

　　㈠　親権者又は未成年後見人
　　　　申出人たる未成年者に係る戸籍の謄抄本又は記載事項証明書

　　㈡　成年後見人又は代理権付与の審判のある保佐人・補助人
　　　　申出人たる成年被後見人又は被保佐人・被補助人に係る後見登記等ファイルの登記事項証明書（被保佐人・被補助人については，代理権目録付きのもの）

　　㈢　不在者財産管理人・相続財産管理人
　　　　申出人たる各管理人の選任に係る審判書

　イ　委任による代理人の場合，代理人の権限を証する書面は，委任状に加え，委任による代理人それぞれの類型に応じ，次に掲げるものが該当する。

　　㈠　親族
　　　　申出人との親族関係が分かる戸籍の謄抄本又は記載事項証明書

　　㈡　戸籍法第10条の2第3項に掲げられる者
　　　　資格者代理人団体所定の身分証明書の写し等
　　　　なお，代理人が各士業法の規定を根拠に設立される法人の場合は，当該法人の登記事項証明書

　ウ　代理人の権限を証する書面について，原本の添付に加えて，代理人が原本と相違がない旨を記載し，署名又は記名押印をした謄本が添付された場合は，登記官は，それらの内容が同一であることを確認した上，原本を返却するものとする。

資料1(1)　不動産登記規則の一部を改正する省令の施行に
伴う不動産登記事務等の取扱いについて

6　法定相続情報一覧図への相続人の住所の記載について

　　法定相続情報一覧図に相続人の住所を記載したときは，申出書にその住所を証する書面を添付しなければならないとされた（規則第247条第4項）。

　　相続人の住所は，法定相続情報一覧図の任意的記載事項である。したがって，相続人の住所の記載がない場合は，相続人の住所を証する書面の添付は要しない。

7　一覧図の写しの交付等

　　登記官は，申出人から提供された申出書の添付書面によって法定相続情報の内容を確認し，その内容と法定相続情報一覧図に記載された法定相続情報の内容とが合致していることを確認したときは，一覧図の写しを交付することとされた（規則第247条第5項前段）。

　　また，一覧図の写しには，申出に係る登記所に保管された一覧図の写しである旨の認証文を付した上で，作成の年月日及び職氏名を記載し，職印を押印することとされた（規則第247条第5項後段）。

(1)　法定相続情報の内容の確認について

　　　登記官は，法定相続情報一覧図の保管及び一覧図の写しの交付の申出があったときは，速やかに，法定相続情報一覧図の内容を確認するものとする。

(2)　申出の内容に不備がある場合の取扱い

　　ア　添付された法定相続情報一覧図の記載に，その他の添付書面から確認した法定相続情報の内容と合致していないなどの誤りや遺漏がある場合，登記官は，申出人又は代理人にその内容を伝え，速やかに当該法定相続情報一覧図の誤り等を訂正させ，清書された正しい法定相続情報一覧図の添付を求めるものとする。提供された申出書に誤りがある場合についても，同様とする。

　　イ　添付書面が不足している場合，登記官は，申出人又は代理人に不足している添付書面を伝え，一定の補完期間を設けてその添付を求めるものとする。

　　ウ　上記ア又はイに係る不備の補完がされない場合は，次のとおり取り扱うものとする。

　　　(ア)　申出人又は代理人に対し，申出書及び添付書面を返戻する旨を通知するとともに，窓口において返戻を受ける場合はそのための出頭又は送付によって返戻を受ける場合は必要な費用の納付を求める。

　　　(イ)　上記(ア)の求めに応じない場合は，申出があった日から起算して3か

資料1(1)　不動産登記規則の一部を改正する省令の施行に
　　　　　伴う不動産登記事務等の取扱いについて

月を経過したのち，当該申出書及び添付書面を廃棄して差し支えない。
(3)　法定相続情報一覧図の保存について
　　登記官は，申出人から提供された申出書の添付書面によって確認した法定相続情報の内容と，法定相続情報一覧図に記載された法定相続情報の内容とが合致していることを確認したときは，一覧図の写しの作成のため，次の方法により法定相続情報一覧図を保存するものとする。
　ア　法定相続情報番号の採番登記官は，登記所ごとの法定相続情報番号を採番し，申出書の所定の欄に記入するものとする。
　イ　法定相続情報一覧図の保存
　　(ｱ)　登記官は，添付された法定相続情報一覧図をスキャナを用いて読み取ることにより電磁的記録に記録して保存するものとする。
　　(ｲ)　上記アで採番した法定相続情報番号，申出年月日，被相続人の氏名，生年月日，最後の住所（最後の住所を証する書面を添付することができない場合は，最後の本籍）及び死亡の年月日を電磁的記録に記録するものとする。
　　(ｳ)　上記(ｲ)に際し，被相続人の氏名に誤字俗字が用いられている場合は，これを正字等（原則として通用字体）に引き直して電磁的記録に記録する。
(4)　一覧図の写しの作成
　ア　用紙
　　一覧図の写しは，偽造防止措置が施された専用紙を用いて作成する。
　イ　認証文及びその他の付記事項
　　(ｱ)　一覧図の写しに付記する認証文は，次のとおりとする。
　　「これは，平成○年○月○日に申出のあった当局保管に係る法定相続情報一覧図の写しである。」
　　なお，上記(2)アにより正しい法定相続情報一覧図を補完させた場合は，その補完がされた日を申出があった日とみなすものとする。
　　同様に，上記(2)イにより不足している添付書面を補完させた場合は，当該添付書面の発行がいつであるかにかかわらず，不足している添付書面が補完された日を申出があった日とみなすものとする。
　　(ｲ)　一覧図の写しに登記官が記載する職氏名は，次のとおりとする。
　　「何法務局（何地方法務局）何支局（何出張所）登記官何某」
　　(ｳ)　一覧図の写しには，次の注意事項を付記するものとする。
　　「本書面は，提出された戸除籍謄本等の記載に基づくものである。

260

相続放棄に関しては，本書面に記載されない。また，相続手続以外に利用することはできない。」

(5) 一覧図の写しの交付及び添付書面の返却

登記官は，一覧図の写しを交付するときは，規則第247条第3項第2号から第5号まで及び同条第4項に規定する添付書面を返却することとされた（規則第247条第6項）。この一覧図の写しの交付及び添付書面の返却は，次により取り扱うものとする。

ア　登記所窓口における交付等の取扱い

窓口において一覧図の写しの交付及び添付書面の返却をするときは，その交付及び返却を受ける者に，申出書の申出人の表示欄又は代理人の表示欄に押印したものと同一の印を申出書の「受取」欄に押印させて，一覧図の写しの交付及び添付書面の返却をすることができる者であることを確認するものとする。

なお，一覧図の写しの交付及び添付書面の返却を受ける者が，印鑑を忘失等して押印することができない場合は，規則第247条第3項第6号又は同項第7号の規定により申出書に添付した書面と同一のものの提示を受けることで代替して差し支えない。この場合は，申出書の「受取」欄に一覧図の写しの交付及び添付書面の返却を受ける者の署名を求めるものとする。

イ　送付による交付等の取扱い

一覧図の写しの交付及び添付書面の返却は，送付の方法によりすることができるとされた（規則第248条）。この方法によるときは，申出書に記載された当該申出人又は代理人の住所に宛てて送付するものとする。この場合には，申出書の所定の欄に一覧図の写し及び添付書面を送付した旨を記載するものとする。

ウ　一覧図の写し又は添付書面を申出人又は代理人が受け取らない場合は，申出があった日から起算して3か月を経過したのち，廃棄して差し支えない。

8　一覧図の写しの再交付

規則第247条各項の規定（同条第3項第1号から第5号まで及び第4項を除く）は，法定相続情報一覧図の保管及び一覧図の写しの交付の申出をした者がその申出に係る登記所の登記官に対し一覧図の写しの再交付の申出をする場合について準用することとされた（規則第247条第7項）。

資料1(1)　不動産登記規則の一部を改正する省令の施行に
　　　　伴う不動産登記事務等の取扱いについて

　(1)　再交付申出書
　　　　再交付申出書は，別記第2号様式又はこれに準ずる様式による申出書
　　　（以下「再交付申出書」という。）によってするものとする。
　(2)　再交付申出書の添付書面
　　　　再交付申出書には，次に掲げる書面の添付を要する（規則第247条第7
　　　項において準用する同条第3項第6号及び第7号）。
　　　ア　再交付申出書に記載されている申出人の氏名及び住所と同一の氏名及
　　　　び住所が記載されている市町村長その他の公務員が職務上作成した証明
　　　　書（当該申出人が原本と相違がない旨を記載し，署名又は記名押印をし
　　　　た謄本を含む。）
　　　　　なお，当初の申出において提供された申出書に記載されている申出人
　　　　の氏名又は住所と再交付申出書に記載された再交付申出人の氏名又は住
　　　　所とが異なる場合は，その変更経緯が明らかとなる書面の添付を要する。
　　　イ　代理人によって申出をするときは，第2の5(5)に示す代理人の権限を
　　　　証する書面
　(3)　再交付の申出をすることができる者の確認
　　　　登記官は，一覧図の写しの再交付の申出があったときは，上記(2)の書面
　　　と当初の申出において提供された申出書に記載された申出人の表示とを確
　　　認し，その者が一覧図の写しの再交付の申出をすることができる者である
　　　ことを確認するものとする。
9　法定相続情報に変更が生じたとして再度の申出があった場合
　　　法定相続情報一覧図つづり込み帳の保存期間中に戸籍の記載に変更があり，
　　当初の申出において確認した法定相続情報に変更が生じたため，その申出人
　　が規則第247条各項の規定により再度法定相続情報一覧図の保管及び一覧図
　　の写しの交付の申出をしたときは，登記官はこれに応じて差し支えない。こ
　　の場合に，登記官は，それ以降当初の申出に係る一覧図の写しを交付しては
　　ならない。
　　　なお，この場合の変更とは，例えば，被相続人の死亡後に子の認知があっ
　　た場合，被相続人の死亡時に胎児であった者が生まれた場合，法定相続情報
　　一覧図の保管及び一覧図の写しの交付の申出後に廃除があった場合などが該
　　当する。

262

資料1(1) 不動産登記規則の一部を改正する省令の施行に
伴う不動産登記事務等の取扱いについて

別記第1号様式

法定相続情報一覧図の保管及び交付の申出書

（補完年月日 平成　　　年　　　月　　　日）

申 出 年 月 日	平成　　年　　月　　日	法定相続情報番号	－　　　－

被相続人の表示	氏　　　　名 最後の住所 生 年 月 日　　　　年　　　月　　　日 死亡年月日　　　　年　　　月　　　日
申 出 人 の 表 示	住所 氏名　　　　　　　　　　㊞ 連絡先　　　　　－　　　　－ 被相続人との続柄　　（　　　　　　　　　　）
代 理 人 の 表 示	住所（事務所） 氏名　　　　　　　　　　㊞ 連絡先　　　　　－　　　　－ 申出人との関係　　□法定代理人　　□委任による代理人
利　　用　　目　　的	□不動産登記　□預貯金の払戻し □その他（　　　　　　　　　　　　　　　　　　　　　　）
必要な写しの通 数・交付方法	通　　（　□窓口で受取　□郵送　） ※郵送の場合，送付先は申出人（又は代理人）の表示欄にある住所（事務所）となる。
被相続人名義の 不動産の有無	□有　　（有の場合，不動産所在事項又は不動産番号を以下に記載する。） □無
申出先登記所の 種別	□被相続人の本籍地　　　　　□被相続人の最後の住所地 □申出人の住所地　　　　　　□被相続人名義の不動産の所在地

　上記被相続人の法定相続情報一覧図を別添のとおり提出し，上記通数の一覧図の写しの交付を申出します。交付を受けた一覧図の写しについては，相続手続においてのみ使用し，その他の用途には使用しません。
　申出の日から3か月以内に一覧図の写し及び返却書類を受け取らない場合は，廃棄して差し支えありません。

（地方）法務局　　　　　　支局・出張所　　　　　　宛

※受領確認書類(不動産登記規則第247条第6項の規定により返却する書類に限る。)
戸籍（個人）全部事項証明書（　　通），除籍事項証明書（　　通）戸籍謄本（　　通）
除籍謄本（　　通），改製原戸籍謄本（　　通）戸籍の附票の写し（　　通）
戸籍の附票の除票の写し（　　通）住民票の写し（　　通），住民票の除票の写し（　　通）

受領	確認1	確認2	スキャナ・入力	交付		受取

付録

資料1(1)　不動産登記規則の一部を改正する省令の施行に
　　　　　伴う不動産登記事務等の取扱いについて

別記第2号様式

法定相続情報一覧図の再交付の申出書

再交付申出年月日	平成　　　年　　　月　　　日	法定相続情報番号	－　　　－
被相続人の表示	氏　　　名 最後の住所 生 年 月 日　　　　　　年　　　月　　　日 死亡年月日　　　　　　年　　　月　　　日		
申 出 人 の 表 示	住所 氏名　　　　　　　　　　　㊞ 連絡先　　　　　　－　　　　　－ 被相続人との続柄　　（　　　　　　　　　　）		
代 理 人 の 表 示	住所（事務所） 氏名　　　　　　　　　　　㊞ 連絡先　　　　　　－　　　　　－ 申出人との関係　　□法定代理人　　□委任による代理人		
利　用　目　的	□不動産登記　□預貯金の払戻し □その他（　　　　　　　　　　　　　　　　　　　　　　）		
必要な写しの通数・交付方法	通　　（　□窓口で受取　□郵送　） ※郵送の場合，送付先は申出人（又は代理人）の表示欄にある住所（事務所）となる。		

　上記通数の法定相続情報一覧図の写しの再交付を申出します。交付を受けた一覧図の写しについては，相続手続においてのみ使用し，その他の用途には使用しません。3か月以内に一覧図の写しを受け取らない場合は，廃棄して差し支えありません。

　　　　　　（地方）法務局　　　　　　支局・出張所　　　　　　宛

受領	確認	交付

受取

264

資料１(2)　法定相続情報一覧図記載例

資料１(2)

法定相続情報一覧図記載例

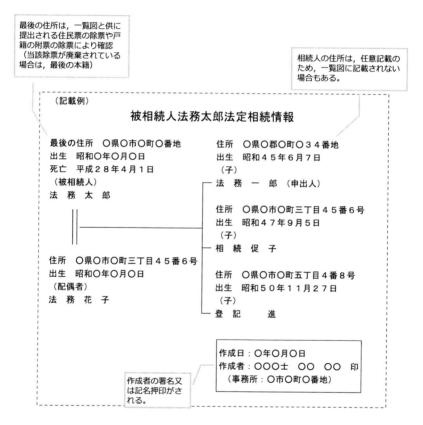

✓ 上記のような図形式のほか，被相続人及び相続人を単に列挙する記載の場合もある。
✓ 作成はＡ４の丈夫な白紙に。手書きも"明瞭に判読"できるものであれば可とする。

（出典：法務省ホームページ「～法定相続情報証明制度について～」）

資料1(3) 法定相続情報一覧図見本

資料1(3)

法定相続情報一覧図見本

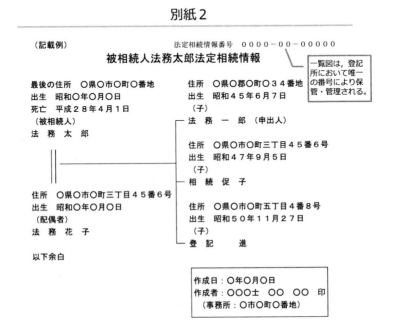

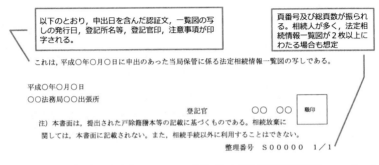

（出典：法務省ホームページ「～法定相続情報証明制度について～」）

資料2　数次相続が生じている場合において最終的な遺産分割協議の結果のみが記載された
　　　　遺産分割協議書を添付してされた相続による所有権の移転の登記の可否について

資料2

数次相続が生じている場合において最終的な遺産分割協議の結果のみが記載された遺産分割協議書を添付してされた相続による所有権の移転の登記の可否について（通知）

$$\left(\begin{array}{l}\text{平成29年3月30日民二第237号}\\\text{民 事 局 民 事 第 二 課 長 通 知}\end{array}\right)$$

　標記について，別紙甲号のとおり福岡法務局民事行政部長から当職宛てに照会があり，別紙乙号のとおり回答しましたので，この旨貴管下登記官に周知方お取り計らい願います。

　　（照会）

　Aを所有権の登記名義人とする甲不動産について，別添の相続関係説明図記載のとおり遺産分割が未了のまま数次相続が発生したことを前提に，今般，Eの相続人の一人であるGから，Gが甲不動産を相続したことを内容とする遺産分割協議書を登記原因証明情報の一つとして添付した上で，「年月日B相続，年月日E相続，年月日相続」を登記原因とするGへの所有権の移転の登記の申請（以下「本件登記申請」という。）が1件の申請でされました。

　単独相続が中間において数次行われた場合には，相続を原因とする所有権の移転登記を1件の申請で行うことができ，この単独相続には遺産分割により単独相続になった場合も含まれることについては先例（昭和30年12月16日付け民事甲第2670号民事局長通達。以下「昭和30年通達」という。）において示されているところですが，本件においては，第一次相続の相続人による遺産分割が未了のまま第二次相続及び第三次相続が発生し，その後の遺産分割協議が第一次相続及び第二次相続の各相続人の地位を承継した者並びに第三次相続の相続人によって行われたものであり，本遺産分割協議書には，A名義の不動産をGが単独で相続した旨の記載があるのみであることから，昭和30年通達の取扱いの対象となるかどうかが明らかではありません。

　本遺産分割協議書の当該記載の趣旨は，第一次相続から第三次相続までの相続関係から合理的に推認すれば，まず，①第一次相続の相続人の地位を承継した者（FからSまで）により亡Bに甲不動産を承継させる合意，次に，②亡Bを被相

267

資料2　数次相続が生じている場合において最終的な遺産分割協議の結果のみが記載された遺産分割協議書を添付してされた相続による所有権の移転の登記の可否について

続人とする第二次相続の相続人（J，K及びL）及び相続人の地位を承継した者（F，G，H及びI）により亡Eに甲不動産を承継させる合意，そして，③亡Eを被相続人とする第三次相続の相続人（F，G，H及びI）によりGに甲不動産を承継させる合意の各合意をいずれも包含するものと解されますので，登記原因欄の上記記載は相当であると考えられます。また，上記各相続における相続人又は相続人の地位を承継した者であるFからSまでの全員の署名押印があり，第一次相続から第三次相続までの遺産分割協議をするためにそれぞれ必要な者によって遺産分割が行われたと考えられます。そうすると，昭和30年通達に従って，本件登記申請に係る登記をすることができると考えますが，いささか疑義がありますので照会します。

　（回答）
　本月28日付け不登第64号をもって照会のありました標記の件については，貴見のとおり取り扱われて差し支えありません。

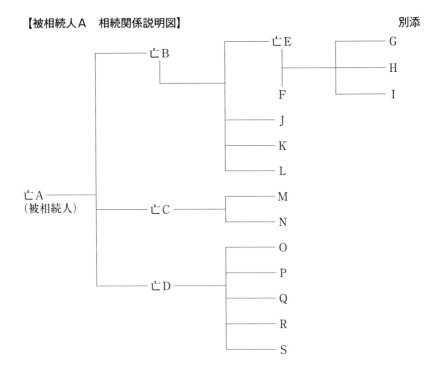

【被相続人A　相続関係説明図】　　　　　　　　　　　　　別添

268

資料3　被相続人の同一性を証する情報として住民票の写し等が提供された
　　　　場合における相続による所有権の移転の登記の可否について

資料3

被相続人の同一性を証する情報として住民票の写し等が提供された場合における相続による所有権の移転の登記の可否について（通知）

$$\left(\begin{array}{l}\text{平成29年3月23日民二第175号}\\\text{民 事 局 民 事 第 二 課 長 通 知}\end{array}\right)$$

　標記について，別紙甲号のとおり福岡法務局民事行政部長から当職宛てに照会があり，別紙乙号のとおり回答しましたので，この旨貴管下登記官に周知方お取り計らい願います。

　　（照会）別紙甲
　相続による所有権の移転の登記（以下「相続登記」という。）の申請において，所有権の登記名義人である被相続人の登記記録上の住所が戸籍の謄本に記載された本籍と異なる場合には，相続を証する市区町村長が職務上作成した情報（不動産登記令（平成16年政令第379号）別表の22の項添付情報欄）の一部として，被相続人の同一性を証する情報の提出が必要であるところ，当該情報として，住民票の写し（住民基本台帳法（昭和42年法律第81号）第7条第5号，第12条。ただし，本籍及び登記記録上の住所が記載されているものに限る。），戸籍の附票の写し（同法第17条，第20条。ただし，登記記録上の住所が記載されているものに限る。）又は所有権に関する被相続人名義の登記済証（改正前の不動産登記法（明治32年法律第24号）第60条第1項）の提供があれば，不在籍証明書及び不在住証明書など他の添付情報の提供を求めることなく被相続人の同一性を確認することができ，当該申請に係る登記をすることができると考えますが，いささか疑義がありますので照会します。

　　（回答）別紙乙
　本月7日付け不登第51号をもって照会のありました標記の件については，貴見のとおり取り扱われて差し支えありません。

資料4　除籍等が滅失等している場合の相続登記について

資料4

除籍等が滅失等している場合の相続登記について（通達）

$$\left(\begin{array}{l}\text{平成28年3月11日民二}\\\text{第219号民事局長通達}\end{array}\right)$$

　相続による所有権の移転の登記（以下「相続登記」という。）の申請において，相続を証する市町村長が職務上作成した情報（不動産登記令（平成16年政令第379号）別表の22の項添付情報欄）である除籍又は改製原戸籍（以下「除籍等」という。）の一部が滅失等していることにより，その謄本を提供することができないときは，戸籍及び残存する除籍等の謄本のほか，滅失等により「除籍等の謄本を交付することができない」旨の市町村長の証明書及び「他に相続人はない」旨の相続人全員による証明書（印鑑証明書添付）の提供を要する取扱いとされています（昭和44年3月3日付け民事甲第373号当職回答参照）。

　しかしながら，上記回答が発出されてから50年近くが経過し，「他に相続人はない」旨の相続人全員による証明書を提供することが困難な事案が増加していることなどに鑑み，本日以降は，戸籍及び残存する除籍等の謄本に加え，除籍等（明治5年式戸籍（壬申戸籍）を除く。）の滅失等により「除籍等の謄本を交付することができない」旨の市町村長の証明書が提供されていれば，相続登記をして差し支えないものとしますので，この旨貴管下登記官に周知方お取り計らい願います。

　なお，この通達に抵触する従前の取扱いは，この通達により変更したものと了知願います。

270

資料5　遺産分割の協議後に他の相続人が死亡して当該協議の証明者が
　　　　一人となった場合の相続による所有権の移転の登記の可否について

資料5

遺産分割の協議後に他の相続人が死亡して当該協議の証明者が一人となった場合の相続による所有権の移転の登記の可否について（通知）

$$\left(\begin{array}{l}\text{平成28年3月2日民二第154号} \\ \text{民 事 局 民 事 第 二 課 長 通 知}\end{array}\right)$$

（通知）

　標記について，別紙甲号のとおり大阪法務局民事行政部長から当職宛てに照会があり，別紙乙号のとおり回答しましたので，この旨貴管下登記官に周知方お取り計らい願います。

（照会） 別紙甲

　所有権の登記名義人Ａが死亡し，Ａの法定相続人がＢ及びＣのみである場合において，Ａの遺産の分割の協議がされないままＢが死亡し，Ｂの法定相続人がＣのみであるときは，ＣはＡの遺産の分割（民法（明治29年法律第89号）第907条第1項）をする余地はないことから，ＣがＡ及びＢの死後にＡの遺産である不動産の共有持分を直接全て相続し，取得したことを内容とするＣが作成した書面は，登記原因証明情報としての適格性を欠くものとされています。（東京高等裁判所平成26年9月30日判決（平成26年（行コ）第116号処分取消等請求控訴事件）及び東京地方裁判所平成26年3月13日判決（平成25年（行ウ）第372号処分取消等請求事件）参照）。これに対して，上記の場合において，ＢとＣの間でＣが単独でＡの遺産を取得する旨のＡの遺産の分割の協議が行われた後にＢが死亡したときは，遺産の分割の協議は要式行為ではないことから，Ｂの生前にＢとＣの間で遺産分割協議書が作成されていなくとも当該協議は有効であり，また，Ｃは当該協議の内容を証明することができる唯一の相続人であるから，当該協議の内容を明記してＣがＢの死後に作成した遺産分割協議証明書（別紙）は，登記原因証明情報としての適格性を有し，これがＣの印鑑証明書とともに提供されたときは，相続による所有権の移転の登記の申請に係る登記をすることができると考えますが，当該遺産分割協議証明書については，登記権利者であるＣ一人による証明であるから，相続を証する情報（不動産登記令（平成16年政令第379号）別表の22の項添付情報欄）としての適格性を欠いているとの意見もあり，当該申請に係る

資料5　遺産分割の協議後に他の相続人が死亡して当該協議の証明者が
　　　　一人となった場合の相続による所有権の移転の登記の可否について

登記の可否について，いささか疑義がありますので照会します。

照会の別紙（書式見本）

遺産分割協議証明書

　平成20年11月12日○○県○○市○○区○○町○丁目○番○号Aの死亡に
よって開始した相続における共同相続人B及びCが平成23年5月10日に行っ
た遺産分割協議の結果，○○県○○市○○区○○町○丁目○番○号Cが被相
続人の遺産に属する後記物件を単独取得したことを証明する。

　平成27年1月1日

　　　　　　　　　相続人兼相続人Bの相続人
　　　　　　　　　○○県○○市○○区○○町○丁目○番○号
　　　　　　　　　　　C　　　　　　　　　　　　　　　㊞

　不動産の表示（略）

（回答）別紙乙

　本年2月8日付け不登第21号をもって照会のありました標記の件については，
貴見のとおり取り扱われて差し支えありません。

資料6　相続人の資格を併有する者が相続の放棄をした
場合の相続による所有権の移転の登記について

> 資料6

**相続人の資格を併有する者が相続の放棄をした場合の相続による
所有権の移転の登記について（通知）**

$$\begin{pmatrix} 平成27年9月2日民二第363号 \\ 民　事　局　民　事　第　二　課　長　通　知 \end{pmatrix}$$

　標記について，別紙甲号のとおり京都地方法務局長から当職宛てに照会があり，別紙乙号のとおり回答しましたので，貴管下登記官に周知方お取り計らい願います。

　（照会） 別紙甲

　今般，配偶者及び妹としての相続人の資格を併有する者から相続による所有権の移転の登記が申請され，相続を証する情報として，戸（除）籍の謄本及び相続放棄申述受理証明書のほか，配偶者として相続の放棄をしたことを確認することができる相続放棄申述書の謄本及び妹としては相続の放棄をしていない旨記載された印鑑証明書付きの上申書が提出されました。

　相続人の資格を併有する者の相続の放棄は，いずれの相続人の資格にも及ぶものとして取り扱うものとされている（昭和32年1月10日民事甲第61号民事局長回答）ところではありますが，昭和37年7月1日から施行された家事審判規則の一部を改正する規則（昭和37年最高裁判所規則第4号）による改正前の家事審判規則（昭和22年最高裁判所規則第15号）は，相続の放棄の申述書の記載事項として，「被相続人との続柄」を要求していなかったことを踏まえると，上記民事局長回答は，いずれの相続人の資格をもって相続の放棄をしたものかが明らかではない場合における登記の取扱いを示したものであり，特定の相続人の資格をもって相続放棄をしたことが添付情報上明らかである場合とは事案を異にするものと考えられます。

　したがって，当局としては，本件の申請については，配偶者としての相続の放棄の効果は，妹としての相続人の資格には及ばないものとして取り扱い，本件の申請を受理して差し支えないと考えていますが，本件のような事案の取扱いについて示されたものはなく，いささか疑義があることから，本件の申請を受理して差し支えないか照会します。

273

資料6　相続人の資格を併有する者が相続の放棄をした
　　　場合の相続による所有権の移転の登記について

　（回答） 別紙乙
　本年7月30日付け不第184号をもって照会のありました標記の件については，
貴見のとおり取り扱って差し支えありません。

資料7　民法の応急的措置に伴う戸籍事務の取扱に関する件

資料7

民法の応急的措置に伴う戸籍事務の取扱に関する件

$$\left(\begin{array}{l}\text{昭和22年5月29日民甲}\\\text{第445号民事局長通達}\end{array}\right)$$

　右の件に関し，松山司法事務局長代理より別紙甲号の通り照会あり，乙号の通り回答したから，御了知の上貴管下各司法事務局出張所及び市区町村に対し伝達方を取計らわれたい。右通達する。

　（照会）甲号

松山司法事務局戸発第6号

昭和22年5月15日

　司法省民事局長　　殿

松山司法事務局長代理　　司法事務官

　　　　　　民法の応急的措置に伴う戸籍の取扱に関する件

　日本国憲法の施行に伴う民法の応急的措置に関する法律（以下措置法という）の施行に伴う戸籍の取扱に付き左の通り疑義を生じましたので何分の御指示たまわりたく御伺致します。

記

⑴　戸籍の筆頭に記載したる者の長二女が夫を迎え夫が妻の戸籍に入りたる場合戸籍の筆頭に記載したる者との続柄即ち額書は「長二女ノ夫」と記載すべきものと思われるが長二男の妻を「婦」と記載し又従来「婚養子」なる額書あり尚「長二女ノ夫」とするより「婿」とする方が親愛の情を表す様感ぜられるが如何に額書するを相当とするか。

⑵　措置法施行前から編製されて居る戸籍に措置法施行後出生婚姻等による入籍者を記載する場合又は新戸籍を編製する場合において従来の取扱ならば家族との続柄と記載するものについては「家族トノ続柄」又は「戸籍ノ筆頭ニ記載シタル者以外ノ者トノ続柄」なる記載を省略して単に其の続柄のみを記載し差支ないか。

275

資料7　民法の応急的措置に伴う戸籍事務の取扱に関する件

(3)　措置法第6条第2項により親権を行わぬ父又は母は其の子が15歳未満で養子縁組を為すとき最早や代諾を為す資格なきものであるか。又同法第2項末段により裁判所が親権者を定めるには訴の提起其の他如何なる手続によるものか。

(4)　措置法第6条第2項により父母の一方が親権を行わないことに協議ができた場合現在戸籍上其の届出手続がないので親権者が何人であるか明瞭でないので之を明かにし且つ親権者として諸種の届出を為す都度其の証明を容易にする為予め親権を行わぬ者に親権を行わぬ旨の書面を作成させ之を親権を行う者に交付し其の者が親権者として諸種の届出を為す際同書を謄本と共に提出させ届書受理後原本を返還する如き取扱を為すは差支ないか。

(5)　親権を行う父母が戸籍上の届出を怠つた為め市町村長が裁判所に其の通知を為すべき場合父母の住所が相違せる結果住所を管轄する裁判所が2個あるときは双方の裁判所に通知すべきものであるか。

(6)　司法省民事局昭和22年民事甲第317号民法の応急的措置に伴う戸籍の取扱に関する件第6の10項末段除籍事項を訂正する場合の戸籍記載例を示されたい。尚其の記載は家督相続届出により戸籍を抹消する旨の記載と別事項とすべきものとせば該抹消事項の前後何れに為すを適当とするか。

（回答）乙号

司法省民事局　民事甲第445号

昭和22年5月29日

松山司法事務局長代理殿

司法省民事局長

民法の応急的措置に伴う戸籍事務の取扱に関する件

本月15日附日記戸発第6号を以て照会の件については左記の如く思考する。

第1項は前段貴見の通り

第2項は貴見の通り

第3項前段については，例示のような場合においても依然代諾をする資格あり，後段については，最高裁判所の制定する規則に依るべきであるが，その規則が制定されるまでは，人事訴訟法の規定に従い訴を提起すべきものと思考する。

第4項は貴見の通り

資料7　民法の応急的措置に伴う戸籍事務の取扱に関する件

　第5項は貴見の通り

　第6項については，本月12日附民事甲第417号本官通達により了知せられたい。

右回答する。

資料8　民法の応急的措置に伴う夫の許可書等，相続登記の取扱に関する件

資料8

民法の応急的措置に伴う夫の許可書等，相続登記の取扱に関する件 (注)

$$\left(\begin{array}{l}\text{昭和22年6月23日付民事甲第560号}\\\text{各司法事務局長宛民事局長通達}\end{array}\right)$$

　日本国憲法の施行に伴う民法の応急的措置に関する法律（昭和22年4月19日法律第74号）（以下応急措置法という。）が去る5月3日より施行せられたが，同法の施行の下においては，登記原因につき第三者の許可又は同意を要する場合における登記申請に関しては，左記のように取り扱うべきものと考える。右通達する。なお，貴管下登記官吏にも然るべく周知方取り計われたい。

記

一，妻の法律行為については，応急措置法第2条の規定により民法第14条の適用を受けないから，その法律行為を登記原因として登記を申請する場合には，夫の許可書を添附することを要しない。

二，親権は，応急措置法第6条第1項の規定により父及び母が共同して行うこととなつたので，親権者たる父及び母が，未成年者に代わつて法律行為をなし，且つ，これを登記原因として登記を申請するには，共同してこれをしなければならないことはいうまでもないが，未成年者の法律行為には法定代理人たる父及び母の同意を必要とするので，未成年者が，法律行為をなし，且つ，これを登記原因として登記を申請するには，当該法律行為についての父及び母の同意書の添附を必要とする。又同条第2項及び第3項の規定により親権者が定まる場合においては，右各項の規定による親権者であることを証する書面が，なお，必要である。

三，(イ)　未成年者に対して親権を行う父母がないとき又は親権を行う者が管理権を有しないときは，後見が開始するのであるが，民法第901条の規定による後見人の指定がない場合には，親族会において，これを選任する。

　　　(ロ)　子が禁治産の宣告を受けた場合には，その父及び母が，その後見人となる。又妻又は夫が禁治産の宣告を受けた場合には，夫又は妻が，それぞれその後見人となり，当該夫又は妻が後見人となり得ない場合には，禁治産者の父及び母がその後見人となり，当該父母が後見人となり得ない場合には，親族会において，これを選任する。

資料8　民法の応急的措置に伴う夫の許可書等，相続登記の取扱に関する件

　　　以上の場合において，未成年者の法律行為を登記原因として登記を申請
　　する場合には，その添附書面については，第2項後段に準じて取り扱うべ
　　きであり，又後見人が被後見人に代わつてなした法律行為を登記原因とし
　　て登記を申請する場合には，後見人たることを証する書面の添附が必要で
　　ある。なお，民法第929条の規定は，従前の通り適用される。
四，応急措置法施行後開始した「相続」は，すべて「家督相続」又は「遺産相
　　続」ではないけれども，従前の遺産相続と同様共同相続となる。なお，相続に
　　因る所有権移転登記の記載については，「登記原因，その日附」は，「年月日相
　　続」とすべきである。
五，なお，応急措置法施行前に法律行為がなされ又は相続が開始した場合にその
　　法律行為又は相続を登記原因とする登記については，応急措置法施行後になさ
　　れる場合においても，従前通り取扱うべきである。

　　　　　　　　　　　　　　　　（注）先例見出しは著者加筆

資料9　戸籍事務の取扱に関する件

資料9

戸籍事務の取扱に関する件

$$\left(\begin{array}{l}\text{昭和22年7月28日付民事甲第664号}\\\text{各司法事務局長宛民事局長通達}\end{array}\right)$$

　標記の件に関し，長野司法事務局長代理より，別紙甲号の通り照会あり，乙号の通り回答したから御了知の上貴管下各甲号出張所及び市区町村に対し，伝達方を取り計られたい。

　右通達する。

　（照会） 甲号

戸日記第385号

昭和22年7月5日

司法省民事局長　殿

長野司法事務局長代理　司法事務官

戸籍事務の取扱に関し稟伺の件

　戸籍事務取扱に関して左記につき御意見拝承いたしたく稟伺致します。

記

(1)　縁組又は婚姻により，他の戸籍に入つた者が更に縁組又は婚姻により他の戸籍に入る場合の縁組又は婚姻により入るべき戸籍の入籍者の事項欄の記載につき括弧内の「実家」とある部分は措置法施行後どうゆう字句を使用するのが適当でしようか。

(2)　措置法施行前本家に長男を残して分家した者が措置法施行後男子（同一父母の2番目の男子）出生し届出をした場合額書の記載方については従来は家を異にするの故で「長男」と記載していたが措置法施行後は家に関する規定の適用がなくなつたので父母を基として「二男」と記載するのが適当ではないかと思いますがいかがでしようかこの点については従来も一般の者は事実に符合した「二男」と記載方を希望していると聞き及んで居り管内市町村の実務担当者の殆んど全部が同様希望して居る実状であります。

280

資料9　戸籍事務の取扱に関する件

　　右「二男」と記載するを適当とすれば従来分家戸籍に長男と記載されている者が事実上二男である場合父の申出により続柄を訂正することは差支ないと思いますがいかがでしようか。

(3)　措置法施行前に開始した家督相続につき措置法施行後家督相続届を受理し新戸籍を編製する場合「前戸主欄」及び「前戸主との続柄欄」の記載は要しないと思いますが之を記載するを相当とするとの説も有り左記甲乙何れがよいでしようか。

甲説

　「前戸主欄」及び「前戸主との続柄欄」は記載するを相当とする。

昭和22年民事甲第317号民法の応急的措置に伴う戸籍の取扱に関する件（以下通牒と略記す）第6の10に「前略戸籍法第16条第23条に則り従前通りの取扱をする」とあるから家督相続による新戸籍の記載は総て従前通りに取扱い「前戸主欄」「前戸主との続柄欄」も記載する，同じ措置法施行前に開始の家督相続を原因として編製される戸籍に届出の時期が措置法施行の前後により一方の戸籍に記載されている事項が一方の戸籍に記載されないことは適当でない，又債権，債務の承継関係を一見明瞭させる為めにもこれを記載するのが適当である，通牒第7は家督相続による新戸籍編製の場合を除外したものである。同項の新戸籍編製とは通牒第3の1の「一家創立」を「新戸籍編製」と読み替えるもののみを指すものである。なぜかと言えば等しく新戸籍を編製する転籍を特に掲げ家督相続を除外しているからである。

　「族称」については実効がないから記載しない。

乙説

　「前戸主欄」及び「前戸主との続柄」欄の記載を要しない。

通牒第7の「新戸籍編製」中には家督相続による新戸籍編製も含まれている通牒第6の10は措置法施行前開始した家督相続につきその届出を受理し新戸籍を編製し原戸籍を除く手続を従前通り取扱うことを定めたもので戸籍の記載については編製当時の定めに従うべきである。通牒第2によれば戸籍法第18条第1号第9号中「前戸主」とある部分及び第3号第4号は適用がなくなつたので「前戸主欄」「前戸主との続柄欄」「族称欄」の記載は要しない。通牒第7は通牒第1の後記の場合であり之れによるべきである，債権債務承継の関係は事項欄の記載で証明される。以上

資料9　戸籍事務の取扱に関する件

（回答）乙号

民事甲第664号

昭和22年7月28日

長野司法事務局長代理　殿

司法省民事局長

戸籍事務の取扱に関する件

本月5日附戸日記第385号を以て御照会の件は，左の通り思考する。

第1項　実方とするのが相当である。

第2項　前段後段とも貴見の通りである。

第3項　乙説が相当である。

右回答する。

資料10　民法の応急的措置に伴う旧民法第729条第2項
（生存配偶者の去家による姻族関係の終了）の適用に関する件

資料10

民法の応急的措置に伴う旧民法第729条第2項（生存配偶者の去家による姻族関係の終了）の適用に関する件 ^(注)

（昭和22年8月27日記戸第1314号福岡県三潴郡大川町長
問合・昭和22年9月27日付民事甲第1023号民事局長回答）

　他の戸籍より婚姻入籍せる妻が夫死亡の後他の戸籍に婚姻によりて去りたるときは，従来は民法第729条第2項の規定によりて姻族関係は止むことになつていたが，司法省民事局通牒昭和22年民事甲第317号民法の応急的措置に伴う戸籍の取り扱いによりて同項の規定は適用されないことになり，同条は第1項のみとなつたので，姻族関係は離婚の場合に於てのみ消滅し，遺妻が婚姻によりてその戸籍を去るも依然として存続するものと解するの外ないようですが果してそうでしようか。

　（回答）
　貴見の通りと思考する。

　　　　　　　　　　　　　　　　　　（注）先例見出しは著者加筆

資料11　戸籍の記載方に関する件

資料11

戸籍の記載方に関する件

$$\begin{pmatrix}\text{昭和22年10月14日付民事甲第1263号}\\\text{司 法 事 務 局 長 宛 民 事 局 長 通 達}\end{pmatrix}$$

　日本国憲法の施行に伴う民法の応急的措置に関する法律の施行後，嫡出子の父母との続柄の定め方について疑義を生じているようであるが，右続柄は父母を同じくする嫡出子のみについて，同一戸籍内にあると否とを問わずその出生の順序に従い，長，二，三男（女）と称し，父又は母の一方のみを同じくする嫡出子はこれに算入しないのが相当である。なおこの取扱により戸籍に長男と記載すべき者につき，従来の例に従い二男と記載したものは，市町村長において届出人の申出又は職権によつて長男と更正して差し支えないから，この旨御了知の上管下各出張所及び市区町村に通達方取り計らわれたい。右通達する。

資料12　民法の応急的措置に伴う嫡出子の父母との続柄の取扱に関する件

資料12

民法の応急的措置に伴う嫡出子の父母との続柄の取扱に関する件 (注)

$$\left(\begin{array}{l}\text{昭和22年11月6日日記第1356号静岡県賀茂郡下田町長}\\\text{問合・昭和22年11月26日付民事甲第1506号民事局長回答}\end{array}\right)$$

　本年10月14日附民事甲第1263号嫡出子の父母との続柄に関する御通達の件について左記疑義の点がありますから何分の御垂示を賜りたいと存じ戸籍法施行細則第54条により禀伺申上げます。

記

二　措置法施行前からの前妻との間に長男，二男，後妻との間に三男あり，本法施行後，後妻との間に男子出生した場合は右三男を長男に更正の上この子を二男として届出べきや。

　　御通達によりますと「この取扱により戸籍に長男として記載すべきものにつき従来の例に従い二男と記載したものは」とありまして，その更正は本法施行前のものには適用がないように見え若し更正が出来ないと同一父母の子で兄が三男で弟が二男になり不合理かと存じます。

三　右三男を長男に訂正するとせば戸籍の記載は左記にてよろしきや。

　　年月日父母トノ続柄三男トアルヲ長男ト更正ス

　額書も三男とありこれも長男とすべきものとせば同時に長男と更正する。

四　この場合二男の出生届書（十七）その他の届出事項欄に「父何某母某三男某年月日生は父母との続柄を長男と更正されたい」と記載せしめ，戸籍訂正書又は申出書等により受附帳に記載の要なきや。

　　（回答）

二　前段貴見の通りである。

三　本月6日附民事甲第1349号本官通達第3項によつて処理するのが相当である。

四　子の父母との続柄及び額書の記載訂正の申出は，設問の如く他の子の出生届書にこれを記載せしめず別書面によらしめなければならない。

（注）先例見出しは著者加筆

資料13　新民法附則第25条第2項の規定について

資料13

新民法附則第25条第2項の規定について

$$\left(\begin{array}{l}昭和23年3月12日付民事甲第182号\\和歌山司法事務局長宛民事局長回答\end{array}\right)$$

左記事項に関して甲説と乙説があるが，いずれが相当か。

新民法附則第25条第2項の規定について

甲説　措置法施行前に開始した家督相続について，新法施行後に旧法の規定によれば，相続人を選定しなければならない場合には，その相続に関しては，新法を適用するとあるが，新法施行前にその家督相続人に選定されたことを認め得る場合でも，新法施行後の届出についてはこれを受理すべきではない。

乙説　新法施行後に選定された相続人の届出は，受理すべきでないこと勿論であるが，新法施行前に選定されている限り，その届出が新法施行後であつても，これを受理すべきである。

（回答）
乙説が相当である。

資料14　新民法施行に伴う戸籍の取扱に関する件

資料14

新民法施行に伴う戸籍の取扱に関する件 (注)

$$\left(\begin{array}{l}\text{昭和23年2月12日付発第544号岡山司法事務局長照会・}\\\text{昭和23年4月21日付民事甲第54号民事局長回答}\end{array}\right)$$

(1)　未成年者が婚姻をし，成年に達しない中に，婚姻の取消があつたときは，夫又は妻であつた者は，婚姻取消の裁判確定の日より未成年者として取扱うべきや。

(2)　婚姻の取消によつて，夫又は妻であつたものが，実方除籍，又は新戸籍編製の申出をし，これによつて新戸籍を作る場合に，その者に直系卑属があり，同人が新戸籍に入る場合の随従記載例は左の通りでよろしきや。

　　　新戸籍中子の身分事項欄

　　　　昭和　年　月　日　父義太郎に従い大阪市○区○○町３丁目12番地乙○信一郎戸籍より入籍㊞

　　　従前の戸籍中子の身分事項欄

　　　　昭和　年　月　日　父義太郎（大阪市○区○○町３丁目12番地）に従い除籍㊞

(3)　協議離婚した者が再婚をした後に，離婚取消の裁判があつたときは，その離婚取消の事項は，実方，前の婚姻していた戸籍及び現在の戸籍の本人の身分事項欄にこれを記載すべきや。

(4)　甲及び乙が協議離婚する前に，丁の養子になつていた未成年者の子丙が，離婚後に離縁復籍したときは，丙について直ちに後見開始すと解すべきや。

(5)　新戸籍を編製され又は新戸籍に入る者については，絶対的に出生などの身分事項の記載を要するか。然りとすると，明治31年７月16日以降に届出られた身分事項のみに限定して差し支えなきや。

(6)　婚養子について新戸籍を編製する場合に，事項欄の身分事項及び養父母との続柄はその儘移記して可なりや。

(7)　配偶者の死亡によつて復氏した者が，姻族関係終了の届出をしたときは，その事項は，双方の戸籍中復氏した者の身分事項欄にこれを記載すべきや。

(8)　父及び母と戸籍を同じくする嫡出でない子が父に認知せられたときは，父とその子について新戸籍を編製すべきや。

資料14　新民法施行に伴う戸籍の取扱に関する件

(9)　婚姻によつて他の戸籍に入つた長女夫婦を，その実父母を養親とする養子縁
　　組届は，これを受理して差し支えなきや。

　（回答）

(1)　未成年者として取り扱われない。

(2)　所問の場合，復氏する者の直系卑属が随従入籍することはない。

(3)　所問の場合は，前婚の離婚取消によつて，前婚方の戸籍を回復し，前婚方よ
　　り再婚（重婚となる）をした戸籍の取扱をする。従つて離婚取消の記載は，再
　　婚後の戸籍には記載しない。

(4)　一応父母が共同で親権を行うこととなる。

(5)　直前の戸籍に記載がない事項についても明治31年7月16日以降に届出られた
　　ものについては，できるだけ記載するよう努められたい。

(6)　身分事項についてはそのまま移記し，養父母との続柄については単に養子と
　　すればよい。

(7)　復氏した者の復氏後の戸籍の身分事項欄に記載する。

(8)　父が認知しても子は母の氏を称するから父について新戸籍は編製しない。

(9)　自己の嫡出子を養子とすることはできないから，所問の場合は長女の夫との
　　み縁組する。

（注）先例見出しは著者加筆

資料15　新民法施行に伴う離縁，復籍の取扱に関する件

資料15

新民法施行に伴う離縁，復籍の取扱に関する件 ^(注)

$$\begin{pmatrix} \text{昭和23年５月20日付民事甲第1186号} \\ \text{松山司法事務局長宛民事局長回答} \end{pmatrix}$$

⑴　戸籍法128条１項の戸籍において筆頭者とその母とその弟とその弟の子ある
　　場合弟が縁組後離縁により復籍すれば母につき新戸籍を編製し弟についても同
　　時に新戸籍を編製するものと思考するが母の新戸籍に弟を一旦入籍すべきもの
　　であるか。弟を一旦入籍すべきものとすると離縁によつて復籍する者の新戸籍
　　を編製する場合には復籍者は一旦従前の戸籍に入籍せぬ記載例のように見受け
　　られるが如何。また，弟を一旦母の戸籍に入籍せしめず同時に母と弟につき各
　　別に新戸籍を編製すると母の新戸籍が何がため編製せられたものかが判明せぬ
　　こととなるようであるが如何。

⑵　前項の場合各戸籍事項欄には如何に記載するか。

⑶　昭和23年１月13日付民事第17号民事局長通達８「その筆頭者も父母に随い新
　　戸籍に入る」とある父母とは実父母のみを指し父又は母が実父実母でない場合
　　はこの限りでないか。

　　（回答）

⑴　復籍者及びその母について夫々新戸籍を編製し，復籍者の子は復籍者の新戸
　　籍に入籍し筆頭者は母の戸籍に入籍する。

⑵　戸籍事項欄の記載は左の振合による。
　　　　母の新戸籍の戸籍事項欄
　　　　　子の離縁届出により昭和年月日母につき本戸籍編製㊞
　　　　復籍者の新戸籍の戸籍事項欄
　　　　　協議離縁届出復籍すべき戸籍に子があるため昭和　年　月　日本戸籍編製
　　　　　㊞

⑶　引用の通達８の父母とは，実父母又は養父母を指称する。

（注）先例見出しは著者加筆

資料16　応急措置法施行前に開始した家督相続について応急措置法施行後に
　　　　家督相続届があった場合の取扱について

資料16

応急措置法施行前に開始した家督相続について応急措置法施行後に家督相続届があった場合の取扱について^(注)

（昭和23年 5 月10日付戸第1290号山形司法事務局長照会・
　昭和23年 5 月22日付民事甲第1379号民事局長回答）

　応急措置法施行前に開始した家督相続（新法施行前に選定手続を了しない選定家督相続を除く）の届出が新法施行後に為された場合にはその記載，移記は総べて旧法により取扱うか。即ち，戸籍用紙，使用文字，氏名記載の順序，身分事項，額書等の移記の方法等は総べて旧法によるか。

卑見　家督相続に関しては転籍の場合の様な経過規定や通牒はないが，戸籍法第129条によつて旧法を適用することは当然のことと解されるが反対の説もあるので御指示を仰ぐ次第であります。

（回答）

　応急措置法施行前に開始した家督相続の届出が新法施行後なされた場合の戸籍の編製は，昭和23年民事甲第17号通達12，13前段及び昭和23年民事甲第136号通達 6 に準じてこれを取扱う。

　なお，新戸籍用紙を用いる場合は，家督相続事項の記載は，戸籍事項欄と筆頭者の身分事項欄に記載しなければならない。

（注）先例見出しは著者加筆

資料17　戸籍事務の取扱方に関する件

資料17

戸籍事務の取扱方に関する件

$$\left(\begin{array}{l}昭和23年５月29日高知司法事務局長照会・\\昭和23年６月９日民事甲第1663号民事局長回答\end{array}\right)$$

一，戸主甲には，妻乙と弟丙がある。戸主甲は家督相続人を指定せず昭和18年に
　死亡した。その後家督相続人の選定なく今日に至つた。妻乙は昭和20年に死亡
　し，乙には実家に弟丁があるだけである。此の場合の相続に関して，左記２説
　がある。いずれを可とするか。

甲説
　新民法附則第25条第２項により，甲死亡の時に遡つて，新法が適用されるから
甲の相続人は乙及び丙である。
　乙の死亡については，同条第１項により旧法を適用し，遺産相続が開始するが，
相続人がないので相続人の曠欠となる。

乙説
　新民法附則第25条第２項により，甲死亡の時に遡つて，新法が適用されるが，
新法施行前既に死亡しておる者には適用されないと解するを相当とするから，乙
には相続権なく，甲の相続人は丙のみである。

二，略

（回答）

　照会の件は，左の通り思考する。

第１，甲説を相当とする。

第２，略

資料18　民法の応急的措置に関する法律施行前に開始した家督相続に関する件

資料18

民法の応急的措置に関する法律施行前に開始した家督相続に関する件

$$\left(\begin{array}{l}\text{昭和23年７月１日民事甲}\\\text{第2057号民事局長通達}\end{array}\right)$$

　日本国憲法の施行に伴う民法の応急的措置に関する法律の施行前に家督相続が開始し，法定推定家督相続人も指定家督相続人もない場合において旧民法第982条の規定によつて家督相続人に選定さるべき者もまたないときは同法第984条の規定の適用があるが，この場合，同法第982条の規定によつて家督相続人に選定さるべき者があり，その選定が新民法施行前にされておれば新民法施行後もその選定家督相続の届出が認められ，新民法施行前に選定されていなければ，新民法附則第25条第２項前段の規定によつてその相続には新法が適用されると解するのを相当と思考する。この点について疑義があるように認められるので貴管下各甲号出張所及び市町村に対して徹底方取り計らわれるよう通達する。

292

資料19　応急措置法施行前に他家から入った養母が養家を去ったため
養親子関係が消滅している場合の取扱について

資料19

応急措置法施行前に他家から入った養母が養家を去ったため養親子関係が消滅している場合の取扱について ^(注)

（昭和23年11月12日司戸第1202号大分司法事務局長照会・
昭和23年12月27日付民事甲第3683号民事局長回答）

　管内○○村長より別紙養子離縁届を受理してよいかどうかについて問合せがありましたので下記理由により離縁届は受理すべきでないと指示しておきましたがこれでよいでしようか。又養子奈保子は実方の戸籍に入ることを希望しておるのでこの場合氏の変更による入籍で入ることができましようか右お伺い致します。

　理由　養母ナラエは昭和17年6月9日婚姻により他家に入つたので旧民法第730条第2項により養子奈保子との養親子関係は消滅しておる（大正13年7月14日民8408号回答及び戸籍研究第11号27頁旭川司法事務局旭川増毛地区戸籍事務協議会決議事項第5参照）

　　　　　　養子離縁届
　本籍　　福岡県筑紫郡○○村大字○○201番地
　所在　　鹿児島市○町1番地
　　　　　　　　　　筆頭者　田○　善次郎
　　　　　　　　　養　母　田○　ナラエ　明治34年7月12日生
　本籍　　大分県大分郡○○村大字○○○1682番地　筆頭者
　所在　　広島県広島師範学校内

　　　　　　父利○道生
　　　　　　母　　幸子二女
　　　　　　　　　　養　女　徳○　奈保子　昭和15年8月22日生
右養女の実方本籍大分県大分郡○○村大字○317番地
　筆頭者　利○道生の戸籍に復籍
　右養子離縁届出する。
　　昭和23年　　月　　日
　　　　　　届出人　養　母　田○　ナラエ㊞
　　　　　　　　　　養　子　徳○　奈保子

293

資料19　応急措置法施行前に他家から入った養母が養家を去ったため
　　　　養親子関係が消滅している場合の取扱について

　右養女15年未満に付き

　離縁の協議を為したる

　　　　　　　　　　　　父　　利○　　道生㊞　　大正元年 8 月19日生

　　　　　　　　　　　　母　　　　　幸子㊞　　大正 4 年 3 月25日生

　本籍　大分県大分郡○○村大字○322番地

　所在　大分県大分市○○○大字○○○○○○201番地

　　　　　　　　　　証　人　利○　　撤㊞　　明治31年 6 月21日生

　本籍　大分県大分郡○○村大字○439番地

　所在　大分県○○市○○○町338ノ 4

　　　　　　　　　　証　人　利○　楢男㊞　　明治26年 5 月 5 日

　　大分県大分郡

　　　○○村長　殿

　　（回答）

㊀　所問の離縁届は，受理すべきでない。

㊁　奈保子は，民法第791条の規定により家事審判所の許可を得て，実方の父母
　の氏を称し実父母の戸籍に入ることができる。

　　　　　　　　　　　　　　　　（注）先例見出しは著者加筆

資料20　戸籍記載例

資料20　戸籍記載例

(1) 婿養子の戸籍の例1

乙川忠二郎ト婿養子縁組婚姻届出大正拾年八月拾日受附㊞

（出生事項省略）

長女

父	甲野義太郎	
母	ハナ	長女
出生	明治参拾五年六月壱日	

桜子

千葉県千葉郡千葉町五番地戸主乙川忠吉二男大正拾年八月拾日甲野義太郎長女桜子ト婿養子縁組婚姻届出同日入籍㊞

婿養子

父	乙川忠吉	
母	サキ	二男
養父	甲野義太郎	
養母	ハナ	婿養子
家族トノ續柄	長女 桜子夫	
出生	明治参拾参年四月五日	

忠二郎

〈1〉

資料20　戸籍記載例

(2) 婿養子の戸籍の例2

届出の種別	施行年月日	記載例	記載されている戸籍	記載されている欄
婿養子縁組婚姻届	明治31年7月16日	明治四拾四年参月壱日父義太郎婿養子春吉ト婿養子婚姻届出同日受附㊞（本籍地届出）	養家・妻の戸籍	妻の事項欄
右同	右同	明治四拾四年参月壱日千葉県千葉郡千葉町五番地戸主乙川忠吉二男婿養子縁組届出同日受附入籍㊞明治四拾四年参月壱日養父義太郎長女梅子ト婿養子婚姻届出同日受附㊞（右同）	右同	婿養子の事項欄

付録

〈2〉

資料20　戸籍記載例

(3) 入夫婚姻によって入夫が戸主となった戸籍の例

■ 前戸主の戸籍

除籍

本籍　東京府北豊島郡大泉村二千番地	前戸主
（出生事項省略） （家督相続事項省略） 大正拾五年五月五日山川忠七ト入夫婚姻届出忠七戸主ト為リタルニ因リ本戸籍ヲ抹消ス㊞	戸主　丙野正藏

戸主			
前戸主トノ續柄　亡丙野正藏　長女			
父　亡丙野正藏			
母　亡丙野サチ　長女			
丙野松子			
出生　明治参拾九年参月弐日			

（注）
戸主氏名欄には朱線を交叉しない（大正一三・三・一四民事四七八五回答）。

資料20　戸籍記載例

■ 新戸主の戸籍

改製原戸籍

本　籍	東京都練馬区南大泉町二千番地

千葉県千葉郡千葉町五番地戸主山川忠吉二男大正拾五年五月五日松子

ト入夫婚姻届出同日入籍戸主ト為ル㊞

前戸主	戸　主
丙野松子	前戸主トノ続柄　丙野松子　入夫 父　山川忠吉 母　ウメ　二男 丙野忠七 出生　明治参拾五年九月拾日

付録

〈4〉

資料20　戸籍記載例

(4) 隠居の戸籍の例
■ 前戸主の戸籍

除籍

本籍　東京都板橋区北大泉町六百番地

（婚姻事項省略）

（家督相続事項省略）

隠居届出昭和拾九年七月九日受附㊞

昭和拾九年七月九日乙川弥一ノ家督相続届出アリタルニ因リ本戸籍ヲ

抹消ス㊞

前戸主　乙川倉三

戸主	前戸主トノ続柄	父	母		出生
乙川米吉	亡乙川倉三　長男	亡乙川倉三	乙川ヨネ	長男	明治拾七年五月八日

（注）戸主氏名欄には朱線を交叉しない（大正一三・三・一四民事四七八五回答）。

資料20　戸籍記載例

■ 新戸主の戸籍
改製原戸籍

	本　籍	東京都練馬区北大泉町六百番地

（出生事項省略）
（婚姻事項省略）
昭和拾九年七月九日前戸主米吉隠居ニ因リ家督相続届出同日受附㊞

前　戸　主		戸　　　主		
乙川米吉	前戸主トノ續柄	乙川米吉　長男		
	父	乙川米吉　長男	乙川弥一	
	母	乙川タケ　長男		出生　大正参年六月拾弐日

資料20　戸籍記載例

(5) 戸主死亡による家督相続の戸籍の例1　（法定家督相続人）

■ 前戸主の戸籍

除籍

| 本　籍 | 東京都練馬区大泉学園町二千九百番地 |

（出生事項省略）
（婚姻事項省略）
（家督相続事項省略）

昭和弐拾年四月拾壱日午後四時本籍ニ於テ死亡同居者甲野梅子届出同月拾弐日受附㊞
抹消ス㊞

昭和弐拾年五月壱日甲野一郎ノ家督相続届出アリタルニ因リ本戸籍ヲ

前戸主　甲野彦藏

戸主

前戸主トノ続柄　長男
父　亡甲野彦藏　長男
母　亡甲野ツネ

甲野彦太郎

出生　明治弐拾年拾壱月七日

〈7〉

資料20　戸籍記載例

■ 新戸主の戸籍

改製原戸籍

| 付録 |

本　籍　　東京都練馬区大泉学園町二千九百番地

（出生事項省略）

（婚姻事項省略）

昭和弐拾年四月拾壱日前戸主彦太郎死亡ニ因リ家督相続届出同年五月壱日受附㊞

前　戸　主

前　戸　主　　甲野彦太郎

	前戸主トノ續柄	父	母
戸　主	亡甲野彦太郎　長男	亡甲野彦太郎	マツ
		長男	長男

甲野一郎

出生　大正五年七月参日

〈8〉

資料20　戸籍記載例

(6) 戸主死亡による家督相続の戸籍の例2（選定家督相続人）

届出の種別	施行年月日	記載例	記載されている戸籍	記載されている欄
家督相続届（死亡による選定家督相続）	大正4年1月1日	大正参年拾弐月参拾壱日前戸主仁吉死亡ニ因リ選定家督相続人千葉県千葉郡千葉町五番地戸主乙野忠蔵四男忠四郎相続届出大正四年壱月拾日受附㊞	新戸主の戸籍	新戸主の事項欄

(7) 家督相続人の指定の戸籍の例

届出の種別	施行年月日	記載例	記載されている戸籍	記載されている欄
家督相続人の指定届	大正4年1月1日	千葉県千葉郡千葉町五番地戸主乙野忠蔵四男忠四郎ヲ家督相続人ニ指定届出大正拾年五月四日受附㊞	戸主の戸籍	戸主の事項欄

(8) 親族入籍の戸籍の例1

届出の種別	施行年月日	記載例	記載されている戸籍	記載されている欄
入籍届（親族入籍）	明治31年7月16日	明治参拾壱年拾月拾四日子丑県寅卯郡辰巳町五番地甲野甲郎甥入家届出同日受附入籍㊞	入った家の戸籍	入籍者の事項欄

資料20　戸籍記載例

(9) 親族入籍の戸籍の例2

届出の種別	施行年月日	記載例	記載されている戸籍 入った家の戸籍	記載されている欄 入った家の戸籍
入籍届（親族入籍）	大正4年1月1日	神奈川県橘樹郡橘村五番地戸主丙山忠吉二女戸主甲野義太郎姪入籍届出大正拾参年九月七日受附㊞		

(10) 引取入籍の戸籍の例

届出の種別	施行年月日	記載例	記載されている戸籍 入った家の戸籍	記載されている欄 入った家の戸籍
入籍届（引取入籍）	右同	千葉県千葉郡千葉町五番地戸主乙野忠蔵曾孫入籍戸主妻梅子届出大正拾参年拾壱月拾日受附㊞		

付録

資料20　戸籍記載例

(11)　廃家の戸籍の例1　除籍

前戸主	本籍

東京府北豊島郡大泉村小林千五百番地

（出生事項省略）

（婚姻事項省略）

東京府北豊島郡大泉村中村六番地戸主加藤正直弟分家届出昭和五年九月弐拾四日受附㊞

廃家届出昭和拾年壱月拾五日受附㊞

東京市板橋区大泉学園町八百番地加藤喜平家籍ニ親族入籍戸主加藤清忠届出昭和拾年壱月弐拾日東京市板橋区長山川七郎受附同月弐拾弐日送付全戸除籍㊞

前戸主	戸主

前戸主トノ續柄

父　亡加藤半造　二男
母　亡ヨシ

加藤清忠

出生　明治四拾四年六月五日

〈11〉

資料20　戸籍記載例

⑿　廃家の戸籍の例2

付録

		甥	
		籍届出昭和拾年壱月弐拾日受附㊞ 東京府北豊島郡大泉村小林千五百番地戸主廃家ノ上戸主加藤喜平甥入	
父	亡加藤半造	二男	
母	亡ヨシ		
出生	明治四拾四年六月五日		
清忠			

		甥	妻
		昭和拾年壱月弐拾日夫清忠ト共ニ入籍㊞	
父	亡乙原由松	三女	
母	亡トヨ		
家族トノ続柄	甥清忠妻		
出生	大正弐年拾月拾壱日		
藤子			

〈12〉

資料20　戸籍記載例

(13) 絶家の戸籍の例1
除籍

| 本籍 | 東京府南多摩郡多摩村西寺方一番地 |

（分家事項省略）

昭和拾年拾月参日午後八時参拾分本籍ニ於テ死亡同居者甲野かよ届出

同月五日受附㊞

家督相続人ナキニ因リ絶家甲野かよ届出昭和拾八年八月九日受附㊞

前戸主　　　　　　戸主

前戸主トノ續柄　二男

父　甲野佐助
母　　　いち

甲野二郎

出生　明治拾年四月弐拾日

資料20　戸籍記載例

		妻		
			母	父
出生	母 父	かよ	とみ	山田豊治
	出生 明治拾弐年参月五日			三女

（分家につき入籍事項省略）

（婚姻事項省略）

昭和弐年五月五日夫二郎分家ニ付キ共ニ入籍㊞

昭和拾年拾月参日夫二郎死亡ニ因リ婚姻解消㊞

東京府北多摩郡谷保村青柳三千番地ニ於テ一家創立届出昭和拾八年八月九日谷保村長山川八郎受附同月拾弐日送付除籍㊞

〈14〉

資料20　戸籍記載例

(14)　絶家の戸籍の例2　除籍

本　籍	東京府南多摩郡多摩村和田七千八百番地
	（出生事項省略）
	（分家事項省略）
	昭和七年壱月拾五日午後八時五分本籍ニ於テ死亡同居者乙野うめ届出
	同月弐拾日受附㊞
	相続人ナキニ因リ絶家昭和弐拾年五月五日附八王子区裁判所ノ許可ニ依リ同月九日本戸籍抹消㊞

前戸主		戸　　主
	前戸主トノ続柄	父　甲野忠助
		母　とよ
		三男
		甲野義三
		出生　明治四拾年壱月拾日

〈15〉

資料20　戸籍記載例

(15) 再興の戸籍の例

付録

前戸主	戸主

出生 明治四拾年五月拾日	上野竹虎	父 亡上野梅助 母 亡トミ 前戸主トノ続柄 四男

本籍

東京府八王子市子安町五百十番地

千葉県千葉郡千葉町五番地戸主上野梅助四男絶家上野氏再興届出昭和拾年拾壱月拾日受附㊞

（婚姻事項省略）

（家督相続届出による除籍事項省略）

〈16〉

資料20　戸籍記載例

〈16〉 継親子関係の戸籍の例1　除籍

本籍　東京府北豊島郡石神井村大字田中八千番地

（出生事項省略）

（家督相続事項省略）

吉田タット婚姻届出大正拾年六月壱日受附㊞

（除籍事項省略）

前戸主	戸主
原田長助	前戸主トノ続柄　亡原田長助　長男 父　亡原田長助　長男 母　亡原田ハナ 原田徳市 出生　明治参拾年七月弐日

〈17〉

資料20　戸籍記載例

北多摩郡小平村野中新田四千番地戸主吉田庄一婦（実家戸主北多摩郡

久留米村大字門前九百番地山本雄二）大正拾年六月壱日原田徳市ト婚姻

届出同日入籍㊞

北多摩郡小平村野中新田四千番地戸主吉田庄一孫入籍戸主妻タツ届出

大正拾壱年弐月壱日受附㊞

	男子継				妻		
出生		母	父	出生		母	父
大正七年拾月壱日	平造	亡 吉田忠治 タツ		明治参拾四年五月七日	タツ	キミ	亡 山本作蔵
		長男				二女	

〈18〉

資料20　戸籍記載例

(17)　継親子関係の戸籍の例2

除籍

| 本　籍 | 東京府北豊島郡南大泉町三千番地 |

北豊島郡南大泉町五千番地戸主甲川正助三男乙山順吉ト養子縁組届出
大正七年七月八日受附入籍㊞
大正八年九月弐拾日前戸主順吉隠居ニ因リ家督相続届出同日受附㊞
（婚姻事項省略）
（除籍事項省略）

前　戸　主		戸　　　　　主
乙山順吉	前戸主トノ続柄　乙山順吉養子	乙山三郎
	父　甲川正助　三男	
	母　はる	出生　明治参拾年拾月九日
	養父　乙山順吉　養子	

〈19〉

資料20　戸籍記載例

大正八年九月拾日附東京区裁判所ノ許可ノ裁判ニ依リ隠居届出同月弐拾日受附㊞

拾日受附㊞
丙野冬子ト婚姻届出大正拾年拾月七日受附㊞

七日乙山順吉ト婚姻届出同日入籍㊞
埼玉県入間郡吾妻村大字荒幡二千番地戸主内野荘治三女大正拾年拾月

※「資料20」は縦組みにつき巻末〈1〉頁から始まります。

母　　継			父　　養		
出生	母	父	出生	母	父
明治拾参年拾弐月弐拾日	丙野 あさ	丙野 荘治	明治五年壱月参日	亡 とし	亡 乙山秋藏
冬　子	三女		順　吉		二男

〈20〉

著者略歴

末光　祐一（すえみつ　ゆういち）

司法書士，土地家屋調査士，行政書士（以上，愛媛県会）
法制史学会会員

昭和63年	司法書士試験合格・土地家屋調査士試験合格・行政書士試験合格
昭和64年	愛媛大学工学部金属工学科中退
平成元年	司法書士登録・土地家屋調査士登録・行政書士登録
平成3年	愛媛県司法書士会理事
平成7年	愛媛県司法書士会常任理事研修部長
平成8年	日本司法書士会連合会司法書士中央研修所所員
平成11年	愛媛県司法書士会副会長総務部長
平成12年	社団法人（現：公益社団法人）成年後見センター・リーガルサポートえひめ支部長
平成13年	日本司法書士会連合会司法書士中央研修所副所長
平成15年	日本司法書士会連合会理事
平成21年	日本司法書士会連合会執務調査室執務部会長
平成23年	国土交通省委託事業「都市と農村の連携による持続可能な国土管理の推進に関する調査検討委員会」委員（三菱UFJリサーチ＆コンサルティング株式会社）
平成24年	国土交通省委託事業「持続可能な国土管理主体確保のための検討会」委員（三菱UFJリサーチ＆コンサルティング株式会社）
平成24年	愛媛大学法文学部総合政策学科司法コース不動産登記非常勤講師
平成24年	松山地方法務局筆界調査委員
平成25年	司法書士総合研究所業務開発研究部会主任研究員
平成27年	日本司法書士会連合会空き家・所有者不明土地問題等対策部委員
平成28年	農林水産省委託事業「相続未登記農地実態調査　調査検討会」委員（公益財団法人日本生態系協会）

事例でわかる戦前・戦後の新旧民法が
交差する相続に関する法律と実務
—家督相続人不選定・家附の継子の相続登記，家督
相続，遺産相続，絶家，隠居—

2017年 9 月19日　初版発行
2022年 4 月26日　初版第 3 刷発行

著　者　末　光　祐　一

発行者　和　田　　裕

発行所　日 本 加 除 出 版 株 式 会 社
本　　　社　郵便番号 171-8516
　　　　　　東京都豊島区南長崎 3 丁目16番 6 号
　　　　　　T E L　(03)3953 - 5757 (代表)
　　　　　　　　　　(03)3952 - 5759 (編集)
　　　　　　F A X　(03)3953 - 5772
　　　　　　U R L　www.kajo.co.jp
営　業　部　郵便番号 171-8516
　　　　　　東京都豊島区南長崎 3 丁目16番 6 号
　　　　　　T E L　(03)3953 - 5642
　　　　　　F A X　(03)3953 - 2061

組版　㈱粂川印刷　／　印刷・製本 (POD)　京葉流通倉庫㈱

落丁本・乱丁本は本社でお取替えいたします。
★定価はカバー等に表示してあります。
© Y. Suemitsu 2017
Printed in Japan
ISBN978-4-8178-4420-0

JCOPY 〈出版者著作権管理機構　委託出版物〉
本書を無断で複写複製（電子化を含む）することは，著作権法上の例外を除き，禁じられています。複写される場合は，そのつど事前に出版者著作権管理機構（JCOPY）の許諾を得てください。
また本書を代行業者等の第三者に依頼してスキャンやデジタル化することは，たとえ個人や家庭内での利用であっても一切認められておりません。

〈JCOPY〉　H P：https://www.jcopy.or.jp/，e-mail：info@jcopy.or.jp
　　　　　　電話：03-5244-5088，FAX：03-5244-5089

新旧民法・相続キーワード215
相続法変遷・相続人特定チェックリスト付き

末光祐一 著
2021年12月刊 A5判 240頁 定価2,750円(本体2,500円) 978-4-8178-4774-4

- 年代別の民法の変遷と相続の関係を図表とともにコンパクトに整理。
- 相続人特定チェックリストなど、実務的なツールも収録。
- 改正相続法のみならず、旧民法の相続や、旧民法施行前の相続を理解するうえで必要不可欠な「キーワード」を網羅し、事例や表を交えて解説。

| 商品番号：40886 |
| 略　号：相キ |

事例でわかる 過去から現在の相続に関する法律と実務
明治、大正、昭和、平成、令和 旧民法施行前・旧民法・応急措置法・新民法・改正民法等

末光祐一 著
2020年9月刊 A5判 460頁 定価5,170円(本体4,700円) 978-4-8178-4674-7

| 商品番号：40834 |
| 略　号：過現相 |

- 明治から令和に至る、過去から現在の約130年以上にわたる各時代の親族や相続に関する規律について解説した書。時代ごとの原則と特例、注意すべき事柄などがわかる。改正相続法に関する事例や相続の放棄、特別受益、寄与分、遺留分、相続分の譲渡、相続人不存在などの事例も収録。

事例でわかる 基礎からはじめる旧民法相続に関する法律と実務
民法・戸籍の変遷、家督相続・遺産相続、戸主、婿・養子、継子・嫡母庶子、入夫、相続人の特定、所有者不明土地

末光祐一 著
2019年5月刊 A5判 384頁 定価4,180円(本体3,800円) 978-4-8178-4568-9

| 商品番号：40766 |
| 略　号：事旧民 |

- 旧民法そのものに焦点を当て、親族、相続に関する129の具体的事例を示しつつ、旧民法の条文に基づいて、論点を整理しながら、平易にわかりやすく解説。

全訂第三版補訂
相続における戸籍の見方と登記手続

髙妻新・荒木文明・後藤浩平 著
2022年4月刊 A5判上製箱入 1,624頁 定価15,400円(本体14,000円) 978-4-8178-4797-3

| 商品番号：40039 |
| 略　号：相戸 |

- 相続適格者認定上必須の戸籍の見方を、ひな形、図表とともに191問のQ&Aでわかりやすく解説。相続登記について、申請書等のひな形を示してわかりやすく解説した53事例を収録。
- 改訂第二版刊行から10年の間の法改正や戸籍のコンピュータ化等に対応。

日本加除出版　〒171-8516　東京都豊島区南長崎3丁目16番6号
TEL (03)3953-5642　FAX (03)3953-2061（営業部）
www.kajo.co.jp